JN123666

公認心理師の基礎と実践

野島一彦・繁桝算男 監修

第2版

公認心理師の職責

野島一彦 編

遠見書房

巻頭言

心理学・臨床心理学を学ぶすべての方へ

　公認心理師法が 2015 年 9 月に公布され，2017 年 9 月に施行されました。そして，2018年度より経過措置による国家資格試験が始まりました。同時に，公認心理師の養成カリキュラムが新大学 1 年生から始まりました。

　現代日本には，3 万人を割ったとは言えまだまだ高止まりの自殺，過労死，うつ病の増加，メンタルヘルス不調，ひきこもり，虐待，家庭内暴力，犯罪被害者・加害者への対応，認知症，学校における不登校，いじめ，発達障害，学級崩壊などの諸問題の複雑化，被災者への対応，人間関係の希薄化など，さまざまな問題が存在しております。それらの問題の解決のために，私たち心理学・臨床心理学に携わる者に対する社会的な期待と要請はますます強まっています。また，心理学・臨床心理学はそのような負の状況を改善するだけではなく，より健康な心と体を作るため，よりよい家庭や職場を作るため，あるいは，より公正な社会を作るため，ますます必要とされる時代になっています。

　こうした社会状況に鑑み，心理学・臨床心理学に関する専門的知識および技術をもって，国民の心の健康の保持増進に寄与する心理専門職の国家資格化がスタートします。この公認心理師の養成は喫緊の非常に大きな課題です。

　そこで，私たち監修者は，ここに『公認心理師の基礎と実践』という名を冠したテキストのシリーズを刊行し，公認心理師を育てる一助にしたいと念願しました。

　このシリーズは，大学（学部）における公認心理師養成に必要な 25 科目のうち，「心理演習」，「心理実習」を除く 23 科目に対応した 23 巻からなります。私たち心理学者・心理臨床家たちが長年にわたり蓄えた知識と経験を，新しい時代を作るであろう人々に伝えることは使命であると考えます。そのエッセンスがこのシリーズに凝縮しています。

　このシリーズを通して，読者の皆さんが，公認心理師に必要な知識と技術を学び，国民の心の健康の保持増進に貢献していかれるよう強く願っています。

　　2018 年 3 月吉日

　　　　　　　　　　　　　　監修者　野島一彦・繁桝算男

はじめに

　わが国の心理専門職の国家資格化は，半世紀あまりの紆余曲折を経て，2015（平成 27）年 9 月の「公認心理師法」の制定・公布によりようやく実現した。そして 2017（平成 29）年 9 月に全面的に施行された。2018（平成 30）年 4 月からは正規ルートでの大学等での公認心理師の養成が始まった。同年 9 月には経過措置による対象者の第 1 回目の国家試験が行われ，公認心理師第 1 号が誕生した。2022（平成 4）年 7 月には，経過措置の最終回となる第 5 回目の試験が行われた。ちなみにこれまでの 5 回の試験の合格者総数は 72,133 人である。

　2018（平成 30）年度から始まった心理専門職の国家資格である公認心理師の養成について，公認心理師カリキュラム等検討会の『報告書』（2017（平成 29）年 5 月 31 日）は，公認心理師の「大学（学部）における必要な科目」を 25 科目としている。〈講義科目〉は，①心理学基礎科目（6 科目）と②心理学発展科目（17 科目＝基礎心理学 9 科目，実践心理学 5 科目，心理学関連科目 3 科目）に大別されている。〈実習科目〉は，2 科目（「心理演習」，「心理実習（80 時間以上）」）である。

　このようなカリキュラム構成のトップに設定されている科目が，本書に対応する「公認心理師の職責」である。この科目では公認心理師の基本的コンセプトが示されている。それだけにこの科目は，公認心理師を目指す人にとって，極めて重要な科目である。ここで示されていることをきっちりと学ぶことが，国民の心の健康の保持増進に寄与できる公認心理師になるために必要である。

　この科目に「含まれる事項」としては，次の 8 つがあげられている。

　1．公認心理師の役割
　2．公認心理師の法的義務及び倫理
　3．心理に関する支援を要する者等の安全の確保
　4．情報の適切な取扱い
　5．保健医療，福祉，教育その他の分野における公認心理師の具体的な業務
　6．自己課題発見・解決能力
　7．生涯学習への準備
　8．多職種連携及び地域連携

　本書では，これらすべての事項を，当該事項の第一人者たちが，具体的に分かりやすく解説している。「1．公認心理師の役割」は第1章，「2．公認心理師の法的義務及び倫理」は第2章，「3．心理に関する支援を要する者等の安全の確保」は第3章，「4．情報の適切な取扱い」は第4章で扱われている。「5．保健医療，福祉，教育その他の分野における公認心理師の具体的な業務」は，5分野ごとに1つの章で扱われ，保健医療分野は第5章，福祉分野は第6章，教育分野は第7章，司法・犯罪分野は第8章，産業・労働分野は第9章である。「6．自己課題発見・解決能力」は第10章，「7．生涯学習への準備」は第11章，「8．多職種連携及び地域連携」は第12章で扱われている。そして，この科目に「含まれる事項」にはあげられていないが，第13章で公認心理師の今後の展開について触れている。

　公認心理師を目指す人が，大学でその出発点と言うべき「公認心理師の職責」と残りの24科目をしっかりと学び，さらに大学院（10科目），あるいは実務経験（定められた施設で2年以上）等で研鑽を積み，心の問題が複雑化・多様化しているわが国の今日的状況の中で，大いに活躍し，個人，集団，社会のために貢献していくことを切に願う。

　2023年1月吉日

　　　　　　　　　　　　　　　　　　　　　　　　　　　　野島一彦

目　次

公認心理師の基礎と実践

第1巻　公認心理師の職責　第2版

第1章

公認心理師の役割

野島一彦

⚬━ *Keywords*　公認心理師カリキュラム等検討会，公認心理師の義務，公認心理師の業務，公認心理師の職責，公認心理師法，名称独占

　2015年9月に名称独占の資格を定めた公認心理師法が制定・公布され，2017年9月に施行された。『公認心理師法』（平成27年法律第68号）は本文50条と附則11条である（付録参照）。そのポイントを簡潔にまとめた『公認心理師法概要』は，8項目（①目的，②定義，③試験，④義務，⑤名称使用制限，⑥主務大臣，⑦施行期日，⑧経過措置）である。

　公認心理師は，正規養成ルートと経過措置ルートの2ルートで生まれる。正規養成ルートでの養成は，2018年4月から始まった。メインルートは，大学と大学院で養成が行われる。大学では25科目，大学院では10科目を履修することが求められている。大学の25科目の中でトップに位置付けられているのが「公認心理師の職責」である。他の多くの科目は従来の大学の授業と重なるが，この科目は全く新しい科目である。その基本的コンセプトは，『公認心理師カリキュラム等検討会「報告書」』（平成29（2017）年5月31日，付録参照）に示されている。本章ではそれに基づいて，具体的なことを述べる。

■　I　公認心理師としての職責の自覚

　『公認心理師カリキュラム等検討会「報告書」』では，「公認心理師としての職責の自覚」という見出しで，5項目をあげている（同書，p.5）。ちなみに職責とは，職務上の責任ということである。

　①公認心理師の役割について理解する。
　②公認心理師の法的義務を理解し，必要な倫理を身につける。
　③心理に関する支援を要する者等の安全を最優先し，常にその者中心の立場に立つこ

とができる。
④守秘義務及び情報共有の重要性を理解し，情報を適切に取扱うことができる。
⑤保健医療，福祉，教育その他の分野における公認心理師の具体的な業務の内容について説明できる。

　公認心理師は，この5つの職責の自覚を持つことが求められる。
　本書では各章を通して，これら5つの職責全てについて詳しく述べることになるが，この第1章では主に公認心理師の役割について扱うことにする。

■ II　公認心理師とは

　公認心理師に関する公式の情報（①公認心理師とは，②検討会等，③通知等一覧，お問い合わせ先）は，厚生労働省のホームページ（http://www.mhlw.go.jp/stf/seisakunitsuite/bunya/0000116049.html）に一括して掲載されている。その中で，公認心理師については，次のように記載されている。これは『公認心理師法概要』（付録参照）の「二　定義」に書かれている。

　　「公認心理師」とは，公認心理師登録簿への登録を受け，公認心理師の名称を用いて，保健医療，福祉，教育その他の分野において，心理学に関する専門的知識及び技術をもって，次に掲げる行為を行うことを業とする者をいう。
　　①心理に関する支援を要する者の心理状態の観察，その結果の分析
　　②心理に関する支援を要する者に対する，その心理に関する相談及び助言，指導その他の援助
　　③心理に関する支援を要する者の関係者に対する相談及び助言，指導その他の援助
　　④心の健康に関する知識の普及を図るための教育及び情報の提供

　なお『公認心理師法概要』の「一　目的」は，公認心理師法制定の目的について，「公認心理師の資格を定めて，その業務の適正を図り，もって国民の心の健康の保持増進に寄与することを目的とする」と述べられている。このようなことから，公認心理師とは，「国民の心の健康の保持増進に寄与する」ために前述の4つの業務を行う者である。
　ちなみに1988年から公益財団法人日本臨床心理士資格認定協会が認定している民間資格「臨床心理士」について，同協会のホームページでは，「『臨床心理士』とは，臨床心理学にもとづく知識や技術を用いて，人間の"こころ"の問題にアプローチする"心の専門家"です」と記載し，4つの専門業務（①臨床心理査定，

②臨床心理面接，③臨床心理的地域援助，④上記①〜③に関する調査・研究）をあげている。公認心理師とかなり共通していると言えよう。

　公認心理師の４つの業務について，詳しく述べよう。

１．心理に関する支援を要する者の心理状態の観察，その結果の分析

　『公認心理師カリキュラム等検討会「報告書」』では，「心理状態の観察及び結果の分析」について，次のように記載されている（同書，p.7）。

　①心理的アセスメントに有用な情報（生育歴や家族の状況等）及びその把握の手法等について概説できる。
　②心理に関する支援を要する者等に対して，関与しながらの観察について，その内容を概説することができ，行うことができる。
　③心理検査の種類，成り立ち，特徴，意義及び限界について概説できる。
　④心理検査の適応及び実施方法について説明でき，正しく実施し，検査結果を解釈することができる。
　⑤生育歴等の情報，行動観察及び心理検査の結果等を統合させ，包括的に解釈を行うことができる。
　⑥適切に記録，報告，振り返り等を行うことができる。

　ちなみに臨床心理士の専門業務である「臨床心理査定」については，「『診断』（diagnosis）ではなく『査定』（assessment）と表記しています。『診断』は，診断する人の立場から対象の特徴を評価しますが，『査定』は，その査定（診断）される人の立場から，その人の特徴を評価する専門行為に主眼がおかれています。つまり臨床心理査定とは，種々の心理テストや観察面接を通じて，個々人の独自性，個別性の固有な特徴や問題点の所在を明らかにすることを意味します。また同時に，心の問題で悩む人々をどのような方法で援助するのが望ましいか明らかにしようとします。加えて，他の専門家とも検討を行う専門行為といえます」と説明されている。公認心理師の業務とかなり類似していると言えよう。

　本テキストシリーズでは，これらの詳細については，主に『心理的アセスメント』（第14巻）で扱うことになる。

２．心理に関する支援を要する者に対する，その心理に関する相談及び助言，指導その他の援助

　『公認心理師カリキュラム等検討会「報告書」』では，「心理に関する支援（相談，助言，指導その他の援助）」について，次のように記載されている（p.7）。

①代表的な心理療法並びにカウンセリングの歴史，概念，意義及び適応について概説できる。

②訪問による支援や地域支援の意義について概説できる。

③心理に関する支援を要する者の特性や状況に応じて適切な支援方法を選択・調整することができる。

④良好な人間関係を築くためのコミュニケーション能力を身につける。

⑤心理療法やカウンセリングの適用には限界があることを説明できる。

⑥心理に関する支援を要する者等のプライバシーに配慮できる。

　ちなみに臨床心理士の専門業務である「臨床心理面接」については，「臨床心理面接は，臨床心理士とクライエント（相談依頼者）との人間関係が構築される過程で"共感""納得""理解""再生"といった心情が生まれる貴重な心的空間です。そして来談する人の特徴に応じて，さまざまな臨床心理学的技法（精神分析，夢分析，遊戯療法，クライエント中心療法，集団心理療法，行動療法，箱庭療法，臨床動作法，家族療法，芸術療法，認知療法，ゲシュタルト療法，イメージ療法など）を用いて，クライエントの心の支援に資する臨床心理士のもっとも中心的な専門行為です」と説明されている。公認心理師の業務とかなり類似していると言えよう。

　このようなことの詳細については，本シリーズでは，主に『心理学的支援法』（第15巻）で扱うことになる。

3．心理に関する支援を要する者の関係者に対する相談及び助言，指導その他の援助

　『公認心理師カリキュラム等検討会「報告書」』では，「心理に関する支援を要する者の関係者に対する相談及び助言，指導その他の援助」については，特化した記載はない。

　心理に関する支援を要する者の関係者としては，家族，友人，職場の人などがあげられるが，当事者だけでなく，その人にとっての環境とも言える周囲の人々への支援も大切であるということが強調されていると言えよう。「コンサルテーション」がその重要な一部を成す（第15巻 第9章「コンサルテーション」）。

4．心の健康に関する知識の普及を図るための教育及び情報の提供

　『公認心理師カリキュラム等検討会「報告書」』では，「心の健康に関する知識の普及を図るための教育及び情報の提供」についても，特化した記載はない。

これは，前述の 1 . 〜 3 . が主に心の健康が損なわれた者（要心理支援者）とその関係者を想定しているのに対して，主に予防や心の健康の増進のための業務の大切さを強調していると言えよう。言わば，前者を治療モデルだとすれば，これは予防・増進モデルと言ってよいであろう。「心の健康教育」がその重要な一部を成す（第 15 巻第 10 章「心の健康教育と予防教育」）。

　ちなみに臨床心理士の専門業務である「臨床心理的地域援助」については，「専門的に特定の個人を対象とするだけでなく，地域住民や学校，職場に所属する人々（コミュニティ）の心の健康や地域住民の被害の支援活動を行うことも臨床心理士の専門性を活かした重要な専門行為です。これらのコンサルテーション活動は，個人のプライバシーを十二分に守りながらも，コミュニティ全体を考慮した心の情報整理や環境調整を行う活動ともいえます。また，一般的な生活環境の健全な発展のために，心理的情報を提供したり提言する活動も “ 地域援助 ” の業務に含まれます」と説明されているが，公認心理師も当然このような業務も行うことになる（本書第 12 章「多職種連携と地域連携」）。

5 . その他

　また臨床心理士の専門業務である「調査・研究」については，「心の問題への援助を行っていくうえで，技術的な手法や知識を確実なものにするために，基礎となる臨床心理的調査や研究活動を実施します。心理臨床の個別性に由来するさまざまな問題や課題に関する特化した研究技法ともいわれる “ 事例研究 ” の体験学習は，臨床心理士に求められる大切な専門業務と直結しています。高度専門職業人として，自らの専門資質の維持・発展に資するきわめて重要な自己研鑽に関する専門業務といえましょう」と説明されている。公認心理師の 4 つの業務には，「調査・研究」は明示的には含まれていないが，1 . 〜 4 . を行うための当然の前提であり，高度専門職である公認心理師も当然このような業務も行うことになる。

■ III　活動する分野を問わず求められる役割，知識及び技術

　公認心理師は，特定の分野に限定された資格ではなく，いろいろな分野（保健医療分野，福祉分野，教育分野，司法・犯罪分野，産業・労働分野，その他の分野）に通用する「汎用資格」である。そのために，『公認心理師カリキュラム等検討会「報告書」』では，役割，知識及び技術について，「活動する分野を問わず

求められるもの」（共通部分）と「特定の分野において求められるもの」（差異部分）に分けて，述べている。

　まず活動する分野を問わず求められる役割，知識及び技術については，次のように記載されている（pp.1-2）。

　　○国民の心の健康の保持増進に寄与する公認心理師としての職責を自覚すること。
　　○守秘義務等の義務及び倫理を遵守すること。また，心理に関する支援が必要な者に対し支援を行う関係者の間で，当該支援に必要な情報共有を行うこと。
　　○心理に関する支援が必要な者等との良好な人間関係を築くためのコミュニケーションを行うこと。また，対象者の心理に関する課題を理解し，本人や周囲に対して，有益なフィードバックを行うこと。そのために，さまざまな心理療法の理論と技法についてバランスよく学び，実施のための基本的な態度を身につけていること。
　　○心理学，医学等の知識及び心理に関する技術を身につけ，さまざまな職種と協働しながら支援等を主体的に実践すること。
　　○公認心理師の資格取得後も自ら研鑽を継続して積むことができること。
　　○心理状態の観察・分析等の内容について，適切に記録ができること及び必要に応じて関係者に説明ができること。
　　○地域社会の動向を踏まえ，公認心理師が社会から求められる役割を自覚して，業務を行うこと。
　　○災害や事件・事故等緊急時にも公認心理師としての役割を果たすことができること。
　　○身体疾患や精神疾患，又はその双方が疑われる者について，必要に応じて医師への紹介等の対応ができること。

　ここに箇条書き的に記載されている９点は，すでに述べた「Ⅰ　公認心理師の職責の自覚」で述べられている５点のうちの①〜④，ならびに，「Ⅱ-1．心理状態の観察，その結果の分析」「Ⅱ-2．心理に関する相談及び助言，指導その他の援助」の前提である。

　1点目では，公認心理師は国民の心の健康の保持増進に寄与するために４つの業務を行う者であるとの自覚をしっかり持つことが求められている。

　ちなみに公認心理師法第40条では，「公認心理師は，公認心理師の信用を傷つけるような行為をしてはならない」と信用失墜行為の禁止が記載されている。信用失墜行為の禁止は，『公認心理師法概要』の「四　義務」の1に書かれている。つまり法的違反や倫理的違反や社会的信用を失うようなことをしてはならない。

　2点目では，業務の遂行にあたり，法に定められている秘密保持義務や職業倫理をきちんと守ることが求められている。また支援を行う関係者の間での連携を

行うことも求められている。

　秘密保持義務について少し詳しく述べよう。公認心理師法第41条では，「公認心理師は，正当な理由がなく，その業務に関して知り得た人の秘密を漏らしてはならない。公認心理師でなくなった後においても同様とする」と記載されている。そして罰則を定めた第46条では，「第41条の規定に違反した者は，1年以下の懲役又は30万円以下の罰金に処する」と記載されている。つまり，公認心理師は秘密保持違反があれば，罰則の対象となる。ちなみに，臨床心理士は民間資格であるので，秘密保持の責任は負うが，秘密保持違反があっても罰則の対象にはならない。秘密保持義務は，『公認心理師法概要』の「四　義務」の2に書かれている。

　連携についても少し詳しく述べよう。公認心理師法第42条では，「公認心理師はその業務を行うに当たっては，その担当する者に対し，保健医療，福祉，教育等が密接な連携の下で総合的かつ適切に提供されるよう，これらを提供する者その他の関係者等との連携を保たなければならない。／2　公認心理師は，その業務を行うに当たって心理に関する支援を要する者に当該支援に係る主治の医師があるときは，その指示を受けなければならない」と記載されている。連携は，『公認心理師法概要』の「四　義務」の3に書かれている。

　3点目では，対象者との間で良好なコミュニケーションが行えることが求められている。また対象者の心理的アセスメントを適切に行い，本人や周囲に有益なフィードバックを行うことが求められている。そして，そのためにさまざまな心理療法の理論と技法を学ぶことが求められている。

　4点目では，心理学とともに医学等の知識も身につけ，さらに心理の技術も身につけ，さまざまな職種と連携しての実践を求められている。

　5点目では，公認心理師の資格を取得した後も，生涯にわたり自己研鑽を継続していくことが求められている。

　6点目では，心理的アセスメントの内容を適切に記録（記述）できるとともに，必要に応じて関係者に分かりやすく説明できることが求められている。

　7点目では，地域社会の動向に関心を持ち，それを踏まえて，社会から公認心理師に期待される役割を自覚して業務を行うことが求められている。

　8点目では，平時における通常業務だけでなく，災害や事件・事故等緊急時にも公認心理師としての役割を果たすことが求められている。

　9点目では，身体疾患や精神疾患等の病気が疑われる者について，必要に応じて医師との連携ができることが求められている。

IV　特定の分野において求められる役割，知識及び技術

　　次に特定の分野に求められる役割，知識及び技術については，次のように記載されている（pp.2-3）。

　　○医療分野においては，心理検査や心理療法（集団療法，認知行動療法等を含む。）等，心理職の立場からの技術提供が求められる。また，職種間でのコミュニケーションのためにも一定程度の医学知識が必要である。

　　○保健分野においては，乳幼児健診等の母子保健事業における母性や乳幼児への心理に関する援助，認知症が疑われる高齢者への支援等，幅広い技能が求められる。

　　○教育分野においては，スクールカウンセラー等として，幼児児童生徒，保護者及び教職員に対する相談・援助等を行うことにより，不登校，いじめ，暴力行為などの問題行動等の未然防止，早期発見，事後対応，発達障害を含む障害のある児童生徒等に対する心理検査や支援，学校への助言等の必要な対応等を行うことが求められる。また，幼児児童生徒，保護者及び教職員に対して，心の健康に関する教育及び情報提供を行う。大学等に在籍する学生，保護者及び教職員についても，同様に必要な対応を行う。さらに，組織全体への助言も行う。

　　○福祉分野のうち，児童福祉施設（障害児施設・保育所を含む。）等においては，子どもの発達に関する知識や各種心理検査等の技術をもって，子どもの状態，家族像，今の問題点等を包括的に理解・評価することが求められる。特に，児童相談所においては，子ども虐待問題に対する十分な理解と，ニーズのない当事者とも"子どもの安全"という視点を中心に，幅広く関係を構築する能力が求められる。また，障害者や認知症を有する高齢者等に対して，心理に関する支援を行うことが求められる。

　　○司法・犯罪分野においては，犯罪や非行をした者について，犯罪や非行に至る原因や心理の分析，再犯・再非行のリスク評価，矯正・更生のための指導・助言，処遇プログラムの提供等を行う。その際には，当事者が必ずしも援助を求めていないという状況で信頼関係を築く必要がある。また，家庭内紛争など対立関係のある問題における当事者や子どもへの中立的な立場での関与も必要である。面接や心理検査，認知行動療法等を中心に行う。さらに，当事者のみならず，当事者の身元引受人や更生に不可欠な関係者に対する助言・支援，犯罪被害者等に対する相談援助，犯罪や非行の防止に関する地域社会への情報提供等も行うことが求められる。

　　○産業・労働分野においては，労働者に対する相談援助や研修等を行う。また，メンタルヘルス対策の活動を行うことで労働環境の改善や労働者のパフォーマンスの向上に役立てる。

ここに箇条書き的に記載されている6点は，すでに述べた「I　公認心理師の

職責の自覚」で述べられている 5 点のうちの「⑤保健医療，福祉，教育その他の分野における公認心理師の具体的な業務の内容について説明できる」が，その前提として詳細に具体化して書いてある。

　1 点目の医療分野というのは，病院・診療所（総合病院，精神科病院，精神科クリニック，心療内科，小児科，産婦人科，緩和ケア，救命救急等），介護療養型医療施設等である。そこでは，心理的アセスメントとともにさまざまな心理学的支援（心理支援，心理学的支援）が求められている。アディクション・依存症に対する支援，HIV カウンセリング，復職者支援等も求められている。そして，チーム医療のために，一定の医学知識が求められている。本シリーズでは，『健康・医療心理学』（第 16 巻），『人体の構造と機能及び疾病』（第 21 巻），『精神疾患とその治療』（第 22 巻）が，関係がある。

　2 点目の保健分野というのは，保健所，保健センター，精神保健福祉センター，介護老人保健施設等である。そこでは乳幼児から高齢者までの人間の全ての発達段階に関わることになり，幅広い知識と技能が求められている。本シリーズでは，以上に加え，『発達心理学』（第 12 巻）が，関係がある。

　3 点目の教育分野というのは，学校（幼稚園，小学校，中学校，高等学校，大学，専修学校，各種学校等），教育相談所，教育支援センター，適応指導教室，教育委員会等である。スクールカウンセラー，学生相談カウンセラー等として，幼児・児童・生徒・学生，教員，保護者に対して心理的アセスメントと心理学的支援を行うことが求められる。予備校カウンセラーは，浪人生や保護者へのカウンセリング，心理教育的な予防的・啓発的活動，予備校スタッフへのコンサルテーションや研修が求められている。問題が起こってからの対応だけでなく，問題の早期発見，問題の未然防止なども求められる。さらに心の健康教育や情報提供も求められる。本シリーズでは，『教育・学校心理学』（第 18 巻）が，関係がある。

　4 点目の福祉分野というのは，障害者支援施設，地域活動支援センター，福祉ホーム，児童福祉施設，児童相談所，保育園，認定こども園，母子生活支援施設，老人福祉施設，地域包括支援センター，婦人相談所，発達障害者支援センター，社会福祉協議会，知的障害者更生相談所，子ども・若者総合相談センター，児童自立支援施設，国立障害者リハビリテーションセンター等である。福祉分野では子ども，女性，障害者，高齢者等の幅広い対象者についての心理的アセスメントと心理学的支援が求められている。本シリーズでは，特に『福祉心理学』（第 17 巻），『障害者・障害児心理学』（第 13 巻）が，関係がある。

　5 点目の司法・犯罪分野というのは，裁判所，刑務所，少年刑務所，拘置所，

少年院，少年鑑別所，婦人補導院，入国者収容所，保護観察所，更生保護施設，警察等である。犯罪者や非行少年について心理的アセスメントと心理学的支援を行うことが求められている。当事者だけでなく関係者への支援も求められている。近年ではとりわけ再犯防止のプログラムを実践することが求められている。本シリーズでは，『司法・犯罪心理学』（第 19 巻）が，関係がある。

　6 点目の産業・労働分野というのは，組織内健康管理センター・相談室，広域障害者職業センター，地域障害者職業センター，障害者就業・生活支援センター，外部 EAP 機関，自衛隊，キャリア支援等である。この分野は，発達段階としてはいわゆる働き盛りの人たちが対象であり，この分野が元気であることは社会が元気であることにつながり，とても重要である。個人と組織の心理的アセスメントと心理学的支援が求められている。本テキストシリーズでは，『産業・組織心理学』（第 20 巻）が，関係がある。

　以上あげた分野以外にも国民の心の健康の保持増進に寄与する領域はいろいろあるし，それらに対しても公認心理師は活動を行っていくことになる。

　第 1 に〈地域社会領域〉である。例えば，地域社会では，NPO やボランティア団体として，子育て支援や障害をもつ人，がん患者，難病の患者のためのサポートグループやサポートコミュニティが作られている。また大きな社会問題となっているひきこもり者のためのグループや居場所活動等も行われている。他にもさまざまな支援がある。

　第 2 に〈被害者支援領域〉である。大地震や津波，台風等の自然災害被害者のための支援は活発に行われている。ドメスティック・バイオレンス（domestic violence; DV）被害者支援の専門機関としては，都道府県に配偶者暴力相談支援センターが設置され，避難先として一時保護所（シェルター）を併設しているが，そこでは心理学的支援が行われている。犯罪被害者のための支援は警察，社団法人や NPO やボランティア団体で心理支援が行われている。

　第 3 に〈私設心理相談領域〉である。その規模は，大規模なもの，数人のグループでやっているもの，個人でやっているものと多様である。病気ではないが，生きることにいろいろ困難を抱えている人達の心理学的支援等を行っている。

◆学習チェック表
- ☐　公認心理師法制定の目的を理解した。
- ☐　公認心理師の４つの業務を理解した。
- ☐　公認心理師の主な活動分野の特徴について理解した。
- ☐　公認心理師の義務について理解した。

より深めるための推薦図書

一般財団法人日本心理研修センター編（2016）臨床心理学臨時増刊号—公認心理師. 金剛出版.

一般財団法人日本心理研修センター監修（2018）公認心理師現任者講習会テキスト 2018 年版. 金剛出版.

野島一彦編（2016）公認心理師への期待. 日本評論社.

野島一彦編（2017）公認心理師入門—知識と技術. 日本評論社.

下山晴彦・中嶋義文編（2016）精神医療・臨床心理の知識と技法. 医学書院.

下山晴彦・慶野遙香編著（2020）公認心理師の職責. ミネルヴァ書房.

文　　　献

公認心理師法（平成 27 年法律第 68 号）http://www.mhlw.go.jp/file/06-Seisakujouhou-12200000-Shakaiengokyokushougaihokenfukushibu/0000121345.pdf（本書巻末にも掲載している）

厚生労働省（2015）公認心理師法概要. https://www.mhlw.go.jp/content/000964615.pdf（本書巻末にも掲載している）

厚生労働省（2017）公認心理師カリキュラム等検討会「報告書」. http://www.mhlw.go.jp/file/05-Shingikai-12201000-Shakaiengokyokushougaihokenfukushibu-Kikakuka/0000169346.pdf（本書巻末にも掲載している）

第2章

公認心理師の法的義務・倫理

元永拓郎

⊶ *Keywords*　インフォームド・コンセント，公認心理師法，自己決定権，資質向上，主治医
の指示，信用失墜行為，日本国憲法，秘密保持義務，倫理要綱，連携

■ I　はじめに

　Aさんは公立中学校に勤務する公認心理師（スクールカウンセラー）である。継続して面接している生徒Bさんから，「無視されたり悪口を言われたりするいじめを今月に入って同級生数人から受けている」「でも担任の先生に知られると大事_{おおごと}になり，ますますいじめがエスカレートすることが怖いので，ここ（面接室）だけの話にしてほしい」と聞いた。Aさんは，Bさんが面接で話してくれたことを評価するとともに，担任含め学校の先生に伝えた方がよいと話すが，Bさんは絶対に秘密にしてほしいと主張した。Aさんは，公認心理師としての秘密保持義務が重要と思う一方で，「学校いじめ防止基本方針」^{注1)}に基づき，学校の先生たちと連携したいとも考えた。Aさんはどのように動くべきであろうか？

　この局面でAさんがどう動くかを議論する上で，私たちは，公認心理師として大切にするべき倫理，「公認心理師法」で定められた法的義務，どのような雇用形態で学校に勤務しているか，職務上の役割分担，そして学校のいじめ対策の方針（「学校いじめ防止基本方針」），「いじめ防止対策推進法」など，倫理及び法律，施策，組織上の立場などを熟知する必要がある。またBさんは未成年であるから，保護者に対する情報提供についても検討が必要となろう。これらもふまえた上で，Bさんを

注1)　学校いじめ防止基本方針：いじめ防止対策推進法（2013年施行）の第13条に「学校は，いじめ防止基本方針又は地方いじめ防止基本方針を参酌し，その学校の実情に応じ，当該学校におけるいじめの防止等のための対策に関する基本的な方針を定めるものとする」とあり，各学校が策定しHP上で公開している。その方針の中では，いじめに関する学内での組織的対応が強調されている。

どのように支援していくかを，Aさんは判断していかなければならない。この章では，このような公認心理師にとって基本となる倫理や法的義務について学ぶ。

II　公認心理師法の法的位置づけ

　「公認心理師法」は，第 189 回国会において，2015（平成 27）年 9 月 9 日に議員立法で成立し，同年 9 月 16 日に公布された。そして 2017（平成 29）年 9 月 15 日に施行された。同日に，「施行令」と「施行規則」も制定されている。「公認心理師法」及び「施行令」「施行規則」等は，厚生労働省のウェブサイト（厚生労働省，2018）に記載されているので，目を通しておく必要がある。

　「公認心理師法」第 1 条に記されているとおり，この法律は，「公認心理師の資格を定めて，その業務の適正を図り，もって国民の心の健康の保持増進に寄与すること」を目的としている（下線は著者，以下同）。ここで言う「心の健康」について他の法律をみると，2006（平成 18）年に成立し 2016（平成 28）年に改正された「自殺対策基本法」第 17 条において，「国及び地方公共団体は，職域，学校，地域等における国民の心の健康の保持に係る教育及び啓発の推進並びに相談体制の整備，事業主，学校の教職員等に対する国民の心の健康の保持に関する研修の機会の確保等必要な施策を講ずるものとする」とされている。

　心の健康と同様な意味である「精神保健・精神的健康」については，「精神保健福祉法」第 1 条に，「……その他国民の精神的健康の保持及び増進に努めることによって，精神障害者の福祉の増進及び国民の精神保健の向上を図ることを目的とする」とある。精神的健康は，身体的健康も含めた健康概念の一領域と考えることができるが，健康増進そのものに焦点を当てた法律に，「健康増進法」（2002［平成 14］年成立）があり，第 2 条に「国民は，健康な生活習慣の重要性に対する関心と理解を深め，生涯にわたって，自らの健康状態を自覚するとともに，健康の増進に努めなければならない」としている。

　このように健康や特に心の健康に法律による言及がされるのは，健康の保持増進が困難となる時代背景があるのかもしれない。ところでこのような健康の保持増進に関する基本的な考え方は，日本国憲法に示されている。憲法第 13 条には「すべて国民は，個人として尊重される。生命，自由及び幸福追求に関する国民の権利については，公共の福祉に反しない限り，立法その他の国政の上で，最大の尊重を必要とする」とあり，いわゆる幸福追求権が規定されている。また憲法第 25 条第 1 項には，「すべて国民は，健康で文化的な最低限度の生活を営む権利を

有する」とあり，生存権が示されている。このような憲法の理念に基づき，心の健康の保持増進が必要とされ，公認心理師はその実現のための重要な責務を持つと言うことができる。

■ III　公認心理師の法的義務と倫理

公認心理師の法的義務には，「公認心理師法」第4章「義務等」に，「信用失墜行為の禁止」（第40条），「秘密保持義務」（第41条），「連携等」（第42条），「資質向上の責務」（第43条），「名称の使用制限」（第44条）がある。これらの義務のうち，第40条，第41条，第42条第2項の規定に違反した時は，公認心理師としての登録が取り消され，公認心理師の名称及びその名称中における心理師という文字の使用の停止が文部科学大臣及び厚生労働大臣から命じられることとなる（第32条「登録の取消し等」）。また「秘密保持義務」（第41条）の違反に対しては罰則が定められている（第46条）。

公認心理師の法的義務には，「公認心理師法」の基盤である「日本国憲法」に定められた基本的人権の尊重，そして幸福追求権や自己決定権を重視することも含む。インフォームド・コンセント（informed consent）は「説明と同意」と訳されることもあるが，自己決定権を重視するという立場に立てば，「十分な説明を受けたうえでの納得・同意・選択」（河合・柳田，2002）の考え方が重要である。

公認心理師が，心理学的支援業務として面接を行う場合，クライエントとの間に面接に関する面接契約を行うことになる。面接契約は，面接を行うにあたって必要となるクライエントとカウンセラーとの間に交わされる取り決めであり，面接に関する時間や場所，料金，面接の頻度，キャンセル方法およびキャンセル料，守秘義務などが含まれる。これらの取り決めは，契約書のような文書によって行われる場合もあるが，カウンセラーが口頭で十分に説明しクライエントが十分に理解し納得した上で同意することでも，契約が成立する。面接契約は，「民法」656条に規定される「準委任」契約に該当する。準委任契約とは，「民法」643条に規定されている「委任」（当事者の一方が法律行為をすることを相手方に委託し，相手方がこれを承諾すること）の準用で，法律行為でない事務の委託について定めたものである。ここで言う「事務」は，いわゆる事務仕事ではなく，法律行為に該当しないすべての行為が含まれる。

このように面接契約によって，公認心理師は準委任契約をクライエントとの間で結ぶこととなり，その契約によって発生する義務を負う。その義務は，「民法」644

条「受任者の注意義務」というもので，「業務を委任された人の職業や専門家として
の能力，社会的地位などから考えて通常期待される注意義務」（『大辞泉』）とされる。

　ここで言う「通常期待される注意」とは，公認心理師という職業に対して，そ
の時代において国民から求められている知識や技術を持って，当然行うべき注意
ということである。通常，保健医療分野では「通常期待される注意」について，
学会等が定める治療に関するガイドライン等が基準となることが多い。「通常期待
される注意」は，専門家として国民から期待されている水準と考えるならば，公
認心理師が日頃より資質向上のために不断の努力をすることが重要となろう。

　このような法的義務が導かれる基本的な考え方や原則が職業倫理である。職業倫
理について詳しくは後述するが，その職業倫理を明文化したものとして，職能団体
が有する倫理綱領がある。日本公認心理師協会が策定した倫理綱領には目を通して
おきたい（日本公認心理師協会，2020）。さまざまな職業倫理上の事柄の中で，特
に重要で文章として明文化しやすい内容が，法律の中で法的義務として規定されて
いると考えることができる。そう考えるならば，公認心理師含め専門職は，法的義
務を守ることは最低限のことであり，その法的義務が導かれた基となる専門職とし
ての職業倫理について熟知し，遵守することが必要なことは言うまでもない。

■ IV　公認心理師法に定める法的義務

1．信用失墜行為の禁止（第40条）

　第40条に，「公認心理師は，公認心理師の信用を傷つけるような行為をしては
ならない」とある。信用失墜行為とは，公認心理師の業務と関連して犯罪を行う
ことや，業務の対価として不当に高額の請求を要求するなどが該当する。信用失
墜行為を行った場合，登録が取り消されることとなる（第32条「登録の取消し
等」第2項）。

　公認心理師は，医師や看護師等の業務独占の専門職（license）ではなく，名称
独占の専門職（certification）である。名称独占資格について厚生労働省は，「国
民の利便や職業人の資質向上を図るため，一定の基準を充足していることを単に
公証し，または一定の称号を独占的に称することを許す資格」としている（奥村・
金子，2016）。公認心理師の名称に対する国民の信用が得られて初めて，名称独
占職が社会において有効に機能することがわかる。

　公認心理師の信用に関連して，多重関係（multiple relationship）についてふれ
たい。多重関係とは，「専門家としての役割と別の役割を，意図的かつ明確に同

時にあるいは継続的にとること」とされている（川畑，2017）。例えば大学の教員が受け持っている講義において成績をつけている学生に対して，カウンセリングによる支援を行う場合，カウンセリング関係と成績評価をする教師－学生関係の多重関係が生じることとなる。このような多重関係は避けられない場合もあるが，倫理的に十分な配慮が求められる。言うまでもないが，カウンセラーという有利な立場を利用して職務とは無関係な利益を得るなどの搾取的な行為を行うことは，倫理違反となり，公認心理師として信用失墜行為に当たる。

　多重関係と関連して，利益相反（conflict of interest; COI）がある。これは特に研究において大きな課題となっている。「外部との経済的な利益関係等によって，公的研究で必要とされる公正かつ適正な判断が損なわれること」と定義される（厚生労働省，2008）。このような利益相反を未然に予防するために，利益相反について十分な理解をするとともに，倫理委員会にて事前に研究計画を審査してもらうことなども重要となる（津川ら，2021）。

2．秘密保持義務（第41条）

　第41条には，「公認心理師は，正当な理由がなく，その業務に関して知り得た人の秘密を漏らしてはならない。公認心理師でなくなった後においても，同様である」と定め，秘密保持義務を明記している。この条項に違反したものは，第5章「罰則」の第46条第1項において，「第41条の規定に違反した者は，1年以下の懲役又は30万円以下の罰金に処する」とし，罰則を定めている。また（連動して）公認心理師の登録も取り消されることとなる（第32条「登録の取消し等」第2項）。

　同様な秘密保持義務は，表1に示すように，「保健師助産師看護師法」第42条，診療補助職の各身分法（「理学療法士及び作業療法士法」など），「精神保健福祉士法」第40条，「言語聴覚士法」第42条にもある。医師や薬剤師，助産師，弁護士等は，「刑法」134条に，「医師，歯科医師，薬剤師，医薬品販売業者，助産師，弁護士，弁護人，公証人又はこれらの職にあった者が，正当な理由がないのに，その業務上取り扱ったことについて知り得た人の秘密を漏らした時は，6月以下の懲役又は10万円以下の罰金に処する」としている。医師や薬剤師においては，「医師法」や「薬剤師法」ではなく，「刑法」で定められていることに留意したい。なお秘密保持義務は，守秘義務と言われることもある。

　条文にある「正当な理由」に該当するのは，「法令行為等」や「第三者の利益を保護する場合」「（本人の）承諾がある場合」「緊急避難」などとされている（米澤，2000）。

表 1　守秘義務に関する法令（北村［2016］を改変）

公認心理師	「公認心理師法」第 41 条
保健師，助産師，看護師	「保健師助産師看護師法」第 42 条（助産師は刑法第 134 条にもあり）
理学療法士，作業療法士	「理学療法士及び作業療法士法」第 16 条
言語聴覚士	「言語聴覚士法」第 42 条
精神保健福祉士	「精神保健福祉士法」第 40 条
医師，薬剤師，弁護士等	「刑法」第 134 条
国家公務員	「国家公務員法」第 100 条
精神科病院の管理者・職員等	「精神保健福祉法」第 53 条

　「法令に基づく場合」では，例えば児童虐待を受けたと思われる児童を発見したすべての国民は，福祉事務所や児童相談所に通告する義務を負う（「児童虐待防止法」第 6 条）。

　「第三者の利益を保護する場合」としては，他者に対する具体的な殺意の計画を知った場合，その対象となる人に危険性を知らせることは，第三者の利益を保護することとなる（タラソフ判決[注2]）。しかし，守秘義務を解除するに値する第三者の利益が十分に大きい場合（安全配慮や事故防止など）に限られることとなる。

　「本人の承諾がある場合」はもちろん守秘義務が解除されるが，この場合であっても，無制限に情報が拡散されるのではなく，どの範囲までどのような情報が共有されるかについて，十分な説明をした上で本人が納得していくプロセスが重要となる。この点については，後述する「チーム内守秘」でふれる。

3．連携等（第 42 条第 1 項）

　第 42 条第 1 項には，「公認心理師は，その業務を行うに当たっては，その担当する者に対し，保健医療，福祉，教育等が密接な連携の下で総合的かつ適切に提供されるよう，これらを提供する者その他の関係者等との連携を保たなければならない」とあり，多職種連携を責務としている。ここで問題となるのは，例えば

　注 2 ）タラソフ事件：カウンセリングの中で殺意を語ったクライエントが，その後実際に相手を殺害した事件である（1969 年）。この事件の民事訴訟において米国カリフォルニア州最高裁判所は，カウンセラーには，被害者に対して危険が迫っていることを警告するなど，秘密保持よりも安全確保のための行動が必要とされるという判断を示した（金沢，2006）。本書第 4 章に詳述。

カウンセリングによって知り得た内容を，連携する関係者に本人の承諾なしに提供してよいかという守秘義務に関する事項である。連携する関係者との情報共有は，本人の承諾を事前に得てから行うのが原則である。

　このような連携を行う上で，チーム内で情報を共有しチーム外には情報を漏らさないという「チーム内守秘」の考え方を理解しておきたい。ここでいうチームとは，支援を行っている複数の人々のことであり，「支援の過程で常に連絡をとり合い，情報交換し，役割分担し，対応の基本方針を共有しておく（すなわち連携・協働する）」メンバーで構成される（黒沢ら，2013）。このようなチームは，支援において必要なメンバーで構成されるので，固定的なメンバーではなく，支援対象者ごとに異なる。

　冒頭の例で言うならば，生徒Bさんを支援するチームとして，スクールカウンセラーA，担任，養護教諭，いじめ対策の学校内の担当者がメンバーとなる展開もあり得る。そしてそのようなチームで対応していくことが必要でありBさんにとっても安心でいられることを，Bさんに十分に説明し納得してもらうことが求められよう。その際に，チームメンバー内で共有される情報はチームメンバー限りのことであり，チームメンバー外に伝えられることがないというチーム内守秘についても確認されることになる。

4．主治医の指示をめぐって（第42条第2項）

　第42条第2項は，「公認心理師は，その業務を行うに当たって心理に関する支援を要する者に当該支援に係る主治の医師があるときは，その指示を受けなければならない」とし，主治医の指示を受けることを責務とした。いわゆる診療補助職は，医師の指示下で医療行為を行うことになっているが，公認心理師は診療補助職ではない。にもかかわらず主治医の指示を受けることになるのは，どのような理由によるのであろうか？

　文部科学省および厚生労働省が示した「公認心理師法第42条第2項に係る主治の医師の指示に関する運用基準」（2018年1月31日通知）においては，「公認心理師が行う支援行為は，診療の補助を行う医行為には当たらないが，例えば，公認心理師の意図によるものかどうかにかかわらず，当該公認心理師が要支援者に対して，主治の医師の治療方針とは異なる支援行為を行うこと等によって，結果として要支援者の状態に効果的な改善が図られない可能性があることに鑑み，要支援者の主治の医師がある場合に，その治療方針と公認心理師の支援行為の内容との齟齬を避けるために設けられた規定である」とし，また，「これまでも，心理

に関する支援が行われる際には，当該支援を行う者が要支援者の主治の医師の指示を受ける等，広く関係者が連携を保ちながら，要支援者に必要な支援が行われており，本運用基準は，従前より行われている心理に関する支援の在り方を大きく変えることを想定したものではない」として，公認心理師の専門性に配慮がなされている（厚生労働省，2018）。

　主治医の指示については，主治医がいる保健医療機関で働く公認心理師の場合と，保健医療機関外で活動する公認心理師の場合とで，事情が異なる。主治医がいる保健医療機関で働く公認心理師は，「公認心理師法」に規定されずとも，主治医の治療方針や意見に沿った形で支援を行うことになる。保健医療機関に勤務する医師，看護師，薬剤師，作業療法士，精神保健福祉士といった多職種のメンバーによるチーム医療が行われており，主治医は診断や治療方針を決定する重要な役割を持つ。チーム医療のメンバー間の情報共有は，チーム内守秘ということが前提でなされる。

　保健医療機関外で活動する公認心理師の場合，「公認心理師と主治の医師の勤務先が同一の医療機関ではない場合であって，要支援者に主治の医師があることが確認できた場合は，公認心理師は要支援者の安全を確保する観点から，当該要支援者の状況に関する情報等を当該主治の医師に提供する等，当該主治の医師と密接な連携を保ち，その指示を受けるものとする」と「運用基準」には記されている。

　この場合，公認心理師が勤務する組織外にいる主治医に情報が伝えられると同時に，主治医も保健医療機関外に情報を提供するため，主治医の指示を受けることについて，要支援者本人（要支援者が未成年等の場合はその家族等）の同意が原則として必要となる。問題となるのは，本人（要支援者が未成年等の場合はその家族等）が主治医の指示を公認心理師が受けることに同意しない場合であるが，「運用基準」においては，「要支援者が主治の医師の関与を望まない場合，公認心理師は，要支援者の心情に配慮しつつ，主治の医師からの指示の必要性等について丁寧に説明を行うものとする」となっており，要支援者の同意が重要であることを示している。

　冒頭の例で言うと，公認心理師Aさんが支援を行う中で，Bさんが気分の落ち込みが強くなり，精神科に通院し始め，主治医がC医師となったとしよう。Aさんは，支援を続けるにあたって，Bさんまたは保護者の同意を得た上で，主治医であるC医師に連絡をとり，C医師からの指示を受ける必要がある。そしてC医師からの指示を確認しながらも，心理学的支援について専門家としての判断をしていくことになる。主治医C先生もチームメンバーの一員となり，チーム内守秘の中での支援が目指されることになろう。この場合のチームは，保健医療機関内

のチーム医療にとどまらず，また学校内の"チーム学校"にも限定されないとの意味で，"コミュニティチーム"と呼ぶのがふさわしい（元永，2015）。なお，主治医の指示については，日本心理臨床学会（2020）に示されている通り，第42条のうたう連携のあり方の中で運用する必要がある。

5．資質向上の責務（第43条）

第43条には，「公認心理師は，国民の心の健康を取り巻く環境の変化による業務の内容に適応するため，第2条各号に掲げる行為に関する知識及び技術の向上に努めなければならない」とし，資質向上に関する責務を明確にしている。

資質向上の責務は，他の職種においても同様な規定がある。これらの規定は，専門職個人に課せられた責務であると同時に，資質向上を支援するための専門職組織も重要となる。通常それは，学術団体と職能団体が担うことが多い。学術団体は，通常「学会」と呼ばれるもので，学術研究や実践研究を発表する場となる。臨床心理士の実績に基づいた研究や実践を行っている日本心理臨床学会は，その一翼を担っている。職能団体の日本公認心理師協会も，その学術部門として，日本公認心理師学会を有している（日本公認心理師学会，2023）。職能団体とは，特定の専門職資格を有する人々が所属し，情報共有や研鑽を促進する役割を持つ。現在，公認心理師の職能団体として，臨床心理士や学校心理士，臨床発達心理士，特別支援教育士等の心理支援の実績を有する日本公認心理師協会があり，資質向上のための研修会や専門認定などの活動を行っている。また，「公認心理師法」に基づく指定試験機関である「一般財団法人日本心理研修センター」も，公認心理師の生涯学習を担う見通しである（日本心理研修センター，2023）。

■ V　公認心理師と倫理

人が何らかの行為を行う時に，習慣や取り決め，ルールなどが，行為を行う場に存在する。それらの中で誰にとっても重要であり，かつ時代を超えて一貫して大切にされるであろう原則的価値を，倫理（ethics）と呼ぶ。『広辞苑』（第6版）では，「人倫のみち。実際道徳の規範となる原理。道徳」とされている。

職業人として何らかの活動を行う者にとって，職業人として守るべき倫理は，職業倫理と言われる。職業の中でも専門性の高い専門家としての倫理を専門職倫理（professional ethics）と言う（村本，2012）。古典的に有名なものに，古代ギリシャ時代の医師集団によって，医師ヒポクラテスの名前を冠した「ヒポクラテ

スの誓い（The Oath of Hippocrates）」がある。『ヒポクラテス全集』というギリシャ時代からのさまざまな医学的知識を編纂した書の中で，「誓い」はほんの数ページ，とってつけたように記されているのだが，その内容が後世にもっとも大きな影響を与えることになったのは印象深い。

「どんな家に入っていくにせよ，すべては患者の利益になることを考え，どんな意図的不正も害悪も加えません。とくに，男と女，自由人と奴隷のいかんをとわず，彼らの肉体に対して，情欲を満たすことはいたしません。治療のとき，または治療しないときも，人々の生活に関して見聞きすることで，およそ口外すべきでないものは，それを秘密事項と考え，口を閉ざすことにいたします。以上の誓いを私が全うしこれを犯すことがないならば，すべての人々から永く名声を博し，生活と術のうえでの実りが得られますように。しかし誓いから道を踏みはずし偽誓などすることがあれば，逆の報いを受けますように」（ヒポクラテス／大槻真一郎編集・翻訳責任，1997）という内容などには，信用失墜行為の禁止や守秘義務，多重関係の禁止等に関する事柄が含まれている。

医師に関する倫理規定は，1948年の世界医師会（World Medical Association; WMA）による「ジュネーブ宣言」，残酷な人体実験への強い反省に基づいた1964年の「ヘルシンキ宣言」，患者が医療における主体であるとした1981年の「患者の権利に関するリスボン宣言」と整備されてきた。日本においては，日本医師会が2000年に定めた「日本医師会倫理綱領」がある（津川，2016）。また日本医師会では『医師の職業倫理指針』を2004年に刊行し，2014年に第3版を発刊している（日本医師会，2014）。

ヒポクラテスの誓いは，医師の倫理として非常にすぐれている一方で，自己判断が十分でない弱い立場の患者を保護するパターナリズム（paternalism；父権主義）の立場に立ち，患者の主体性や自律性（autonomy）を重視していないという弱点がある。この弱点を補い，患者の自己決定権が重視されることとなった（大井，2016）。

専門職の倫理は，各職能団体等の倫理要綱としてまとめられる。看護者の倫理綱領（日本看護協会，2003），ソーシャルワーカーの倫理綱領（社会福祉専門職団体協議会代表者会議，2005）などである。心理専門職の倫理規定については，アメリカ心理学会（American Psychological Association; APA）が，1938年から倫理規定について検討を始め，最新版であるEthical Principles of Psychologists and Code of Conduct（APA, 2016）を公開している。

公認心理師に関する倫理綱領として，2020年9月に，職能団体である日本公

表2　日本公認心理師協会倫理綱領（2020.9.18）

一般社団法人日本公認心理師協会は，公認心理師の職能団体として，会員が提供する専門的心理支援業務の質を保つとともに，対象となる人々の基本的人権を守り，自己決定権を尊重し，その心の健康と福祉の増進を目的として倫理綱領を策定する。会員は，上記の目的に沿うよう，専門的職業人としての自覚を持つとともに一人の社会人としての良識を保持するよう努め，その社会的及び道義的な責任を果たすため，以下の綱領を遵守する義務を負うものである。

1　会員は，人々の心の健康の保持増進のために，高い倫理観と使命感をもって活動し，公共の福祉に寄与することを通じて，よりよい社会づくりに貢献する。
2　会員は，人権を尊重し，国籍，人種，思想，信条，年齢，性別及び性的指向，社会的地位，経済状態などにかかわらず，すべての人をかけがえのない存在として尊重する。
3　会員は，要支援者等との間に信頼関係を築き，誠意と責任感をもって最善を尽くすとともに，心理支援行為を，自己の欲求や利益のために行うことがあってはならない。
4　会員は，専門的資質の向上に努め，知識と技術に関して，つねに最良の水準を保持するよう研鑽に努める。同時に，自らの専門家としての知識・技術の限界を十分に自覚し，その範囲内において支援活動をする。
5　会員は，正当な理由なく，職務上知り得た個人の秘密を漏らしてはならない。
6　会員は，要支援者等の自立性を最大限に尊重し，心理支援にあたっては適切な説明を行い，同意を得るように努める。
7　会員は，自らの活動について，業務の透明性を保ち，説明責任を果たすため，適切な記録作成・保管等に努める。
8　会員は，心理支援にあたって，原則として，要支援者等との間で専門的支援関係の範囲を超えた関係を結ばない。
9　会員は互いを尊重し，要支援者等の利益のために関係職種と適切な連携，協力を行う。
10　会員は，心理支援に関わる研究・実践を通じ，研究倫理の原則を遵守しながら，専門的知識・技能の創造と開発に努め，専門的心理支援領域の学問的発展に貢献する。
11　会員は，出版，講演，研修活動，各種通信媒体による情報発信などにおいて，専門家としての十分な配慮と節度を保つ。
12　会員は，専門職団体としての協会の活動に参加・協力し，後進の育成に尽くすとともに，職能と職域の発展のために相互に律し合い，高め合う。

認心理師協会の倫理綱領が定められた（表2）。この綱領は，「専門的心理支援業務の質を保つとともに，対象となる人々の基本的人権を守り，自己決定権を尊重し，その心の健康と福祉の増進を目的として」定められており，公認心理師が守るべき職業倫理として重要なものである。

　なお，公認心理師の業務とほぼ重なる臨床心理士の倫理規定は，その資格試験を実施する日本臨床心理士資格認定協会が「臨床心理士倫理要綱」を定めている（最新版は2013年）。また臨床心理士の職能団体の全国組織である日本臨床心理士会も倫理要綱を定めている（日本臨床心理士会, 2009）。この要綱においても，基本的人権の尊重や秘密保持，インフォームド・コンセント，職能的資質の向上と自覚，相互啓発など重要な倫理的事項を定めている。

なお，公認心理師の支援の対象者には，未成年や，精神障害や知的障害，高齢のため判断能力や自己決定能力が十分でない人が少なからず存在する。そのような人に対して，保護者や成年後見人による代理判断がなされる場合もある。代理判断が必要となる状況であっても，本人の自己決定をどのように支援していくかが重要となろう（元永，2016）。

■VI　まとめ

　この章では，公認心理師の法的義務としての信用失墜行為の禁止，秘密保持義務，連携，資質向上の責務にふれながら，基本的な考え方としての基本的人権の尊重および自己決定権に言及した。またそれらの土台としてある専門職倫理について学習した。法的義務や専門職倫理，そして専門職としての使命や知識，技術を持って，複雑な実践現場の課題に，公認心理師は取り組んでいかなくてはならない。生涯を通しての学習の機会をどのように確保していくかも，公認心理師として重要となる（本書第11章「生涯学習への準備」参照）。

◆学習チェック表
□　日本国憲法と公認心理師法との関係を理解した。
□　公認心理師法に規定される法的義務について理解した。
□　守秘義務に関する基本的事項を理解した。
□　インフォームド・コンセントや自己決定権についての考え方を理解した。
□　主治医の指示の基本的な事柄について理解した。

より深めるための推薦図書
　府川哲夫・磯部文雄（2017）保健医療福祉行政論．ミネルヴァ書房．
　伊原千晶編（2012）心理臨床の法と倫理．日本評論社．
　金子和夫監修，津川律子・元永拓郎編（2016）心の専門家が出会う法律．誠信書房．
　世界医師会（World Medical Association）（2016）WMA医の倫理マニュアル［原著第3版］．日本医事新報社．
　島井哲志監修，山崎久美子・津田彰編著（2016）保健医療・福祉領域で働く心理職のための法律と倫理．ナカニシヤ出版．
　津川律子・元永拓郎（2017）心理臨床における法・倫理・制度．放送大学教育振興会．

　　文　　　献
APA（2016）Ethical Principles of Psychologists and Code of Conduct. http://www.apa.org/ethics/code/
ヒポクラテス／大槻真一郎編集・翻訳責任（1997）新訂ヒポクラテス全集第一巻．エンタプライズ．

金沢吉展（2006）臨床心理学の倫理をまなぶ．東京大学出版会．

川畑直人（2017）心理臨床実践における倫理．In：津川律子・元永拓郎：心理臨床における法と倫理．放送大学教育振興会，pp.196-212．

河合隼雄・柳田邦男（2002）心の深みへ――「うつ社会」脱出のために．講談社．

北村尚人（2016）職場におけるメンタルヘルス対策．In：金子和夫監修，津川律子・元永拓郎編：心の専門家が出会う法律．誠信書房，pp.125-144．

黒沢幸子・森俊夫・元永拓郎（2013）明解！スクールカウンセリング．金子書房．

厚生労働省(2008)厚生労働科学研究における利益相反(Conflict of Interest)の管理における指針．http://www.mhlw.go.jp/file/06-Seisakujouhou-10600000-Daijinkanboukouseikagakuka/0000152586.pdf

厚生労働省(2018)公認心理師．http://www.mhlw.go.jp/stf/seisakunitsuite/bunya/0000116049.html

元永拓郎（2015）新しい資格「公認心理師」は心の健康に寄与するか？　こころの健康，30；20-27．

元永拓郎（2016）自己決定権をめぐって．In：金子和夫監修，津川律子・元永拓郎編：心の専門家が出会う法律．誠信書房，pp.208-213．

村本詔司（2012）職業倫理．In：伊原千晶編：心理臨床の法と倫理．日本評論社，pp.15-25．

日本医師会（2014）医師の職業倫理指針［第3版］．http://dl.med.or.jp/dl-med/teireikaiken/20161012_2.pdf

日本看護協会（2003）看護者の倫理綱領．https://www.nurse.or.jp/nursing/practice/rinri/pdf/rinri.pdf

日本公認心理師学会（2023）日本公認心理師学会について．https://www.jacpp.or.jp/society/index.html

日本公認心理師協会（2020）日本公認心理師協会倫理綱領．https://www.jacpp.or.jp/pdf/jacpp_rinrikoryo20200918.pdf

日本心理研修センター（2023）一般財団法人日本心理研修センター．https://www.jccpp.or.jp/

日本心理臨床学会（2020）公認心理師法第42条の運用に関する連携の考え方．https://www.jacpp.or.jp/document/pdf/law_opinion.pdf

日本臨床心理士会（2009）日本臨床心理士会倫理綱領．http://www.jsccp.jp/about/pdf/sta_5_rinrikoryo0904.pdf

奥村茉莉子・金子和夫（2016）公認心理師法．In：金子和夫監修，津川律子・元永拓郎編：心の専門家が出会う法律．誠信書房，pp.38-46．

大井賢一（2016）保健医療専門職の職業倫理．In：島井哲志監修，山崎久美子・津田彰編著：保健医療・福祉領域で働く心理職のための法律と倫理．ナカニシヤ出版，pp.203-213．

社会福祉専門職団体協議会（2005）ソーシャルワーカーの倫理綱領．http://www.japsw.or.jp/syokai/rinri/sw.html

津川律子（2016）心の専門家における倫理．In：金子和夫監修，津川律子・元永拓郎編：心の専門家が出会う法律．誠信書房，pp.190-198．

津川律子（2017）心理臨床研究における倫理．In：津川律子・元永拓郎：心理臨床における法と倫理．放送大学教育振興会．

米澤敏雄（2000）第134条（秘密漏示）．In：大塚仁・河上和雄・佐藤文哉ら編（2000）大コンメンタール刑法（第2版）第7巻．青林書院，pp.339-353．

第3章

クライエント／患者らの
安全の確保のために

心理に関する支援を要する者等の安全の確保

山口豊一

Keywords　アセスメント，インテーク面接，インフォームド・コンセント，空間の制限，時間の制限，信頼関係，スーパービジョン，治療契約，リファー，ルールの制限

Ⅰ　本章の目的

　本章では，『公認心理師のカリキュラム等検討会「報告書」』（厚生労働省，2017）の「『公認心理師のカリキュラム等に関する基本的な考え方』を踏まえたカリキュラムの到達目標」に規定されている「1．公認心理師としての職責の自覚」のうち，「1-3．心理に関する支援を要する者等の安全を最優先し，常にその者中心の立場に立つことができる」について述べる。

　心理に関する支援を要する者との関係においては，信頼感・安心感をベースにしつつ，相手に心理的損傷を与えるようなことがないように，安全の確保に十分気をつけながら業務を行わなければならない（野島，2017）。

　支援を必要としている人（クライエント／要支援者，患者ら：以下，クライエント）が自分の内面を話すという行為はとても勇気のいる行動であるため，クライエントが安心できる場であると感じ，安全が十分に保障されていなければ，クライエントは十分な自己開示を行えず，結果としてクライエントを支援できずに終わることや，傷つけてしまうことにもつながる。こういったことを防ぐためにも，以下に述べるような点を考慮する必要がある。

Ⅱ　倫理的配慮

1．同意を得る：インフォームド・コンセント

　クライエントの安全を確保し，クライエントに安心できる場を提供するために

は，まず心理学的支援（心理支援，心理的支援）に関する説明をし，同意を得ることが必要である（インフォームド・コンセント）。その中には，インテーク面接（受理面接）から心理学的支援までの流れ，料金や時間，個人情報の取り扱いについてなどが含まれる。それらについては，心理学的支援者（セラピスト等）が直接クライエントに説明する内容もあれば，心理学的支援機関等で定められている同意書への署名をもって説明責任を果たすといった方法が取られることもある。ただし，これらの説明は心理学的支援者だけが行うとは限らない。クライエントが電話で初回面接の予約を取る場合には，心理学的支援機関や保健医療機関の受付事務や看護師が電話対応をすることもある。そのような場合にも，クライエントに対する配慮を忘れてはならない。クライエントは心理学的支援を受けることについて不安に思っている。その際に，心理学的支援だけでなく，受付での対応も，クライエントを安心させる重要なポイントとなる。

　ここでは，大学附属の相談機関における「相談に関する同意書」を例にあげ，具体的に説明していく（図1）。同意にあたって，特に重要なものとしてインテーク面接があげられる。相談機関には基本的に，インテーク面接と呼ばれる相談の内容や経緯などについてクライエントから話を聞く段階が設定されている。図1の例にあがっているような大学附属の相談機関などでは，インテーク面接の内容から，当該相談機関で受理できるかどうかの判断をするための会議を行い（受理会議），その結果によってそのケースを受理するかしないかを決定する。つまり，この相談機関で相談を行うことが本当にクライエントのためになるのか，を判断するための面接と会議が設定されている。こういった相談機関の仕組みについて，クライエントは未知であることがほとんどである。加えて，受理できないと判断された場合には，「せっかく心の内を打ち明けたのに」というように，当該相談機関だけでなく心理相談全般に対する不信感を与えかねない。そのため，このインテーク面接にはどんな意味があるのか，その後の受理会議ではどのようなことが話されるのか，受理あるいは不受理が決定したあとはどうすればよいのか，などについて説明する必要がある。また，受理できない場合については，他機関を紹介できるのか，できないのかという説明も必要である。このような説明は，図1の1，8，10にも記載されているが，先述した通り多くのクライエントにとって未知の仕組みであるため，簡単に図式化してあるとわかりやすい。

秘密保持

　また，同意にあたって，クライエント自身の個人情報や，クライエントが心理

ご相談に関して

1　最初の面接（インテーク面接）で，相談されたいことの内容や経緯などをお聞きします。

2　最初の面接の結果をスタッフ会議で検討し，これからの面接が必要となった場合は，担当者を決めて連絡します。
　　臨床心理士資格を持つ相談員（本学教員）の管理・指導の下に研修相談員（大学院生）が担当することがあります。

3　相談日は，月曜日から土曜日の午前10時から午後5時までです。

4　面接の形態，回数，方法等に関しては，担当者に直接お聞きください。また，面接終結のご希望についても，担当者に直接お話しください。なお，ご連絡のないまま6カ月以上経過してのご来談は，原則として初回扱いとなります。

5　料金は，面接形態によって異なりますので，担当者にご確認ください。

6　やむを得ず遅刻される場合は，なるべく早くご連絡ください。なお，遅刻で面接時間が短くなっても料金は変わりません。

7　面接でお話しいただいた内容の秘密は固く守られます。また，当相談所がお預かりした連絡先等の個人情報についても，個人情報保護法に基づいて厳重に取り扱いますので，外部に漏れる心配はありません。ただし，自傷他害の恐れがあると判断した場合，または，法律に抵触する行為についてはこの限りではありません。

8　面接については，方法，経過，結果の評価等を，担当者と相談員のみが参加する事例会議で検討されます。その際，個人情報は伏せて行い，秘密が守られています。

9　教育・研究のため，活動の結果を専門の学会，研究会で発表することがあります。また，学術刊行物に掲載することがあります。いずれの場合も，プライバシーを守るための細心の注意を払いますので，個人が特定されるようなことはありません。

10　当相談所は，医療機関ではありませんので，健康保険証の使用や診断書の発行はできません。また，当相談所での面接継続が困難であると判断された場合は面接をお断りすることがあります。なお，当相談所の面接時間以外での行動については当相談所では責任を負いかねますのでご了承ください。

氏名_____

上記に同意し，相談を申し込みます

年　　　月　　　日
A大学附属　心理臨床センター

図1　相談に関する同意書

学的支援で話した内容については，クライエントと心理学的支援者の間で秘密が守られることを確認しなければならない。つまり，秘密が守られるという安心感をクライエントに与える必要がある（茨城県教育研修センター，2004）。クライエントの中には，相談内容は家族にも言いたくないことだからということで，心理学的支援を受けることに抵抗のある人もいるだろう。そうした気持ちに寄り添い，心理学的支援へのモチベーションを高めるためにも，秘密が守られていることを伝えることは意義のあることである。ただし，図1の7にもあるように，心理学的支援においては秘密が守られない例外が存在する（日本公認心理師協会，2020）。

・クライエントに自傷他害の恐れがある場合。自殺の危険性や，摂食障害などによる生命の危機がある場合などは，保健医療機関や家族への連絡がなされる。
・虐待の可能性など，法律に抵触する行為があると判断された場合。児童相談所などの公的機関への通報がなされる[注1]。

これらのことについても，クライエントに理解してもらう必要がある。

池田（2017）は，秘密保持に対する心理学的支援者の基本的な姿勢について，以下のようにまとめている。

①守秘に限界があることを，早い段階でクライエントに説明し，理解を求める。
②自傷他害の可能性を示唆するクライエントに対しては，その危険性の把握に努め，それに応じた適切な対応をとる。
③第三者に通報する場合には，可能な限りクライエントと誰に，何を，どのように伝えるか等を協議してから伝える。
④守秘より危険回避を優先させた場合も，可能な限り事後にクライエントにその旨を説明する。

このような点も踏まえ，秘密を守ることはクライエントの安全を確保するための重要なポイントである。さらに，それらについてコンセンサスを得ることでクライエントも安心して心理学的支援に臨むことができる。

注1）第五条（児童虐待の早期発見等）：学校，児童福祉施設，病院，都道府県警察，婦人相談所，教育委員会，配偶者暴力相談支援センターその他児童の福祉に業務上関係のある団体及び学校の教職員，児童福祉施設の職員，医師，歯科医師，保健師，助産師，看護師，弁護士，警察官，婦人相談員その他児童の福祉に職務上関係のある者は，児童虐待を発見しやすい立場にあることを自覚し，児童虐待の早期発見に努めなければならない。
第六条（児童虐待に係る通告）：児童虐待を受けたと思われる児童を発見した者は，速やかに，これを市町村，都道府県の設置する福祉事務所若しくは児童相談所又は児童委員を介して市町村，都道府県の設置する福祉事務所若しくは児童相談所に通告しなければならない。

2．クライエントを知る：アセスメント

　先述したように，初めて支援機関に来たクライエントに対しては，インテーク面接を行うことが通常である。インテーク面接は，「カウンセリング開始前に，まずクライエントに来ていただき，さまざまな情報を得ていって，①クライエントの問題はどのような問題で，病態水準はどのようであるのかを見定め，②その相談機関で受け入れ可能であるかどうか，③他の相談機関や医療機関に紹介（リファー）するのなら，どのような相談機関や医療機関がよいか，④どのような方針のカウンセリングが必要か，⑤誰が担当するのがいいか，を決めていくための面接」（諸富，2014）とされている。学校の相談室など，インテーク面接を行わない例外はあるが，基本的にはそのクライエントに対しアセスメントを行うことは共通である。アセスメントとは，クライエントの抱えている問題を明らかにし，支援の方針を立てるため，クライエント自身や周囲（環境）について理解することである（石隈，1999）。

　クライエントの安全という側面から考えると，最初のアセスメントで特に重要となるのは，そのクライエントにはどのような支援が効果的で，医学的治療は必要であるかどうかを判断することである。公認心理師の資格保持者であっても，医師でなければ薬を処方したり診断を下したりといったことはできない。そのため，クライエントの安全を守るためにも，そのクライエントに必要なものが心理学的支援なのか，医学的治療なのか，またはその両方なのかを見定め，適切な対応をするためにクライエントをよく理解することが大切である。

　以上のように，インテーク面接はクライエントの今後を左右する大事な局面である。そのため，インテーク面接はベテランの心理学的支援者が行うことが勧められている（西田，2004）。例えば，もし初心者の心理学的支援者がインテーク面接を行い，クライエントを誤った病態水準であると判断をした場合，そのクライエントは誤った情報のもとで受理または不受理の決定を受け，極端な話，緊急性のあるクライエントを見逃してしまう可能性も出てくる。心理学的支援を行う上で必要な情報を得てアセスメントをすることは，クライエント自身の安全の確保につながり，その判断は大きな責任を伴う。

　また，インテーク面接をスムーズに進める手段として，予約時の電話の様子とその内容や，初回受付時に記入してもらう申込用紙（氏名，生年月日，住所，電話番号，家族構成，主訴（相談したいこと），既往歴，相談歴，相談経路など）と記入時の様子，クライエントが持参した紹介状などがある（重富，1997）。これ

らは，得られる情報からインテーク面接で収集されるべき情報をある程度絞っておくことを可能にするだけでなく，クライエント自身の問題の整理にもつながり，クライエントを適切に理解する上での助けとなる。

3．治療者の限界を知る：リファー

　インテーク面接の結果によって，どの支援者が担当するのがよいのかを決めたり，クライエントにとってより有益な他の専門機関を勧めたりすることがあるのは先述した通りである。このような対処が適切であると判断したり，クライエントの安心・安全を確保したりするためには，心理学的支援者自身が自らの限界を心得ていなければならない。支援者の能力以上の問題を抱えたクライエントや，治療方法に心理学的支援が適切でないと判断されるクライエントについては，そのクライエントに合った他の心理学的支援者や医師などの専門家が担当するべきであるし，同じ機関に適切な担当者がいなければ他の専門機関を紹介するべきである。また，もし何らかの理由で受け入れる場合には，担当する心理学的支援者が指導者（スーパーバイザー）からスーパービジョンを受けるという手段をとることが求められる（平木，1997）。

　心理学的支援において，専門的な支援を他の専門家に依頼することをリファーという（山崎，1990）。心理学的支援以外の専門的な支援が必要であるクライエントについては，インテーク面接などで，心理学的支援者が自分の専門以外の知識や技術（法律や医学，専門外の心理領域など）が必要なことをいち早く把握して，その道のより適切な専門家にクライエントを紹介することになる。平木（1997）は，リファーのポイントとして，2つあげている。

　①心理学的支援以外の分野に関わるもの。
　②自分の受けた教育や訓練の範囲を超えていたり，自分の能力の限界以上の問題を抱えていたりするクライエントについてのもの。

　①の例としては，クライエントの問題や症状が心理的な原因にあるとは限らない場合である。投薬の副作用など医学的なものである場合や，心理学的支援に加え薬物療法が必要な場合などが考えられる（平木，1997）。また，重度のうつ病や不安性障害など症状によっては，投薬治療（薬物療法）などの医学的対処が先決である。専門医にかかった上で，主治医からまた心理学的支援の必要性が示されれば，その時は心理学的支援者として心理面の支援をすることになるだろう。
　他の例をあげれば，法的な対処が第一であると判断される場合が考えられる。

平木（1997）は，以下のような例をあげて説明している。例えば，住んでいるアパートが取り壊されることになって，途方に暮れ，怒りを抱えている OL が相談に来たとする。心理的に混乱しているのは確かだが，それを緩和するためにも家主ときちんとやりとりができるための公的・法的知識が必要と判断される場合である。特にその OL が他の面での社会的適応状態はこれまでと変わらず，毎日の活動も普通にできていて，以前に心理学的支援を受けた経験もない場合には，具体的な方策を探ることの方が有効な援助となるだろう。

　心理学的支援者は，このような場合でもクライエントに対し責任をもち，クライエントにとって最も適切な支援をする役割を担わなければならない。しかし，平木（1997）は，「カウンセラーが往々にして犯す過ちの1つに，クライエントの問題をカウンセリングの枠組みだけで捉えがちになり，ついクライエントの失意や症状を心理的な問題と思い込み，カウンセリングのみで援助しようとすることがある」と述べている。問題を見極め，適切な判断をするための知識と，心理学的支援者の限界を十分に理解した冷静な判断が必要とされる。

　リファーのポイント②の例としては，インテーク面接の結果，家族療法や夫婦カウンセリング[注2]といった専門的関わりが必要と判断される場合が考えられる。家族療法や夫婦カウンセリングは，専門的な知識や技術を必要とする心理療法であるため，特別な訓練を受けた心理学的支援者が行う。このような心理学的支援者が当該相談機関にいない場合は，ほかの家族療法や夫婦カウンセリングの専門家がいる支援機関にリファーする必要がある。

　他方，②については，心理学的支援者育成の目的で初心者がケースを担当する場合や，クライエントが定期的に通える範囲に適切な心理学的支援者がいない場合など，能力を超えた問題を抱えたクライエントを担当することもある。そのような場合には，自分が行った心理学的支援について，スーパーバイザーのもとで丁寧に検討を重ねていくスーパービジョンを受けるという方法をとる（平木，1997）。

　心理に関する領域の中でも，心理学的支援者が専門とする分野はそれぞれ異なるであろうし，同じ専門分野の心理学的支援者でも，クライエントによっては心理学的支援者の性別にも配慮しなければならない場合もある。クライエントにとって安心・安全の場を提供するためには，心理学的支援者が自らの限界に鑑み，適切な判

　注2）家族療法とは，家族全体を視野に入れ，家族の歴史や文化，家族関係に注目し，家族システムに変化を促すことで，問題や症状を解決する援助方法である（平木，1997）。夫婦カウンセリングはカップルセラピーとも呼ばれ，家族療法と同様，メンバー間のシステムの変化を促し問題を解決に導く。

断をする必要がある。また，ただリファーするだけでなく，多職種連携のもとでクライエントを援助していく方法をとることもある。心理学的支援者は他の専門家同士をつなぐコーディネーションを行うこともあるため，そういった意味でも他の専門家とのつながりをもつことは大切である（山口，2015）。川瀬（2018）は，クライエントの安全確保の視点から，リファーについて以下のように説明している。

　心理学的支援は，クライエントの自己決定を保証し，援助方針の説明と同意の下に進められるが，クライエントの状態によっては，同意されていた方針から逸れても「危機介入」をしなければならない場合がある。例えば，自傷他害の恐れや自殺予防に関する場合などは，家族や警察などに連絡する必要がある。心理学的支援者は，このようなリスクアセスメントも，クライエントの安全確保の重要な業務であり，クライエントに必要な支援の提供が難しい場合は，他機関や他の専門家に対するリファーも大切である（川瀬，2018）。

III　物理的安全

1．時間の制限

　クライエントの安全の確保のために，心理学的支援の時間の制限が定められている（諸富，2014）。時間の制限とは，心理学的支援の頻度や1回の時間といった時間設定のことである。心理学的支援は，1週間または2週間に1回，50分か60分行われることが多い。ただし頻度については，初回から終結まで同じ頻度で行うこともあれば，終結に向かって2週間に1回，月に1回と，間隔をあけていくこともある。このように時間の制限を定める理由について，諸富（2014）は次のように述べている。カウンセリングでは，1〜2年，長い場合には10年以上の間クライエントと会い続けることがある。そのような中で，クライエントとカウンセラーの「共倒れ」を防ぐために，時間の制限が重要な役割を果たす。もしこの時間の制限を設定せず，「いつでもよいのでここに電話をください」とすれば，クライエントはカウンセラーに依存的になり，結果的にカウンセラーから離れられないということになりかねない。カウンセラー側も，クライエントの依存性に耐えられず，突然クライエントを突き放してしまうことになるかもしれない。つまり，時間の制限はカウンセラーとクライエントの安定を保つことにつながるのである。

　時間の制限は，もちろん心理学的支援者側の身勝手な都合で変更してはならない。しかし，やむを得ない場合もある。延期することも可能な場合もあるが，クライエントによってはその日の心理学的支援がなくなったことによるダメージが大きい場

合もある。そのような場合に備え，支援機関内の心理学的支援者で支援体制を整えておくことも大切である。心理学的支援者が 1 人しかいない職場でも，クライエントの緊急時に備え，他職種の専門家（医師など）や他機関の心理学的支援者と連携体制を整えておく。クライエントの安全はこのような方法でも守られる。

2．空間の制限

　悩みを話すという行為は，自分の弱い部分を他人に見せる行為であるが，自分の弱い部分を人に見せるというのは大変勇気のいることである。だからこそ，クライエントには安全が保障された空間を提供しなければならない。

　物理的に安全が保障された空間には，まず落ち着いて話ができる空間であることが大切である。話の内容が周囲に漏れない一対一の空間を用意することは大前提であり（山口，2007），加えて，支援機関の相談室でのみクライエントと接触する，という空間の制限も必要である（諸富，2014）。ただし，学校における児童生徒の相談はこの限りではない。子どもによっては，慣れない場所よりもいつもの慣れた場所で話したほうが場の安心感が保たれる場合があり，臨機応変な対応が不可欠である。

　話を聴く人の位置や態度も空間を構成する大切な要素である。クライエントと対面で座るのか，L 字型に座るのか，それとも対角線上に座るのかというように，クライエントによってそれぞれ話しやすい位置や距離感があるため，座る位置にも気を配る（栗原，2004）。また，「あなたの話を聴いている」と態度で示すことも必要である。心理学的支援者の姿勢や視線，相づちやうなずきなどにより，クライエントが「受け入れられている」と感じ，安心して話せるような空間を作る。クライエント中心療法を創始したカール・ロジャーズ（Rogers, C. R.）が示したカウンセラーの基本的態度（自己一致，無条件の肯定的配慮，共感的理解）のうち，クライエントの安寧の実現に役立つのは，「共感的理解」や「無条件の肯定的配慮」であり，「伝え返し（感情の反射，リフレクション）」といった技法である（山口，2008；横溝，1983）。

　心理学的支援では，時間の制限に加え，空間の制限を示すことによって，その場が守られた安全な場であるという安心感が増し，非日常的な時間の中で，じっくり自分を見つめることができるようになるのである。

3．ルールの制限：多重関係の禁止

　ルールの制限の中でも，秘密保持のルールについては先述した通りである。諸富

（2014）は，秘密保持以外のルールの中で重要なものとして，「多重関係の禁止」をあげている。つまり，心理学的支援者とクライエントとの間には，心理学的支援者とクライエントという関係以上のものがあってはならないということである。諸富（2014）は，以下の例をあげて説明している。例えば，教師と生徒の関係では，教師は生徒を評価するという立場にあるため，純粋なカウンセリング関係はもち得ない。恋愛関係や婚姻関係の中でもカウンセリング関係を結ぶことはできない。しかし，面接の初期には特に，疑似恋愛的な感情が生じることはよくある。このようなときにカウンセラーが動じてしまうと，クライエントも不安定になる。あくまでもカウンセリングのプロセスの中で生じた現象として理解し，感情にのまれず対応していく必要がある。このように，クライエントの今後の人生に大きく左右するような利害が絡む関係が存在すると，それは支援の場を著しく乱すものになってしまう。そのため，心理学的支援関係は独立したものでなければならない。

4．料金の制限

また，「料金を支払う」という枠組みも，心理学的支援を非日常的で安全な場とする大切な要素である。料金の設定にあたっては，価格の高低ではなく，心理学的支援の成否や，その日のセッションの出来次第で料金が左右されない，一定の料金を支払い続けることが大切である（諸富，2014）。もちろん公的な無料の支援機関も必要であるが，そういったところ以外では，心理学的支援を有料にすることによって，クライエントの心理学的支援にかける意気込みを強め，モチベーションを高め，密度の濃い支援面接が可能となる。

Ⅳ　心理的安全

1．治療契約を結ぶ

治療契約とは，クライエントの話を聞いて心理学的支援者が仮説や方針を立てたら，ここではどのような作業ができるか，何をしていくかという契約をクライエントと結ぶことである（重富，1997）。この作業は主にインテーク面接で行われ，同意書への記入なども契約内容に含まれる。

治療契約を結ぶ際，たとえ心理学的支援者が立てた仮説が正しかろうと，心理学的支援者はクライエントが同意できると思われる範疇でこれらを伝えることになる（重富，1997）。例えば，クライエントが訴えた問題には，実はその裏に家族関係などの他の問題が隠されていることがある。そのようなときに，いきなり「あな

たの問題は家族関係にありますから，そこに焦点をあてていきましょう」と言ってもクライエントの理解は得にくい。たとえそのような仮説が立っていたとしても，そのときクライエントが訴えてきた問題に寄り添うことが必要である。そうすることで，クライエントは心理学的支援に対するモチベーションを持ち，聴いてもらえたという気持ちになり，心理学的支援に対する不安を低減することができる。

　また，治療契約の最終的な判断は基本的にクライエント自身にゆだねられるが，例外もある。重富（1997）は以下のような例をあげて，このことについて説明している。カウンセラーが週に1回のペースでカウンセリングを進めることを提案したが，クライエントが月に1回の面接を希望しているという場合，「集中的に考える作業をしていくためには，少なくとも2週に1回の面接をしてリズムを作ったほうがよい」ということをはっきり伝える必要がある。また，早めの投薬の必要性や，自傷他害の危険性，摂食障害などによる生命の危険が考えられるなどの場合には，クライエントの決断にかかわらず，支援者の判断を積極的かつ強く伝え，危機介入することが面接を受け持った者の責任である。

　以上のように，クライエントの心理学的支援に対する安心感を高め，なおかつクライエントにとってできるだけよい方法で心理学的支援を行えることが重要である。そのような方針を見出し，治療契約を結ぶことも心理学的支援者の役目である。

2．信頼関係を築く：ラポール

　クライエントが安心して話すことができるためには，心理学的支援者との信頼関係が構築されていることも重要なポイントである。カウンセリングにおいては，クライエントとカウンセラーの信頼関係を「ラポール」と言う（平木，1997）。クライエントの心の問題に，クライエントとともに取り組むためには，そのようなことを取り扱える絆がクライエントとの間に必要となる。ラポールが形成されていることによって，カウンセリングは利益追求や課題達成とは異なる性質を持ち，クライエント自身の気づきや自己肯定感，問題解決能力といったクライエントの自己治癒力に効果的に寄与することとなる（山口，2007）。しかし，この関係は，クライエントを抱え込んだり，心理学的支援者との関係にクライエントを縛りつけたりするものではないし，そうあってはならない。そのような関係を築くためにも，先に述べたロジャーズの提唱したカウンセラーの基本的態度や，さまざまなカウンセリングの技法を身に付け，用いることが有効な手段となる（國分，1979）。

　平木（1997）を参考にまとめると，信頼関係を築くための心理学的支援者側のポイントは以下の2点である。

・第1は，心理学的支援者がクライエントに対して，積極的関心を持ち続けることである。つまり，非言語的にも言語的にも，常に相手を大切に思う気持ちを伝えようとすることが求められる。
・第2に，心理学的支援者がクライエントを共感的に理解することである。共感とは，心理学的支援者がクライエントの世界を，あたかも自分の世界として体験することである。

　つまり，信頼関係は，心理学的支援者の側からいえば，クライエントに対する積極的関心や共感をもって接することから発生する[注3]（裵岩，2001）。また，信頼関係は双方の相互作用として発展するものであるため，心理学的支援者からの一方的な関心だけでなく，クライエント自身の内面においても，心理学的支援者への関心が芽生えなければならないだろう（裵岩，2001）。

　通常の心理学的支援の中だけでなく，インテーク面接においても信頼関係を築く必要がある。クライエントは初めて会う人に自らの問題を話すことを不安に感じている。そこで，インテーク面接から信頼関係を築くことで，これから継続的に心理学的支援を行うにしても，別の心理学的支援者や機関を紹介するにしても，クライエントは安心して心理学的支援を開始することができる（重富，1997）。また，面接の申し込み時から，クライエントは受付の対応の仕方や態度から，当該機関が自分にとって役に立つのかという検討を始めているため，信頼関係の構築は電話の対応やインテーク面接から始まっているとも言える。

　いずれにしろ，ラポールの形成は，クライエントが安心して心を開き，自己開示を行ってよいと感じるための要である。

◆学習チェック表
□　インフォームド・コンセントについて理解した。
□　インテーク面接を行う意義について理解した。
□　心理学的支援者が限界を知る必要性について理解した。
□　治療契約について理解した。
□　信頼できる心理学的支援関係について理解した。

注3）クライエントは，心理学的支援者以上に，心理学的支援者に対して受容的であり，共感的であることを知るべきである。これを受け取ることが，心理学的支援者の最初の受容や共感となる。

より深めるための推薦図書

平木典子（2020）新・カウンセリングの話．朝日新聞出版．

楡木満生・松原達哉（2004）臨床心理基礎実習（臨床心理学シリーズ5）．培風館．

下山晴彦（2003）よくわかる臨床心理学．ミネルヴァ書房．

文　　献

平木典子（1997）カウンセリングとは何か．朝日新聞出版．

裵岩秀章（2001）面接の初期過程における技法．In：平木典子・裵岩秀章編著：カウンセリングの技法―臨床の知を身につける．北樹出版，pp.30-38．

茨城県教育研修センター（2004）教育相談の手引き〈児童生徒のこころを理解するために〉．

池田政俊（2017）医療・保健における法と倫理．In：津川律子・元永拓郎編：心理臨床における法と倫理．放送大学教育振興会，pp.146-162．

石隈利紀（1999）学校心理学―教師・スクールカウンセラー・保護者のチームによる心理教育的援助サービス．誠信書房．

國分康孝（1979）カウンセリングの技法．誠信書房．

厚生労働省（2017）平成29年5月31日公認心理師カリキュラム等検討会　報告書．http://www.mhlw.go.jp/file/05-Shingikai-12201000-Shakaiengokyokushougaihokenfukushibu-Kikakuka/0000169346.pdf（2023年2月6日参照）

栗原和彦（2004）治療構造論．In：氏原寛・成田善弘・東山紘久ほか編：心理臨床大事典．培風館，pp.233-236．

川瀬正裕（2018）要支援者の安全確保．In：松本真理子・永田雅子編：公認心理師基礎用語集．遠見書房，p.11．

諸富祥彦（2014）新しいカウンセリングの技法―カウンセリングのプロセスと具体的な進め方．誠信書房．

日本公認心理師協会（2020）一般社団法人日本公認心理師協会倫理綱領．https://www.jacpp.or.jp/pdf/jacpp_rinrikoryo20200918.pdf（2023年2月6日参照）

西田吉男（2004）インテーク面接．In：氏原寛・成田善弘・東山紘久ほか編：心理臨床大事典．培風館，pp.178-180．

野島一彦（2017）公認心理師の職責．In：野島一彦編：公認心理師入門―知識と技術．日本評論社，pp.8-11．

重富かおる（1997）査定面接．In：平木典子・裵岩秀章編著：カウンセリングの基礎―臨床心理学を学ぶ．北樹出版，pp.100-108．

山口豊一（2007）子どもが話しやすくなる場のつくり方．児童心理，**870**; 70-75．

山口豊一（2008）カントに学ぶ教育・臨床の人間学．図書文化．

山口豊一（2015）5事例から考える行政等関係機関との連携．In：山口豊一・小沼豊・高橋知己著：学校での子どもの危機への介入―事例から学ぶ子どもの支援．ナカニシヤ出版，pp.117-124．

山崎千春（1990）リファー．In：國分康孝編：カウンセリング辞典．誠信書房，p.573．

横溝亮一（1983）パーソナリティ変化の必要にして十分な条件．In：佐治守夫・飯長喜一郎編：ロジャーズ―クライエント中心療法．有斐閣，pp.80-90．

第4章

情報の適切な取り扱いについて

守秘義務・プライバシー・連携

金沢吉展

⌛*Keywords*　インフォームド・コンセント，警告義務，資質向上の責務，職業倫理，専門的能力，秘密保持，プライバシー，保護義務，連携

　心理専門職の心理学的支援法の理論や方法は，これまでの歴史の中で大きな変化を遂げている。フロイト（Freud, S.）の時代には，専門家が自分のオフィスの中で，クライエントに対して一対一の援助を行っており，クライエントの多くは，主として性的欲求についての葛藤を抱えていた女性たちであった。

　しかし現在の公認心理師（以下，心理師）は，社会のさまざまな場面で働くことを求められており，その職場も，個人オフィスの中でクライエントと一対一で接する職場とは限らない。むしろ他の職種の人々と共に援助を行うことが必要とされる職場も多い。例えば，いじめの問題を抱えている学校の児童生徒を援助する場合は，心理師による援助だけではなく，その学校の教員によるかかわりが必要な場合もあろう。保健医療分野では，心理師単独による援助というよりも，医師や看護師と共にクライエントの治療に携わることの方がむしろ普通であろう。

　一対一によるかかわりのみならず，他の職種の人々と協力しながらクライエントに対して援助を提供する場合，どのような事柄に注意する必要があるのだろうか。本章では，クライエントやその周囲の人々の秘密を守ることと，それとは相反する事柄である，他職種の人々との協力・連携について，職業倫理的ならびに法的な注意点について説明したい。

▌Ⅰ　心理職の職業倫理について

　現在，公認心理師の職能団体により職業倫理綱領が公表されている（一般社団法人公認心理師の会，2022；一般社団法人日本公認心理師協会，2020）。これらも含め，世界的に見て，心理職の職業倫理の内容は以下の7つの原則にまとめることができる（金沢，2006；表1）。

表1　職業倫理の7原則

第1原則：相手を傷つけない，傷つけるようなおそれのあることをしない
相手を見捨てない，同僚が非倫理的に行動した場合にその同僚の行動を改めさせる，など。
第2原則：十分な教育・訓練によって身につけた専門的な行動の範囲内で，相手の健康と福祉に寄与する
効果について研究の十分な裏づけのある技法を用いる。心理検査の施行方法を順守し，マニュアルから逸脱した使用方法（例：心理検査を家に持ち帰って記入させる）を用いない。自分の能力の範囲内で行動し，常に研鑽を怠らない。心理職自身の心身の健康を維持し，自身の健康状態が不十分な時には心理職としての活動を控える。専門スキルやその結果として生じたもの（例えば心理検査の結果）が悪用・誤用されないようにする。自身の専門知識・スキルの誇張や虚偽の宣伝は行わない。専門的に認められた資格がない場合，必要とされている知識・スキル・能力がない場合，自身の知識やスキルなどがその分野での規準を満たさない場合は心理職としての活動を行わず，他の専門家にリファーする等の処置をとる，など。
第3原則：相手を利己的に利用しない
多重関係を避ける。クライエントと物を売買しない。物々交換や身体的接触を避ける。勧誘（リファー等の際に，クライエントに対して特定の機関に相談するよう勧めること）を行わない，など。
第4原則：一人ひとりを人間として尊重する
冷たくあしらわない。心理職自身の感情をある程度相手に伝える。相手を欺かない，など。
第5原則：秘密を守る
限定つき秘密保持であり，秘密保持には限界がある。本人の承諾なしに心理職がクライエントの秘密を漏らす場合は，明確で差し迫った生命の危険があり相手が特定されている場合，虐待が疑われる場合，そのクライエントのケア等に直接かかわっている専門家などの間で話し合う場合（例えば相談室内のケース・カンファレンス等），などに限られる。ただし，いずれの場合も，クライエントの承諾が得られるようにしなければならない。また，記録を机の上に置いたままにしない，待合室などで他の人にクライエントの名前などが聞かれることのないよう注意する，といった現実的な配慮も忘れないようにする必要がある。なお，他人に知らせることをクライエント本人が自身の自由意思で強制されることなく許可した場合は守秘義務違反にはならない。
第6原則：インフォームド・コンセントを得，相手の自己決定権を尊重する
十分に説明した上で本人が合意することのみを行なう。相手が拒否することは行わない（強制しない）。記録を本人が見ることができるようにする，など。
第7原則：すべての人々を公平に扱い，社会的な正義と公正・平等の精神を具現する
差別や嫌がらせを行なわない。経済的理由等の理由によって援助を拒否してはならない。一人ひとりに合ったアセスメントや援助を行う。社会的な問題への介入も行う，など。

金沢（2006）を一部改変。金沢（2018a）より転載。

　この表1をふまえながら，連携と秘密保持・プライバシー保護について以下に説明したい。

1．どのような場合に連携が必要か

連携が必要となる状況としてまず初めにあげられるのは，職業倫理上の要請である。

①職業倫理上の要請

　クライエントは常に自分自身にとって最適最善の援助を受ける権利を有しており，そのために来談する。そのようなクライエントに対して心理師は，その人にとって最適と考えられる援助を行う義務を有している。逆の言い方をすれば，クライエントに対して不適切あるいは不十分な援助を提供することは，職業倫理に反することになる。心理師が援助を提供することができるのは，その心理師が有する専門的な知識・スキルの範囲内の事柄に限られる（American Psychological Association［APA］，2017；金沢，2006：表1，第2原則）。

　不適切あるいは不十分な援助を提供することは，クライエントを傷つけてしまう危険性がある。心理療法の効果に関する研究によれば，クライエントの5～10%に状態の悪化が生じることが示されており，悪化をもたらす要因の1つは，心理専門職側の不十分なスキルであると言われている（Lambert, 2013）。心理師の中には，「初回面接時点で自分が対応したクライエントについては，すべて自分が対応しなくてはならない」という義務感に駆られてしまう心理師もいるかもしれないが，それは危険である。心理師は，クライエントやその周囲の人々が抱える問題について，自分自身の専門的な知識・スキルの範囲内の事柄なのか，的確かつ迅速にアセスメントを行い，範囲外の事柄については，その事柄について適切に対応できる人に依頼しなければならない（金沢，2006）。例えば，高齢のクライエントが示す状態が認知的な要因によるものか，器質的なものか，あるいは抑うつなのか，多くの複合的な要因によるものか，判断が必要な場合は多い。そのような場合，自分一人で判断することは禁物であり，医師等の専門家と協力する必要がある。

　それでは，訪れて来たクライエントへの対応が心理師自身の専門的な知識・スキルの範囲内であるか否か，どのように判断すれば良いのだろうか。この場合の判断としては，主として法的な判断基準である「注意の標準」と，倫理綱領に見られる基準を基にした判断の2つがある（金沢，2006）。

1）注意の標準

　医療における「医療水準」の考え方に準じた判断の仕方である。医療水準とは，その診療時点で医師に求められる医学的知識・技術とされ，公刊された論文，厚

生労働大臣の告示，医師会による通知，臨床医の知識の習得等によって一般の臨床医に普及し，実際の治療の指針となる程度に達した知識・技術をもって医療水準とみなされる（大谷，1995；田中・藤井，1986, pp.124-126；中谷，1982）。したがって医師は，医学の進歩にともなう新たな知識・技術を修得し，常にその時点の水準に達すべき義務を負うことになる。

　医師以外の職にも同様の水準が求められ，それらを総称して「注意の標準」と呼ぶ。「注意の標準」とは，「特定の情況のもとでの過失の有無を判定するための標準」であり，通常は，「その情況におかれた通常人が払うと考えられる注意の程度が基準となる」が，「医師のように特別の技量を要する職業にある者の業務に関しては，その職業に従事する者としての通常人の基準による」とされている（田中，1991，p.803）。

　心理師の場合，当該のクライエントに対してどのような対応を行うことが「心理師として払うべき注意の程度」として判断されるだろうか。まず，国内外の学会等が作成している種々のガイドラインをあげることができる。これらは，臨床心理学等における研究の蓄積を基にして，どのようなクライエントに対してどのように対応することが有効であるか，分野全体としてある程度の統一見解を示すものである。これらのガイドラインは，国内ではまだ少ないが，海外では多くのガイドラインが公開されており，web 上で容易に入手することができる。APA など，海外の主要な学会等のウェブサイトを参照していただきたい。

　また心理師には，大学・大学院在学中に学習する内容に習熟するだけではなく，論文などを読んで最新の研究に触れること，卒業・修了後も研修会などに参加して新たな知識・スキルを身につけること，スーパービジョンを受けてケースへの対応を常に吟味することが必要となる。心理師も上記の医師同様，分野の進歩にともなう新たな知識・技術を修得し，国内外の種々のガイドラインや実証的研究の内容を理解した上で，常にその時点の実践上の水準に達すべき義務を負っていることは言うまでもない。

　２）教育・訓練・経験に基づく専門的能力

　次に，心理専門職の職業倫理が示す基準は，自身の教育・訓練・経験に基づく専門的能力である。表２に示すように，自分自身のこれまでの学習内容や実務経験などを基にして，当該のクライエントに対して自分一人で何をどこまで援助できるのか判断しなくてはならない。

　「注意の標準」も「教育・訓練・経験に基づく専門的能力」も，一般的な判断ではなく個別具体的な行為に関する判断である。したがって表２の基準も，例えば

表2　教育・訓練・経験による基準

教育	座学で行われる教育であり，大学院レベルでの講義や演習，卒後研修での講義などが考えられる。
訓練	科目分類で言えば実習と考えてよい。
経験	スーパービジョンを受けて得られた実務経験および専門的な経験が含まれる。

金沢（2006）を基に作成。金沢（2018a）より転載。

産業・労働分野のクライエントへの対応については産業臨床に関する教育，訓練，経験を指し，発達障がいに関する援助については，発達障がいに関する教育，訓練，経験を指す。

②資質向上の責務

　自分自身の専門的能力の範囲内で援助を行い，常に注意の標準に達するよう研鑽・研修を怠らないということは職業倫理上の要請である。一方心理師は，資質向上の責務という法律上の義務も負っている（公認心理師法第43条）。この法的義務に罰則は定められていないものの，留意すべき点である。

　職業倫理上も法律上も，心理師は常に新たな研究の成果を吸収し，クライエントやその関係者等への援助をよりよいものにしていく責任を有していることを忘れてはならない。

2．インフォームド・コンセントの重要性

　クライエントの立場から考えてみると，例えば，気分が落ち込んで心理師のもとを訪れた際，仮に医学的な援助が必要であったとしても，心理師が自分についての情報を勝手に医師や看護師などに対して伝えてしまったらどう思うだろうか。心理師が扱っている事柄は心理師自身に関する事柄ではなく，クライエントのプライバシーに関する事柄である。クライエント本人の許可なく他者に伝えることがあってはならない。これはインフォームド・コンセントという重要な原則である（表1，第6原則）。

　心理師にとって必要なインフォームド・コンセントの内容は以下のとおりである（表3）。

　クライエントに関する情報の扱われ方に関する説明は，しばしば忘れがちである。心理師はクライエントに対して，クライエントに関する情報の何をどこまで，誰に対して，どのような目的で伝えるのか，説明した上で，クライエントが強制されることなく自分の意思を表明できるようなプロセスを踏まなくてはならない。

表3　インフォームド・コンセントの具体的内容

1．援助の内容・方法について 1）援助の内容，方法，形態，および目的・目標は何か。 2）その援助法の効果とリスク，およびそれらが示される根拠は何か。 3）他に可能な方法とそれぞれの効果とリスク，それらの他の方法と比較した場合の効果などの違い，およびそれらが示される根拠は何か。 4）心理師が何の援助も行わない場合のリスクと益は何か。
2．秘密保持について 1）秘密保持の仕方と限界について。 2）どのような場合にクライエントやその周囲の人々に関する情報が他に漏らされる・開示されるのか。 3）記録には誰がアクセスするのか。
3．費用について 1）費用とその支払い方法（キャンセルした場合や電話・電子メールでの相談などの場合も含めて）はどのようにすればよいのか。 2）クライエントが費用を支払わなかった場合，相談室はどのように対応するか。
4．時間的側面について 1）援助の時・時間，場所，期間について。 2）予約が必要であれば，クライエントはどのように予約をすればよいのか。 3）クライエントが予約をキャンセルする場合や変更する場合はどのようにすればよいのか。 4）予約時以外にクライエントから相談室あるいは担当の心理師に連絡をする必要が生じた場合にはどのようにすればよいのか。
5．心理師の訓練などについて 1）心理師の訓練，経験，資格，職種，理論的立場などについて。 2）当該の相談室（等）の規定・決まりごとなどについて。
6．質問・苦情などについて 1）クライエントから苦情がある場合や，行われている援助に効果が見られない場合には，クライエントはどのようにしたらよいか。 2）クライエントからの質問・疑問に対しては，相談室・臨床家はいつでもそれに答えること。 3）カウンセリング（など）はいつでも中止することができること。
7．その他 1）当該相談室は，電話やインターネット，電子メールでの心理サービスを行っているかどうか。 2）（クライエントが医学的治療を受けている最中であれば）当該相談室は担当医師とどのように連携をとりながら援助を行うのか。

金沢（2006）を一部改変。金沢（2018b）より転載。

　これを基に考えると，心理師の実務において，以下の4点に留意することが求められる。

　1）まず，的確かつ迅速なアセスメントと，それに基づく見立てである。この見

立ての際，従来のように心理職とクライエントの一対一の援助を前提とするのではなく，クライエントに対して最善かつ最適の援助は何か，さまざまな視点から見立てを行う必要がある。その際，心理師の役割は何か，他の職種がかかわることがクライエントへの援助に有効なのか，もしそうであればどこの機関，どの職種がかかわることが適切なのか，判断することが求められる。それにはクライエントの状況に対する多角的な視点と，他職種・他機関についての知識が欠かせない。

　2）次にインフォームド・コンセントである。誰に対して何についてどの程度まで話す必要があるのか，なぜ伝える必要があるのか，記録については誰がアクセスする可能性があるのか，クライエントに対して明確に説明しなくてはならない。それに対して表明されるクライエントの意思，例えば，○○先生にはどこまでなら伝えてもよいのか，といった意思は尊重しなければならない。

　「個人情報の保護に関する法律」は，個人に関する情報を取得する際に取得目的を特定することや，本人の同意なしに本人に関するデータを第三者に提供することの禁止などを定めている。さらに「APA倫理綱領」では，（a）他者への報告やコンサルテーションの際には，その目的に必要な情報のみを伝え，当該の問題に明らかに関係していると判断される人々との間でのみ，また，科学的あるいは専門的な目的のためにのみ，秘密の情報を話し合うこと（APA, 2017, 4.04），（b）情報を開示する場合はクライエントの同意が必要であること，同意なしに開示する場合は，法律によって義務づけられている場合または法律上認められている場合に限ること（APA, 2017, 4.04）と明記されている。

　したがって，他職種等との連携やコンサルテーション，スーパービジョン等の場合は，先述の具体的なインフォームド・コンセントが必須であるのみならず，提供する情報は，その目的のために必要な情報に限定し，提供する相手を，当該の問題・対応に明らかに関係していると判断される人々に限定することが必要である。

　3）3つ目は，クライエントに関する情報を他職種・他機関に伝えることについて，いつクライエントに説明するかというタイミングの問題である。初回面接のすぐ後に第三者から問い合わせがあった場合，慌てて漏洩してしまうことのないよう，秘密の扱われ方に関する説明は，クライエントとの関係の開始時点において行うことが必要である（APA, 2017, 4.02）。その際，「もしも○○が問い合わせてきたら？」と具体的にクライエントに尋ねることにより，クライエントの側も実際の問い合わせを想像しやすくなるであろう。

　4）最後に，心理師が情報を伝えた相手側の秘密保持である。他職種と一緒にチームで援助を行う場合，その援助チームは多様な人々で構成されており，一般

の人がチームに加わることもある。これらの人々の間では，クライエントの「秘密」の定義やその扱い方について違いがある。実際，職場の同僚からクライエントについての情報が漏らされた例が報告されている（倫理委員会，1999）。したがって，援助チーム内において，情報の取り扱いに関して共通理解・対応がなされるよう，明確かつ具体的なルール作りが求められる（秀嶋，2017）。

■ II　秘密保持とその例外状況

　心理師には職業倫理上の秘密保持と，法律上の秘密保持の両方の義務が課せられているが，両者には違いがある。そもそも「秘密保持」はもともと職業倫理上の義務として専門職に課せられていたものである（Koocher & Keith-Spiegel, 1998; Remley & Herlihy, 2005）。

　「秘密保持」や「守秘義務」という言葉を知っている読者は多いであろう。しかし，そもそも，なぜ秘密を守らなければならないのだろうか。人々は，他人にはなかなか言えないような悩みや困難を心理師に相談するのである。絶対に漏らされることがないという信頼，心理師に対する絶対的な信用がなければ人は心理師に打ち明けることができない。心理師が，クライエントやその周囲の人々について知ったことを他者に話すようでは，心理師は信頼されず，誰も心理師のもとに相談に来ないであろう。心理師が誰にも話さないということは，人々が心理的援助を受け，問題が緩和され，より多くの人々が幸福に生きることができるようにするために不可欠かつ最低限の条件である。秘密保持という事柄の根幹は，「秘密を守る」ことではなく，人々やクライエントが心理師に対して絶対的な信頼を寄せることである（金沢，2006）ことを忘れてはならない。

　こうした「絶対的秘密保持」の考え方が長く続いてきたが，現在では，秘密を守ることが基本であるものの，条件によっては，クライエント等の秘密を他者に漏らすことが認められる（場合によっては必要とされる）という条件つき（あるいは限定的）秘密保持の考え方が主流となっている（Dickson, 1995; Herlihy & Corey, 1996）。現時点における秘密保持の例外状況は表４のとおりである（金沢，2006, 2018d：表１，第５原則も参照）。なお，秘密保持の実践のみならず前述のインフォームド・コンセントの点からも，また，連携を行う上においても，業務について速やかに記録を行い，その記録を厳重に保管することの重要性は言うまでもない。

　表４に示される例外状況のうち，本章では次の５点について説明したい。

表4　秘密保持の例外状況

①明確で差し迫った生命の危険があり，攻撃される相手が特定されている場合。
②自殺等，自分自身に対して深刻な危害を加えるおそれのある緊急事態。
③虐待が疑われる場合。
④そのクライエントのケア等に直接かかわっている専門家同士で話し合う場合（相談室内のケース・カンファレンス等）。
⑤法による定めがある場合。
⑥医療保険による支払いが行われる場合。
⑦クライエントが，自分自身の精神状態や心理的な問題に関連する訴えを裁判等によって提起した場合。
⑧クライエントによる明示的な意思表示がある場合。

金沢（2006）を基に作成。金沢（2018c）より転載。

表5　警告義務

①犠牲者となり得る人に対してその危険について警告する。
②犠牲者となり得る人に対して危険を知らせる可能性のある人たち（家族や親しい友人など）に警告する。
③警察に通告する。
④他に，その状況下で合理的に必要と判断される方法を，どのような方法であっても実行する。

Tarasoff v. The Regents of the University of California（1976）を基に作成。金沢（2018b）より転載。

1．秘密保持の例外状況

①明確で差し迫った生命の危険があり，攻撃される相手が特定されている場合

　有名な「タラソフ判決」（Tarasoff v. The Regents of the University of California, 1976）から導き出された警告義務（あるいは保護義務）が適用される状況である。タラソフ事件（アメリカのカリフォルニア州で起きた殺人事件）の被害者の両親が起こした民事裁判において，カリフォルニア州最高裁判所は，その判決の中で，患者（クライエント）が他者に対する暴力という点で深刻な危険を呈していると判断される場合は，専門家に対して以下の義務（「警告義務」と呼ばれる）を履行するよう求めた（表5）。

　タラソフ判決においては警告を重視していたが，その後のアメリカにおける判決では，犠牲者となり得る人を積極的に保護することを求めていることから，「保護義務」と呼ばれることも多い。

　保護義務を履行する際の判断のポイントは，ａ）当事者間に特別の信頼に裏づけられた関係が存在する状況において，ｂ）犠牲者となり得る人が特定できること，かつ，ｃ）明確で切迫した危険が存在する，また，その危険が予測できる場

合，以上の3点である（Knapp & VandeCreek, 1990）。したがって心理師は，状況に応じて，他害についての危険（Webster et al., 2007）についてアセスメントを行い，危険が明確かつ切迫していると判断された場合は，最終的に上述の保護義務を履行する必要がある。

　もっとも，保護義務は心理師でなくとも可能な行いである。保護義務の履行にとどまらず，医師との連携を密にする，危険行為を行うような場所を与えない，心理学的支援をより集中的に行う等のリスクマネジメントと，自身が行った事柄の明確な記録が心理師には求められる（Monahan, 1993）。

②自殺等，自分自身に対して深刻な危害を加えるおそれのある緊急事態

　生命にかかわるような重大な事態という点では自殺も①と同様であるため，警告義務（保護義務）は自殺についても適用される（金沢，2006）。自殺の場合は上記のa）〜c）の3点のうち，a）とb）は明らかであるから，c）についての判断が求められる。他害の場合と同様，自殺の危険のアセスメント（松本，2015；高橋，2014）を行い，危険が明確かつ切迫していると判断された場合は，クライエントの安全を確保し，家族に連絡を行うなど，最終的に上述の保護義務を履行する必要がある。

　むろん，上記①の場合と同様，単に保護義務の履行にとどまらず，医師との連携を密にする，医師に入院についての依頼を行って，クライエントが危険行為を行うような場所から離す，心理学的支援をより集中的に行う等のリスクマネジメントと，自身が行った事柄の明確な記録を行うことは言うまでもない（Monahan, 1993）。

③虐待が疑われる場合

　児童虐待の悲惨な状況に鑑みて，もともとは児童虐待に関わる状況が秘密保持の例外として扱われていた。しかし虐待は児童虐待に限らない。今日の日本においては，児童虐待（児童虐待の防止等に関する法律），障がい者への虐待（障害者虐待の防止，障害者の養護者に対する支援等に関する法律），高齢者への虐待（高齢者虐待の防止，高齢者の養護者に対する支援等に関する法律），配偶者への虐待（配偶者からの暴力の防止及び被害者の保護等に関する法律）について，それぞれ，虐待の被害者を守ることが法律上求められており，そのために，関係機関等と情報を共有することが法的にも必要となっている。

④そのクライエントのケア等に直接かかわっている専門家同士で話し合う場合
（相談室内のケース・カンファレンス等）

　先の「連携等」について述べた事柄であるが，表4中の状況のうち，最も対応が難しい状況である。本来は秘密にすべき事柄を共有する人が増えることは，漏洩のリスクが高まることにつながることから，上述のように十分な注意が必要な状況である。

⑤クライエントによる明示的な意思表示がある場合

　心理師が知り得た事柄について，クライエント自身が他者への開示を許可した場合は，心理師には，秘密保持を主張する理由がなくなってしまう。

　しかし，たとえクライエント本人が許可したとしても，クライエントに関する情報を心理師が他者に伝えるということは重大なことである。仮にクライエント本人が許可した場合には，1）誰になら話してもよいのか，2）心理師が知り得た事柄のうち具体的に何について，どの範囲までなら開示してもよいのか，そして，3）何の目的であれば他者に伝えてよいのか，これらの3点を心理師は具体的に吟味することが必要である（Bennett, Bryant, VandenBos, & Greenwood, 1990；金沢，2006）。

2．職業倫理的な「秘密保持」と法的「秘密保持」の違い

　すでに述べたように，「秘密保持」は，まず対人専門職の職業倫理として定められており，法的な秘密保持の方が，歴史が浅い。

　公認心理師法第41条において，秘密を守る義務が心理師に課せられているが，法律で定める「秘密保持」と職業倫理で言う「秘密保持」とは意味が異なる。法的な意味での「秘密」とは「もっぱら限定された人的領域でのみ知られ，その当事者が，彼の立場上，秘匿されることにつき実質的利益を有し，かつ，本人のみが知っているだけの利益が存すると認められる事柄」（佐久間，1995, p.45）と定義されている。つまり，法的に守られる「秘密」には，本人の意思だけではなく，その事柄を隠すことについて，客観的・実質的な利益が必要とされている。一方，先述のように，職業倫理においては「秘密保持」は「秘密を守る」こととイコールではない。一般市民やクライエントから寄せられる絶対的な信頼を裏切らないことが，専門家の職業倫理的義務である秘密保持の根幹を成している（金沢，2006）。ここには秘密の価値についての判断は全く含まれない。法律的な意味の秘密保持は，職業倫理的な意味での秘密保持に比べて，より限定的かつ狭い

概念である。

　同様のことは「プライバシー」に関しても言える。「プライバシー」は職業倫理上の概念ではなく，法的概念である。「プライバシー」とは，「個人の私生活に係る事柄，又はそれを他人や社会から知られず，干渉されない権利」であって，日本国憲法第13条によってすべての国民に認められている権利である（法令用語研究会，2012，p.1010）。プライバシーの侵害は民法に定める不法行為となり，損害賠償の対象となり得るが，不法行為と判断されるか否かの基準は「その事実を公表されない法的利益とこれを公表する理由とを比較衡量し，前者が後者に優越する場合に不法行為が成立する」とされている（高橋・伊藤・小早川・能見・山口，2016，p.1160）。ここでも法的な判断は，利益と不利益の比較を基に行われる。しかし職業倫理上，心理師は，利益不利益の判断を行うことなく，クライエントに関して知り得た事柄を，本人の合意なく他者に漏らすことはできないのである（金沢，2006）。

　職業倫理的な「秘密保持」とは，相手が専門家に対して完全なる信頼を有しており，その信頼を基にして打ち明けた事柄を，相手を裏切ることのないよう，誰にも漏らさないことを指す（金沢，2006）。この主旨を理解したうえで，クライエントにとって最善最適の対応は何かを判断し，他職種との連携あるいは協働が必要と判断される場合は，その内容・目的や情報を伝える相手について具体的にクライエントに説明しなければならない。そのうえで，クライエントが了解するか否かに委ねるのが心理師の行うべき事柄である。

◆学習チェック表
☐　どのような場合に他職種と連携する必要があるのか，理解した。
☐　なぜクライエントの秘密を守らなければならないのか，理解した。
☐　秘密保持の例外状況について理解した。
☐　法的な秘密保持と職業倫理上の秘密保持の違いについて理解した。
☐　インフォームド・コンセントの内容とタイミングについて理解した。

より深めるための推薦図書
　星野一正（2003）インフォームド・コンセント：患者が納得し同意する診療．丸善出版．
　伊原千晶編（2012）心理臨床の法と倫理．日本評論社．
　金沢吉展（2006）臨床心理学の倫理をまなぶ．東京大学出版会．
　松田純・江口昌克・正木祐史編（2009）ケースブック 心理臨床の倫理と法．知泉書館．
　津川律子監修，野﨑和義・舩野徹著（2022）公認心理師のための法律相談Q&A100．
　　法律文化社．

文　　献

American Psychological Association（2017）*Ethical Principles of Psychologists and Code of Conduct.* Washington, DC; American Psychological Association.

Bennett, B. E., Bryant, B. K., VandenBos, G. R., & Greenwood, A.（1990）*Professional Liability and Risk Management.* Washington, DC; American Psychological Association.

Dickson, D. T.（1995）*Law in the Health and Human Services: A Guide for Social Workers, Psychologists, Psychiatrists, and Related professionals.* New York; Free Press.

Herlihy, B., & Corey, G.（1996）Confidentiality. In: Herlihy, B. & Corey, G.（Eds. ）: *ACA Ethical Standards Casebook, 5th ed.* Alexandria, VA; American Counseling Association, pp.205-209.

秀嶋ゆかり（2017）「秘密保持」と「手続の透明性」を巡って. 臨床心理学, 17(1); 38-43.

法令用語研究会編（2012）有斐閣 法律用語辞典 第 4 版. 有斐閣.

一般社団法人公認心理師の会（2022）倫理綱領. https://cpp-network.com/Ethics_code_2022. pdf（2023 年 2 月 6 日参照）

一般社団法人日本公認心理師協会（2020）倫理綱領. https://www.jacpp.or.jp/pdf/jacpp_rinrikoryo20210225.pdf（2023 年 2 月 6 日参照）

金沢吉展（2006）臨床心理学の倫理をまなぶ. 東京大学出版会.

金沢吉展（2018a）公認心理師の法的義務および倫理. In：一般社団法人日本心理研修センター監修：公認心理師現任者講習会テキスト［2018 年版］. 金剛出版, pp.15-20.

金沢吉展（2018b）心理に関する支援を要する者等の安全の確保. 一般社団法人日本心理研修センター監修：公認心理師現任者講習会テキスト［2018 年版］. 金剛出版, pp.21-26.

金沢吉展（2018c）情報の適切な取扱い. 一般社団法人日本心理研修センター監修：公認心理師現任者講習会テキスト［2018 年版］. 金剛出版, pp.27-32.

金沢吉展（2018d）守秘義務と情報共有の適切性. In：福島哲夫ほか編：公認心理師 必携テキスト. 学研メディカル秀潤社.

Knapp, S., & VandeCreek, L.（1990）Application of the duty to protect to HIV-positive patients. Professional Psychology: *Research and Practice*, 21; 161-166.

Koocher, G. P. & Keith-Spiegel, P.（1998）*Ethics in Psychology: Professional Standards and Cases, 2nd ed.* New York; Oxford University Press.

Lambert, M. J.（2013）The efficacy and effectiveness of psychotherapy. In: Lambert, M. J. (Ed.): *Bergin and Garfield's Handbook of Psychotherapy and Behavior Change, 6th ed.* New York: Wiley, pp.169-218.

松本俊彦（2015）もしも「死にたい」と言われたら―自殺リスクの評価と対応. 中外医学社.

Monahan, J.（1993）Limiting therapist exposure to Tarasoff liability: Guidelines for risk containment. *American Psychologist*, 48; 242-250.

中嶋義文（2016）チーム医療の理論と方法. In：下山晴彦・中嶋義文編：公認心理師必携　精神医療・臨床心理の知識と技法. 医学書院, pp.21-23.

中谷瑾子（1982）1　いわゆる未熟児網膜症につき担当医師においてステロイドホルモン剤等の投与に関する診療上の過失責任が認められなかった事例, 2　いわゆる未熟児網膜症につき担当医師において光凝固法の存在を説明し転医を指示する義務がないとされた事例―日赤高山病院未熟児網膜症訴訟上告審判決. 判例時報, 1055; 191-199.

大谷實（1995）医療行為と法　新版補正版. 弘文堂.

Remley, T. P. Jr. & Herlihy, B.（2005）*Ethical, Legal, and Professional Issues in Counseling, 2nd ed.* Upper Saddle River, NJ: Pearson Education.

倫理委員会（1999）倫理問題に関する基礎調査（1995 年）の結果報告. 心理臨床学研究, 17(1); 97-100.

佐久間修（1995）医療情報と医師の秘密保持義務．In：大野真義編：現代医療と医事法制．世界思想社，pp.40-53.

高橋和之・伊藤眞・小早川光郎・能見善久・山口厚編（2016）法律学小辞典 第5版．有斐閣.

高橋祥友（2014）自殺の危険 第3版―臨床的評価と危機介入．金剛出版.

田中英夫編集代表（1991）英米法辞典．東京大学出版会.

田中実・藤井輝久（1986）医療の法律紛争―医師と患者の信頼回復のために．有斐閣.

Tarasoff v. The Regents of the University of California, 17 Cal. 3d 425, 551 P.2d 334, 131 Cal. Rptr. 14（Cal. 1976）

Webster, C. D., Douglas, K. S., Eaves, D., & Hart, S. D.（1997）*HCR-20: Assessing the risk of violence, Version 2.* Burnaby: Simon Fraser University and Forensic Psychiatric Services Commission of British Columbia.（古川和男監訳（2007）HCR-20（ヒストリカル／クリニカル／リスク・マネージメント－ 20）―暴力のリスク・アセスメント 第2版．星和書店.

第5章

保健医療分野における
公認心理師の具体的な業務

花村温子

🔑 Keywords　　医師，一般病院，カウンセリング，診療所，心理アセスメント，心理面接，診療報酬，精神科専門病院，精神保健福祉センター，多職種連携，チーム医療，保健医療，保健所・保健センター

▌ I　保健医療分野で公認心理師が心理支援を行っている機関

　保健医療分野のサービスにおいて，さまざまな機関で公認心理師が活動している。施設の種類としては，医療機関であれば，一般病院（一般的には総合病院と呼ばれることが多い），精神科専門病院，診療所（精神科を専門とするもの，その他の診療科を専門とするもの，そしてそれぞれ19床以下の入院施設を持つ有床診療所と無床診療所がある），歯科診療所があげられ，保健機関であれば，保健所・保健センター，精神保健福祉センターなどがあげられる。表1として，公認心理師の誕生前から心理専門職が行ってきた業務を職場別に列挙した。すべての保健医療機関でこのような業務が行われているとは限らないが，これらの一部が，各機関の実情に合わせて行われていることが多いと考えてよい。

　次節で，詳しく具体的な業務内容について見ていく。

▌ II　保健医療分野における公認心理師の業務

1．医療のさまざまな場面における業務

　一般医療機関における公認心理師の配属先は日本公認心理師協会（2022）の調査報告によると，多い順から精神科，心理相談部門，コメディカル部門，心療内科，小児科，リハビリテーション科，周産期母子医療センターと多岐にわたっている。保健医療分野において多く行われている支援内容を例として以下にあげる。

表 1　医療保健領域において心理職の働く場・職名・業務内容（中嶋，2015 より一部改変）

所属機関	業務内容
病院・診療所	心理検査（発達検査・認知機能検査・人格検査等） 心理査定／アセスメント（行動観察含む） 心理療法（個人・家族）・遊戯療法 心理教育（個人・家族） 集団療法（集団精神療法，SST（社会生活技能訓練），心理教育プログラム） 特定領域の治療・リハビリプログラム（思春期，依存・嗜癖，認知症（回想法など含む），がん，慢性疾患（糖尿病，心疾患，HIV など）） デイケア・ナイトケア チーム医療（多職種とのカンファレンス，緩和ケアチーム，リエゾンチーム，特定の疾患に関する医療チーム参加（糖尿病など）） コンサルテーション活動 リエゾン活動（特定領域の全例面接含む） 地域・関連機関との連携 自律訓練法・リラクセーション指導 医師の診療補助（予診，診察補助） 職員のメンタルヘルス支援 職員の教育・研修 院内の啓発活動 電話相談・相談窓口 自殺予防・対応 事例検討 スーパービジョン 研修医指導，実習生指導 臨床心理学的研究，学会活動，研修講師
小児専門病院	心理検査 発達評価 発達相談 心理面接 心理療法 保護者への面接 NICU での母子評価・面接 がん患者・家族の相談・援助 慢性疾患をもつ子ども・家族への心理的援助 遺伝疾患をもつ子ども・家族への心理的援助 多職種集団外来 病棟回診への同行 コンサルテーション 多職種カンファレンス 他機関合同カンファレンス 学会発表・研修・講演

どの場面でも共通して言えることは，公認心理師の持っている心理学の手法を活かした心理アセスメントや心理面接が求められることである。

表1つづき

所属機関	業務内容
精神保健福祉センター・保健所・保健センター	手帳申請に関する心理判定 デイケア（グループワーク） 精神保健・精神障害者福祉に関する調査 精神保健相談業務（家族相談を含む） 母子への支援・健診時の相談 地域への啓発活動とのその企画
リハビリテーションセンター（病院）（病院型療育センター含む）	心理療法（集団療法含む） 心理検査 認知機能評価 社会復帰・就労支援 利用相談 職業訓練 認知リハビリテーション（個人・集団） 家族面接・コンサルテーション 学会発表・研修 リハビリテーション専門相談 啓発のための講演（家族向け・施設や学校向け） 他職種へ対応のアドバイス・コンサルテーション
老人保健施設	心理査定（特に認知機能評価） 心理面接・家族面接 （集団・個人）回想法
自治体から病院への派遣（HIV等）	心理療法・カウンセリング・相談

その他，病院などで心理職が配置されている可能性のある部署	心理職である可能性のある職名	業務
地域医療連携室 地域連携室 患者相談室 がん相談支援センター 医療相談室	相談員 相談担当 職業カウンセラー	心理面接 心理査定 コンサルテーション 助言・指導

・精神科や心療内科の治療に伴う心理学支援：神経症，うつ病，統合失調症，摂食障害，発達障害などの患者に対し，その支援計画策定に向けての心理的アセスメント・心理検査の実施，治療の一環としての心理面接，社会復帰に向けての精神科リハビリテーションとしてグループ療法やデイケアなどにおける支援，患者の家族に対する支援など。

・身体疾患の治療に伴う心理支援：がんや糖尿病などの慢性疾患，神経難病の心理学的支援など。臓器移植や，今後の治療選択などについての意思決定支援などもふくむ。

・小児の医療：重症心身障害や先天性の難病，小児がん，てんかん，発達障害などの子どもたちと主に母親に対する支援など。

・周産期医療：低体重児や障害を持って生まれた乳児の母親に対する支援，死産に関する支援。不妊治療に伴う心理支援。

・リハビリテーション医療：脳出血や事故などの後遺症によるリハビリテーションにおける心理支援，心理的アセスメント（特に神経心理学的評価），高次脳機能障害への支援など。
・高齢者医療：認知症高齢者に対する心理的支援，認知機能検査の施行，家族支援など。
・地域に対する支援：アウトリーチとして，訪問支援サービスの実施，各種疾患や自殺予防の啓発活動など。

　上記の支援については，対象を個人とする場合と，集団とする場合がある。支援の手法も各種の面接技法や心理検査を用いる場合があり，また支援形態としては面接室で行う支援，病勢により動けない患者などはベッドサイドに訪問して支援を行う場合もある。
　これらの支援を医師，看護師をはじめとする他の専門職とともに行っている。

2．共通する代表的業務

　上記に述べたもののうち，多くの公認心理師が保健医療分野で携わっている業務の代表的なもの，そして，多くの機関で行われているものとして，「心理面接」「心理検査を含む心理的アセスメント」「グループ・アプローチ（集団療法，デイケア）」「チーム医療の一員としての活動」について説明する。公認心理師法には，公認心理師4つの業務として「心理アセスメント」「心理相談，指導，助言」「家族や関係者に対する相談，指導，助言」「こころの健康に関する講演や情報提供」があげられているが，それらが以下に網羅されていると考えてよい。

①心理面接

　心理面接は，言うまでもなく，代表的な公認心理師の業務である。医療機関における心理療法やカウンセリングは，主治医の指示により開始される。医師による薬物療法を受けている方の面接を行う場合が多い。深い洞察や，生育歴からの振り返りが必要な面接を行う場合もあれば，症状に対する対処方法を身につけることが中心の場合もある。また，治癒が難しい病態や，障害を抱える方に対して，生きづらさや，今後の生活をどうしていきたいかについて心理面接を行い，その方の自己決定を支える場合もある。治療や現状の辛さを語られる場面もあるが，どういった場面においても「自分らしく（その人らしく）生きる」というその方の力を支えるための伴走者として機能する。仮に助言を行ったとしても，最終的にはその方が決意していくのであり，そのプロセスを面接という機能で見守り支えていく。外来診察と併行する形で1〜2週に1回の割合で面接を行っていくこ

ともあれば，疾患や障害により身体機能が低下して入院中の方の場合は，病棟のベッドサイドに赴き，その方の体力や，気分の許す範囲での面接を心がけるなどの柔軟な対応を行う。保健機関では，家族のみの相談面接や，医療機関にかかることを迷っている本人からの相談を受けることもある。いずれも，傾聴し，心理教育的な助言を行い，必要に応じて医療機関につなぐ。

②心理検査を含む心理的アセスメント

　心理アセスメントは，「見立て」という仮説を立てる作業に必要な手続きであり，公認心理師が支援を組み立てて行くにあたっての入り口となる。心理的アセスメント＝心理検査というわけではない。面接，行動観察，心理検査，家族や関係者からの聞き取りなどを組み合わせ，その方を立体的に見立て，何が今この方に一番必要な支援なのかを考えていく作業がアセスメントである。アセスメントを行うにあたって用いる心理検査は，ロールシャッハテストなどの投映法によるパーソナリティ検査，ウェクスラー式知能検査，その他質問紙法，描画法，認知機能検査，神経心理学的検査など，あげればきりがないが，現在見極めようとしている問題にアプローチしやすい検査を用いる。その際，その方に負担がかかりすぎないような方法をとることが望ましい。また「今回の検査で何を見ようとしているのか」「今回の結果からこのような可能性が考えられる」といった説明をきちんと行える公認心理師でなければならない。身体状況などに応じ，検査道具を用いてのアセスメントが難しい場合は，会話から見当識や認知機能を推定するなどの対応が求められる。

③グループ・アプローチ

　グループ・アプローチは，集団という場での対人関係のやり取りが支援として役立つ場合に選択される。一対一の面接での支援に慣れ，そこからさらに一歩を踏み出そうとするとき，病院関係者と家族以外の対人関係に慣れる場としてデイケアや集団精神療法が活用されることが多い。デイケアは一定の施設基準が必要になるが，集団精神療法は会議室などでの隔週や週1回程度のグループ活動という形でも可能である。集団のあり方にもさまざまなものがあり，心理教育を中心としたグループや，レクリエーション的な活動を行うグループ，手作業を伴うものなどがある。実施目的としては参加者が楽しく参加して人との触れ合いに慣れようとするためのものや，コミュニケーションの質をより高めたいとするものなど，目的によってグループの質は違ってくる。看護師，ソーシャルワーカー，作業療法士など多職

種でグループを運営する場合もあるし，公認心理師が主に関わる場合もある。また，公認心理師は患者会や家族会の運営に携わる場合もある。緩和ケアに関わる公認心理師の場合，遺族グループの運営に関わることもある。筆者は個人カウンセリングとグループでの支援は，そのクライエントに対し，相補的に影響を与え合う治療上の両輪の輪と考えている。グループでは，ピアサポート的な繋がりも期待され，少し治療の先を行く「先輩」の姿から良い影響を受けるクライエントも多い。人と接するときの癖も出るので，それを個人カウンセリングで取り上げて深めることもできる。すべてのクライエントに適用できるわけではないが，個人支援とグループでの支援をセットで行うのは効果的と考えている。

④チーム医療の一員としての活動

　医療チーム活動は，「精神科リエゾンチーム」「緩和ケアチーム」「認知症ケアチーム」といった診療報酬化されているチームに公認心理師が入って心理面接やアセスメントなどの活動を行うことが代表的であるが，その他，さまざまな多職種チームに公認心理師が参加して活動している。多職種チーム内で，ある症例についてカンファレンスが行われたとしたら，公認心理師はその専門的な視点から，患者の行動の背景にある心理的な意味についての見立てをチーム内で共有してその方への関わり方を考えたり，精神的な苦痛を訴える患者の心理的ケアをどう行っていくべきかの助言を行ったり，または公認心理師が自ら心理的ケアを行うことを提案したりもする。いずれも，患者への直接支援となる場合と，主に関わっているスタッフに対するコンサルテーションとして関わる場合とがある。疾患ごとに作られたチームに公認心理師が一員として加わることもあれば，「医療安全推進」「職員メンタルヘルス」「医療倫理」といったチームへの加入が求められることもある。いずれも多職種連携が前提となっている。

⑤地域で心の健康に関する教育活動・啓発活動

　地域で，公認心理師が一般市民を対象に，心の健康を保つための講義や，精神疾患などの正しい理解を促すための講演などを行うこともある。自殺予防，うつ病予防，さまざまな精神疾患の早期発見や，偏見の防止のために非常に大切であると考えられる。

Ⅲ　保健医療分野における公認心理師の具体的な業務の実際

　以下，さらに具体的な支援例をあげて説明するが，対応の時期や意味づけを分けるために，医療において，①予防的な活動，②治療的関与としての支援，③社会復帰支援や再発予防として公認心理師が関与しうること，という観点で順に説明を行う。

1．予防的活動について

①心理支援における予防的活動

　「予防的活動」「予防的介入」，特に自殺予防の観点からはプリベンションと説明されることが多い。問題となりそうな内容に対し，問題の発生そのものを未然に防ぐような活動を行っていくことである。

　例えば，地域で自殺（未遂も含む）が多いならば，精神保健福祉センターや保健所などに相談窓口を設け，または「暮らしの相談」「何でも相談」といった窓口から心理的な相談ニーズがあれば拾う，といった介入が考えられる。公認心理師と弁護士や司法書士，社会福祉専門職などが共同で「暮らしの相談会」といった内容の相談会を開催し，さまざまな相談に対応し，必要な専門職が関わり，さらに必要な場合は医療機関や相談機関につないで事故を防ぐ，といった活動が行われている例がある（東京司法書士会，2022）。

　自殺に限らず，「うつ病」を防ぐなど，病気に陥る状態に追い込まれることを未然に防ぐための活動も必要とされている。自殺予防・うつ病予防などの心の健康教育活動を地域で行うことや，実際に支援に入っている症例についても心理的疲弊の要因となっている問題を取り除くような働きかけを行うこと，家族に病状を理解してもらい受診につなげること，見守りを強化してもらうことも広い意味では予防的活動，プリベンションと考えられる。

②予防的活動の例──保健機関における予防についての啓発活動から医療機関での支援につながった例

　A子は，顔色がすぐれない夫のB男のことを気にしていた。B男は転勤があって仕事内容が変わってからは帰宅時間も遅くなり，食欲もなく，ため息をついていることが多く，休みの日もずっと寝て過ごしていた。ある日，A子が自宅でインターネットを使おうとしたところ，直前にB男が見ていたページは，労働者の

表2　厚生労働省（2009）「自殺予防のための行動〜3つのポイント〜」

〈気づき〉周りの人の悩みに気づき，耳を傾ける
○家族や仲間の変化に敏感になり，心の悩みを抱えている人が発する周りへのサインになるべく早く気づきましょう。
○「手を差し伸べ，話を聞くこと」は絶望感を減らすための重要なステップです。時間をかけて，できる限り傾聴しましょう。
○話題をそらしたり，訴えや気持ちを否定したり，表面的な励ましをしたりすることは逆効果です。相手の気持ちを尊重し，共感しましょう。
〈つなぎ〉早めに専門家に相談するよう促す
○心の病気の兆候があれば，本人の置かれている状況や気持ちを理解してくれる家族，友人，上司といったキーパーソンの協力を求めましょう。
○治療の第一歩は，相談機関，医療機関の専門家への相談から始まります。キーパーソンと連携して，専門家への相談につなげましょう。
〈見守り〉温かく寄り添いながら，じっくりと見守る
○身体や心の健康状態について自然な雰囲気で声をかけて，あせらずに優しく寄り添いながら見守りましょう。
○自然に応対するとともに，家庭や職場での体や心の負担が減るように配慮しましょう。
○必要に応じ，家族と連携をとり，主治医に情報を提供しましょう。

うつ病や自殺を特集したページであった。そんな中A子は，自治体の精神保健福祉センターが主催する「うつ病」についての講演会を聞きに出かけた。終了後，参加者は自由に相談できるようになっていた。相談ブースの公認心理師に対して，A子はB男のことを相談した。相談を受けた公認心理師は「様子をうかがっているとうつ病である可能性が高いかもしれないので，事故を防ぐためにぜひ早めに病院に受診を」と答えた。また，公認心理師は「ご家族や周りの方が気をつけてほしいこと」というプリント（表2）を使いながら「あなたのことを皆心配している，とご主人に伝えてほしい」とアドバイスした。

　その日の夜A子は，B男に思い切って「心も身体もとてもつらいのではないか」と伝えた。B男は，最近眠れていないこと，身体がだるいこと，自分は世の中の役に立っていないので死んでしまったら楽かなと思い始めたこと，しかし積極的に自殺に向かう行動はしていないことを話した。A子は傾聴した後，「一緒に病院に行こう」と話した。その後，B男はA子とともに精神科を受診した。医師から「うつ病」の診断を告げられ，投薬による治療が開始され，休職した。安定してきたところで今までの生活スタイルや性格傾向を見直すために，カウンセリングを行うことになった。その病院の公認心理師に対して，B男は完璧主義で貫いてきた仕事のやり方が通用しなくなってきたのにそれを続けようとしたことなどを話し，自らを振り返るようになった。

以上は，予防的な活動を行っていた公認心理師を介し，入院治療につながり，また支援の流れの途中で，公認心理師が援助に入っている例である。まず家族に対して啓発活動の形で働きかけ，支援や助言を行い，それによって家族が働きかけて本人が治療に導入された流れである。その後も，公認心理師が関与し，Ｂ男の支援をしており（介入＝インターベンション），再発防止（ポストベンション）にも関与している。

2．治療的関与としての心理支援について

①治療的関与としての心理支援

保健医療分野における公認心理師の具体的な業務は，自殺の危機介入ほどの緊急性が毎度ではないにしても，疾患を抱えている相手への治療的関与としての心理支援，積極的な介入が多いだろう。また，疾患そのものが治癒しにくい場合には，病を抱えながら生きるクライエントを支えるという支援になる。心理支援を行うにあたっては，まずインテーク面接（受理面接）を行い，アセスメントを行う。アセスメントにはロールシャッハテストやウェクスラー式知能検査など心理検査を用いることもあり，本人のみならず家族関係者を含む面接による評価も含まれる。その上で，支援の計画を立てる。支援として心理面接を行うにしても，どのような面に焦点をあてた面接を行うのか，どのような技法を用いるのか，個別の支援のみなのか，集団療法などその他の支援も取り入れるのか，どういったことを目標として設定するのか，といったプランニングを行う。そして，支援を実践し，その支援の評価を行い，アセスメントを日々更新させて支援計画の見直しも日々行いながら支援を行っていく。身体疾患を背景に持つ場合や，認知機能が低下している場合など，背景に合わせて支援のアプローチを柔軟に変化させる。

②治療的関与としての心理支援の例

1）うつ病による自殺企図から入院治療につながって多職種，多機関で支援した例

もともとうつ病で通院中であったＣ子は事故で夫を亡くし，育児の疲労もあってうつ状態が悪化し，死のうと考えロープを用意していたところを家族に発見され精神科に入院となった。精神科医は，Ｃ子に対してまず薬物療法による治療を行った。その後，病棟スタッフによる多職種カンファレンスで，今後の支援をどうしていくかを話し合った。カンファレンスでは，Ｃ子がうつ病の急性期から脱した後は夫の死に向き合い，また育児の不安に対応することができるよう支援を

行うことが話し合われ，公認心理師がC子に，心理面接を行うようになった。面接開始時はうつ病の回復に合わせて心理教育的な面接が主流であったが，次第にC子は夫を亡くしたことへの悲しみや，女性として自信がなく育児にも自信がないことを語るようになった。育児不安については，ソーシャルワーカーが支援に入り，保育園の利用や，保健センター保健師の訪問などの支援を整え，退院となった。その後も外来通院で薬物療法を継続しながら，再びうつが悪化しないよう，自分自身の性格の癖を見直すような面接を継続し，うつ病患者を集めた心理教育のグループにも導入した。心理面接は，C子の理解力の回復や，自らの課題と向き合おうとする態度の変化に合わせて，焦点をあてる面を変えていきながら支援を継続した。

　自殺予防の観点からは治療や心理支援のメインとなる面は「インターベンション」と呼ぶ。上記の例では，自殺企図の背景に対象喪失や，C子が抱えていた女性としての自信のなさなどが見られたため，それらの背景を考慮した支援計画が必要であった。

2）身体疾患の治療に精神科医や公認心理師の関与が必要だった例

　D男は，Ⅱ型の糖尿病を抱えているにも関わらず，何度も血糖値のコントロールが悪くなり，入院することを繰り返している。内科主治医と病棟看護師が，「何度指導しても食事の自己コントロールに対する理解が低い。またすぐカッとなって怒鳴り，食事指導にあたる看護師や栄養士も困惑しているので，この患者への対応について相談したい」と，公認心理師に連絡があった。公認心理師は，主治医や看護師から本人の様子について聞き，さらに実際に看護師のケアに立ち会ったところD男が声を荒げる場面に遭遇し，公認心理師が話しかけてもイライラした態度を見せるのみであったため，感情の高ぶりなどに対しては精神科医の関与も必要ではないかと考え，精神科医へのリファーを提案した。精神科医は，D男に対する診察で，会話によるコミュニケーションが成立しにくいことから知的障害または発達障害の可能性を考えた。イライラ感に対しては少量の薬物療法を提案し，公認心理師に心理検査の依頼を行った。心理検査の結果軽度知的障害とわかったため，精神科医としては障害者手帳の申請や訪問診療の積極的な導入を考え，内科主治医，病棟看護師とともに糖尿病の支援と，精神科的な支援も在宅で行っていけるような退院に向けての支援計画を立てた。公認心理師としては，D男と心理検査以降も短時間の面接を続けていたが，その中で想像以上に自分の疾患に対する理解が不十分であることが分かったため，内科主治医に，本人向けによりわかりやすい説明を依頼した。D男には，主治医からの説明後，その内容を

復習するような関わりを公認心理師が行ったところ，ようやく食事のコントロールの必要性が理解できたようだった。

　上記は，自殺企図が想定されるような精神的危機介入ではないが，内科的治療が適切安全に進められるよう，精神科医や公認心理師が支援に入った例である。

3．リハビリテーション的な支援の例や再発予防，遺族のケア（ポストベンション）

①心理支援におけるリハビリテーション的な関与とポストベンションについて

　ポストベンションは「事後対応」である。何らかの病気に罹患した人や，トラブルに巻き込まれてしまった人が，その後復帰していくためのリハビリテーションを行う支援である。特に自殺予防の観点から見た場合には，自殺未遂者が再び自殺企図をすることがないよう，背景を探り，復帰に向けての支援を行う。治癒の難しい疾患や障害などを抱える方が，今後どう生きていくかを支える支援もここに含まれる。

　また，自殺に限らないが，亡くなった方の遺族や関係者に対する支援，グリーフケアを行うことも，大切なポストベンションとなる。患者の死後に，その影響を受けて心理的に不安定になっている家族や関係者，スタッフに対して支援を公認心理師が行うことなどが想定される。

②ポストベンションの例——統合失調症を抱えるクライエントに対する社会復帰
　支援と，突然死で娘を亡くした母親のグリーフワークの例

　E子は，慢性期の統合失調症である。一時陽性症状が活発だった時期に入院の経験がある。退院後，病院のグループ活動に通いながら，安定した状態を維持するために公認心理師が面接を行っていた。面接では再発防止を目指し，心理教育的な視点を盛り込んでいた。安定してきたので，地域の作業所の利用を開始しようと，ソーシャルワーカーとも相談を進めていた。

　ある日，E子の家族からグループ活動を休むと連絡があった。さらにしばらくしてから，母親F子が来院しグループ担当の公認心理師に対し，「実は，E子は亡くなりました」と述べた。E子が朝起きてこなかったので，見に行ったところ，亡くなっていたとのことで，突然の心停止であったようだとのことである。F子は，「E子は，病院の皆さんが優しくしてくれると言って，グループを楽しみにしていました，お世話になりました」と，涙を流し，思い出を語っていかれた。公認心理師は，母親の労をねぎらい，ともにE子の思い出を語るとともに，「これか

らお疲れが出るかもしれない。何かあれば病院にいつでも連絡してください」と話し，遺族会の存在も伝え，Ｅ子亡き後も病院は家族を支援すると伝えた。

　上記の例では，Ｅ子は，不幸にして亡くなったが，病院のグループ活動を通して対人コミュニケーションの支援を行い，社会復帰を目指し精神科リハビリテーションを行っていた。そして母親Ｆ子には，娘を突然死という形で亡くした悲しみに対してグリーフケアを行った。死という悲しい，しかし避けがたい事実に対しては，スタッフが誠実に対応し，遺族をねぎらうことが，何よりのグリーフケアとなる。また必要があれば今後も支援を行う準備があることを伝える。場合によっては遺族が精神科受診の対象となることもあるためその必要性を感じた時は適切につなぐことが重要となる。

4．医療チームの一員としての支援

　患者の状況に的確に対応した医療を提供する「チーム医療」がさまざまな医療現場で実践されている（厚生労働省，2011）ことはすでに述べてきた。公認心理師がチームの一員として支援に加わった例を示す。総合病院に熱中症で入院したＦ子に認知症が疑われたため，認知症ケアチームに介入依頼があり，精神科医の診察後，心理検査を公認心理師が実施した。Ｆ子は，「自分はもう大丈夫。家の猫が心配だから帰りたい」という話を続けた。認知症疑いのカットオフ値を下回る結果であったが，話している様子から，話し好き，人を警戒しない性格傾向が伺えた。退院に向け，精神科医，病棟看護師，認知症看護認定看護師，ソーシャルワーカー，公認心理師が集まってカンファレンスを行った。公認心理師は，「猫のことを楽しそうに話し，指示に従うこともできるため認知症に気づきにくいが，短期記憶が保たれず，治療上の注意を忘れてしまうことや，一人暮らしを続けるとだまされる危険がある」といったアセスメント結果を伝えた。多職種で意見交換をした結果，施設入所を勧めていくことになった。公認心理師のアセスメントの結果は今後のケアや方針を考えるにあたり有益な情報となるため，チームで関わる他の専門職が活用しやすいような記録の残し方・伝え方が求められる。公認心理師がチーム医療を円滑に行う上で大切と思われることを表3に記す。

5．リソース（資源）の活用について

　目の前にいる患者がどのような支援を必要としているかをアセスメントするときに，この支援を行うにはどの専門職につなぐとよいのか，どのような機関につなぐとよいのか，といったことを理解していないと多職種連携も多機関連携も成

表3　チーム医療を円滑に行うために（花村，2015をもとに改変）

1．チームとは何かを知ること。
2．周囲からアクセスしやすい専門職であること，そのために常識ある社会人であること。
3．「今，この人に必要な支援は何か」「自分のやるべきことは何か」を考え，常にチーム全体を見てアセスメントをすること。
4．患者（利用者），家族もチームの一員と見なし，必要な関連職種が集まってチームを組むこと。
5．他の専門職を知ること，相手を尊敬すること。
6．自分の役割と限界を知ること，一人で情報を抱えないこと。
7．他職種協働だけでなく，同じ職種間での協働，連携，交流にも気を配ること。
8．自分（個人としての自分，専門職としての自分）を知ってもらう努力をすること。

立しない。自分の職域にどんな職種がいるのか，地域にはどのような施設や機関があるか，サービスとしては，どんな制度があるか，必要に応じて知っていく必要がある。こういった患者・クライエントのまわりにある有益なサービスや機関，人のことをリソース（資源）という。ある患者を精神科医療につなげたい場合でも，例えば希死念慮が強い方には，精神科専門病院が適切であろうし，身体疾患を抱えている場合は，総合病院の精神科が適切であるなどといった判断も，機関の機能，特性を踏まえていないと成り立たない。そして，他の専門職を知らずして多職種連携は行えないので，相手の職種を理解する努力が必要である。各職種の詳しい業務内容については医療系専門職団体が加盟している「チーム医療推進協議会」や，各職能団体のホームページなどを参考にするとよい。医師，看護師，薬剤師，ソーシャルワーカー（精神保健福祉士，社会福祉士），管理栄養士など，関わる機会の多い職種についてはまず押さえておく必要があるだろう。連携にあたっては相手を尊敬しながら関わる姿勢を忘れないでいたい。上記，説明してきた事例でも，さまざまな機関や職種が登場している。DV（ドメスティックバイオレンス）の被害がある場合などは法律相談につなぐ場合（法テラスなど）もあるので医療以外の資源も知っておくことが望ましい。

■ IV　おわりに

　公認心理師が関わることで疾患や障害が治癒するわけでなくとも，今後どうその方が生きていくかを支える支援が必要とされる現在，医療機関のさまざまな診療科で公認心理師が活用される可能性が大きい。特に近年注目されている意思決定支援（ACP）も現場で公認心理師に期待されている分野の一つで，求められる

可能性が高い。適切な支援者であるために，アセスメント能力を磨き，チーム医療の一員としてより一層努力していかなければならない。

◆学習チェック表
□　保健医療分野で公認心理師が心理学的支援を行う機関について理解した。
□　医療機関で働く公認心理師の業務とその多様性について理解した。
□　チーム医療の重要性について理解した。
□　医療における各専門職種の役割についておおむね理解し，何を見れば詳しく理解できるかを理解した。

より深めるための推薦図書
　　三村將・幸田るみ子・成本迅編（2019）公認心理師カリキュラム準拠　精神疾患とその治療．医歯薬出版．
　　日本精神神経学会多職種連携委員会編（2020）：多職種でひらくこころのケア．新興医学出版社．
　　野村れいか編，国立病院機構全国心理療法士協議会監修（2017）病院で働く心理職―現場から伝えたいこと．日本評論社．
　　下山晴彦・中嶋義文編（2016）公認心理師必携　精神医療・臨床心理の知識と技法．医学書院．
　　チーム医療推進協議会ホームページ：http://www.team-med.jp/

　　文　　　献
花村温子（2015）心理的支援における連携・協働の心得．臨床心理学，15(6); 727-731.
厚生労働省（2009）自殺予防のための行動～3つのポイント．http://www.mhlw.go.jp/file/06-Seisakujouhou-12200000Shakaiengokyokushougaihokenfukushibu/3point_1.pdf
厚生労働省　チーム医療推進方策検討ワーキンググループ（2011）チーム医療推進のための基本的な考え方と実践的な事例集．http://www.mhlw.go.jp/stf/shingi/2r9852000001ehf7-att/2r9852000001ehgo.pdf
中嶋義文（2015）一般病院・医療・保健施設（精神科病院・精神科診療所を除く）における心理職実態調査．厚生労働科学特別研究分担研究報告書．
日本公認心理師協会（2022）厚生労働省令和3年度障害者総合福祉推進事業「医療機関における公認心理師が行う心理支援の実態調査」報告書．https://jacpp.or.jp/document/pdf/pdf20220530/00_20220530.pdf
東京司法書士会（2022）暮らしとこころの総合相談会．https://www.tokyokai.jp/news/2021/08/post-416.html

第6章

福祉分野における
公認心理師の具体的な業務

髙橋幸市

Keywords　アウトリーチ，エンパワメント，虐待防止，権利擁護，地域支援，ニーズの乏しい当事者，包括的アセスメント

I　福祉分野における心理支援の意義

　「福祉」とは何か？　「福」も「祉」も幸せを意味する文字であることから，もともとは人の生活の豊かさや幸福を意味する言葉である。人は自らの生活を豊かに向上させ維持することが幸せであると考え，それに向けて努力をするが，さまざまな事情のために自力ではそれを実現できない場合がある。例えば，成人していない子どもや，あるいは心身の機能が制限された障害者，高齢者，その他に成人ではあっても社会的不適応の結果ひきこもりとなった者や，暴力の被害者もそうした対象と言うことができる。彼らは適切な保護者がいなければ周囲から放置され，時に抑圧，搾取されることすらあり，その意味において "社会的弱者" と言うことが可能である。また，健康な社会生活を送り自らの福祉を追求することが可能な人々であったとしても，いつ予期しない出来事のために自力で福祉を追求することができなくなるかもしれない。社会福祉とは社会保障であり，国民の基本的人権を保障し，生活を支え生きる喜びを感じられるように支援する社会的な仕組みである（網野，1992）。

　かつては社会保障と言えば経済的な支援がその中心であったが，近年 "生活の質（QOL; Quality of Life）" や "生きがい" を重視する考え方が主流となってきた。また，ノーマライゼーション[注1]の普及とともに地域生活を中心に考える思潮が中心と

注1）社会福祉に関する理念の一つ。障害者も高齢者も健常者も等しく地域生活ができる社会を作るために，制度や環境を整備していこうとする考え。

なってきた。例えば，WHO（世界保健機構）が定めた障害者福祉分野における国際生活機能分類(ICF; International Classification of Functioning, Disability and Health)では，サービスの対象者（この場合，障害を有する人，障害者）を「障害」（「機能障害」，「活動制限」，「参加制約」の３水準）だけではなく，「生活機能」（「心身機能・構造」，「活動」，「参加」の３水準）の点からも評価する。これは，例えば右片麻痺（機能障害）が起こると歩行不能や書字困難などの諸活動の制限を引き起こし，その結果失職する（参加制約）ことも起こりがちであるが，適切な補装具と訓練の助けがあれば機能の向上（心身機能・構造）が図られ，活動状況の改善が生まれ再び社会参加も可能になる（上田，2003）。この際に注意したいのは，必要な医療や補装具を受給するための経済的な支援・施策が障害者福祉の中で重要な要素であることは間違いないが，それらだけでは回復意欲や社会参加の意欲は必ずしも生まれない点であろう。福祉分野における心理学的支援（心理支援，心理的支援）の意義は，障害受容や主体性の回復を通して生活意欲の向上を目指すプロセスにある。

　保護者に代わって子どもを養育する児童福祉施設を例にあげる。子どもの健全な発達と家族の健やかな生活を支えるのは経済的な支援だけではない。さまざまな発達上の課題や特性を有する子どもと養育者の組み合わせの中で発生する課題や困難に対して，健康な家庭生活が送れるよう心理的な側面から支援することは，両者の間に愛着を育み，やがてその子どもが成人した時に，今度は「親」となり，健康な子育てを再現することができるようになる。この点でも心理支援は極めて重要な営みとなる。

　さて歴史的に見ると，福祉分野における心理支援は，対象者にふさわしい福祉サービスを提供するために，対象者の特性や障害の内容を明らかにする心理的アセスメントから始まった。そのため，多くの相談機関（児童相談所や知的障害者更生相談所，身体障害者更生相談所，婦人相談所）には心理判定員（児童相談所では現在，児童心理司）が配置され，相談・措置[注2]体制の中でこれらの業務に従事してきた。その後，社会情勢の変化にともない，福祉の実施体制は改変され，福祉サービスを提供する主体はそれぞれの相談機関から地域のさまざまな機関へと拡大した。

　例えば，児童福祉においては，すべての児童とその家族を対象として働きかけるポピュレーション・アプローチが主に子育て支援の分野で発展し，要支援・要保護児童やその家庭に対して働きかけるハイリスク・アプローチが児童虐待対応

注2）措置制度は，当事者による利用契約制度とは異なり，行政（児童相談所）が児童の権利擁護の観点から児童福祉施設の利用の必要性や可否について判断し決定する制度。

の分野で進展している。前者は，主にプリベンション（予防）であり，普及啓発や各種の相談事業，乳幼児健診事業などの形で実施されている。後者は，インターベンション（介入）であり，要支援・要保護のケースを対象として個別の評価（心理的アセスメント）とそれに基づく心理支援活動によって問題の改善に向けて働きかけることが期待されている。

　また障害者福祉においては，施設入所重視の施策から地域生活の維持を重視する施策に転換し，地域生活を継続するための一人ひとりの障害者の生活に適合した個別の支援計画がオーダーメイドで作成され，それに基づいて必要な福祉サービスを受ける仕組みが構築されている。そのサービスに障害者の特性，意向，障害内容，ライフスタイルなどを反映させたり，障害を抱えながら生きていく当事者の意志決定を支援することが心理支援には期待されている。

■ II　福祉分野における心理支援活動

　これまで福祉分野において心理専門職が活動してきた現場は多岐にわたっており，公認心理師は同様にそれらの現場で活動することが期待される。表1に活動の場と活動内容をまとめる。ここに示す「心理支援活動」には，公認心理師法（2015）第2条に示す①心理的アセスメントと，②それに基づく心理支援行為，③関係者・機関との支援ネットワークに働きかける行為，④情報提供，教育・啓発が含まれている。福祉分野における心理支援活動は，行政施策や行政サービスの一環として実施される場合が多い（髙橋，2016）。また，分野によっては公認心理師の配置がすでに法律や施策に明記されているものもあるが，障害者（児）分野や高齢者分野についてはいまだ触れられていないものも少なくない。

　このような福祉分野の現場において活動するための背景となる理論的な枠組みとして，①子どもの発達や愛着に関する理論と知識，②発達障害，精神障害，老化等に関する知識，③虐待と家族関係に関する理論と知識等があげられる。村瀬（2016）は，福祉分野で活動するための心理職の基本的な職務に関する調査研究に基づき，実際の現場で必要とされている知識や技術のカテゴリーについて，ア）基本的な臨床心理学的面接のスキル，イ）心理検査の知識と技術，ウ）コミュニティ支援に関するスキル，エ）実践を検証する技術と研究能力，をあげている。換言すれば，福祉分野で公認心理師に求められる能力とは，①有効な相談支援の技能（ニーズのない当事者とも支援関係を構築する能力，エンパワメント[注3]する能力等）と，②その根拠となる子どもの状態，家族像，問題点等について各種

表1　福祉分野における心理支援活動の場と内容

分野	活動の場	公認心理師の活動内容
児童福祉	市町村 ・子ども家庭総合支援拠点 ・子育て世代包括支援センター ・要保護児童対策地域協議会	地域住民を対象に子育て支援と虐待防止の立場で心理的アセスメントを生かした相談支援業務。機関内の他職種や児童相談所を始めとする他機関との調整，連携・協働に資するコーディネート機能やコンサルテーション機能を担う。
	児童相談所（都道府県，政令市，中核市）	児童心理司として相談部門や一時保護部門で，子どもと家族の心理的アセスメントとそれに基づいた相談支援業務。虐待対応において，被害に関する心理的アセスメントと安全感の増強や回復に向けた心理支援業務。関係機関との調整，連携・協働に資するコーディネート機能やコンサルテーション機能を担う。
	児童家庭支援センター	子育て支援と虐待防止の立場で心理的アセスメントを生かし，利用者の相談支援業務に従事する。市町村の児童福祉部門や児童相談所と連携し，虐待防止活動に従事。
	児童福祉施設 ・保育所 ・それ以外の社会的養護関連施設（乳児院，児童養護施設，児童心理治療施設，児童自立支援施設，母子生活支援施設等）	保育所においては，保育士や保護者に対する心理支援業務。子どもに対する心理的アセスメントを生かした発達支援業務。保育所以外の生活施設においては，入所児童に対する日常の生活支援の中で心理的アセスメントを生かした心理支援業務。スタッフへのコンサルテーション業務。
	地域子ども子育て支援関連事業所 ・地域子育て支援拠点（子育て広場） ・放課後児童クラブ　等	利用児童の発達や行動特性に関する心理的アセスメントを踏まえ，スタッフに対するコンサルテーション業務が可能。
障害者・児福祉	市町村	障害支援区分認定を始めとしたサービス利用の相談（計画相談支援，障害児相談支援）の際に，障害程度や特性を踏まえ支援相談を実施することが可能。
	障害者虐待防止センター（市町村の直営と業務委託の場合がある）	障害者や関係者にかかわる際に，障害程度や特性に配慮した働きかけをすることが可能。
	障害福祉サービス等事業所（指定特定相談支援事業所及び，指定一般相談支援事業所を含む） 児童発達支援センター（及び，児童発達支援事業所） 放課後等デイサービス事業所 障害児入所施設	サービス利用の相談（計画相談支援，障害児相談支援）の際に，障害程度や特性を踏まえ支援相談を実施することが可能。その中でも，基幹相談支援センターでの成年後見制度の利用に関する相談に際して，障害程度や特性に配慮した相談支援が可能。障害児の支援事業所では，発達程度や障害特性を踏まえた心理的アセスメント，それに基づくサービス利用計画の作成が可能である。入所施設においては，日常の生活支援の中で心理的アセスメントを生かした心理支援業務。スタッフへのコンサルテーション業務。

表1つづき

障害者・児福祉	発達障害者支援センター	発達障害の特性や程度を踏まえた心理的アセスメントと，それに基づく支援計画の作成と実施。生活や就学，就労等に関する相談支援業務。関係機関に対するコンサルテーション機能も。
地域生活福祉	市（町村）	生活保護部門における生活困窮者への心理支援業務。自殺防止対応の機能も。
	ひきこもり地域支援センター	ひきこもり状態にある者および家族に対する心理支援業務。ひきこもり支援コーディネーターとして他機関との連携・協働による支援業務。
	子ども・若者総合相談センター	子どもや若者の育成支援を目的として，立ち直り支援や就労支援を実施。状態や特性に応じた心理的アセスメントを踏まえた心理支援業務が可能。関係機関との連携・協働に関してコーディネート機能やコンサルテーション機能も実施可能。
	地域若者サポートステーション	未就労状態にある青年期を自立支援の観点から支援。社会不適応や就労の困難は発達障害の可能性もあり，心理的アセスメントを踏まえた心理支援業務。ハローワークとの連携。
高齢者福祉	高齢者の生活施設（老人福祉施設，介護保険施設等）	利用者に対する日常の生活支援の中で心理的アセスメントを生かした心理支援業務。スタッフへのコンサルテーション業務。
	地域包括支援センター	利用者と家族に対する日常の生活支援の中で心理的アセスメントを生かした心理支援業務。スタッフへのコンサルテーション業務。関係機関とのコーディネート業務。

※障害児福祉施策は現在では児童福祉法に規定されているが，この表では便宜上障害者福祉の欄で整理している。

心理検査等を活用して包括的に理解・評価する技術（心理的アセスメント），③多職種からなる支援チームや多機関で構成される支援ネットワークに働きかける良好なコミュニケーションと有益なフィードバック（コーディネート機能やコンサルテーション機能）と言うことができる（厚生労働省，2017a）。

　なお，支援の対象者である児童，障害者，高齢者にはそれぞれ権利擁護の観点から，児童虐待防止法（2000），障害者虐待防止法（2011），高齢者虐待防止法（2005）が定められている。いずれも専門職に対して早期発見の努力と虐待を発見した場合の通報義務を課しており，それは専門職としての守秘義務よりも優先する。

　注3）エンパワメント：否定的な評価を受け生活する意欲を失っているクライエントに対して，無力感を克服し意欲を回復して主体的に問題解決できるようなパワーを獲得していけるように援助するプロセスを指す（三原，1999）。

▋ III　福祉分野における心理支援の特徴と職能

　福祉分野における心理支援には，他の分野と異なる特徴がある。それは，この分野において支援の対象となる被支援者（以下，クライエントと表記）の特性と関係が深い。しかし，他の分野においては無関係というわけでは決してなく，むしろ他分野においても対応の難しいとされるクライエントの場合にも参考になる点は多い。髙橋（2017）の指摘に従い，以下に整理する。

1．権利擁護の理解

　福祉領域で心理支援の対象となるのは子どもや高齢者，障害者，あるいは抑圧されたり被害を被ったりしている者などであり，彼らは周囲から基本的人権を侵害される（すなわち，虐待や暴力，搾取の被害の対象になりうる）ことも稀ではない。このような場合，彼らは自力での援助希求に関する判断や行動が難しいという特性上，周囲の支援が非常に重要となる。援助希求要請が乏しい心理には，能力的な限界の他にこれまでの不適応の長い歴史に圧倒され改善意欲が低下している場合や，容易に回復することを思い描けなくなっていることがその要因である場合が多い。クライエントの心理に深くかかわる公認心理師にとっては，十分にSOSを表現できないクライエント本人に代わって人権擁護の視点から権利擁護を補足し代弁すること（アドボカシー）や，実際に虐待や搾取の対象となっている際には虐待防止に対応することも必須である。なお，この虐待防止に関する対応力とは，①虐待防止に関する法律や諸規定の理解，②虐待被害に関するアセスメント能力，③クライエントの安全と安心の増強と保持を目的とした地域支援の能力，④心的被害体験から回復に向けた心理支援の能力等が含まれる。

　図1は，福祉分野における最も基本的な職能をイメージ化したものである（髙橋，2016）。児童，障害者，女性，高齢者と心理支援の対象は異なっても，最も基盤に人権擁護やアドボカシー機能，虐待防止対応の機能があり，その先に何らかの不適応状態を改善したり回復を促進したりする心理支援の機能があって，その中には援助希求意欲の乏しいクライエントの改善意欲を引き出したり高める工夫や手立ても含まれている。心理支援の提供方法として，従来のように面接室で行える場合もあるが，来談できない・しないけれども心理支援が必要なクライエントにそのサービスを届けるために，地域に出かけ家庭訪問によって実施するアウトリーチまでさまざまな形態がある。

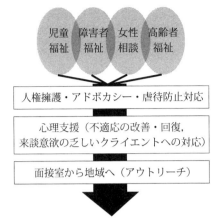

図 1　福祉領域における心理支援活動の職能のイメージ

2．ニーズのない当事者とも関係を構築する

　前述したように福祉分野で心理支援の対象となる人々は，自分から心理支援サービスを希求することができない場合や関わりを拒否する場合も少なくない。心理支援とつながる場合の多くはクライエントの困難に気づいた周囲がその必要性を感じて利用を勧める場合である。当事者に援助を希求する気持ちが乏しい場合，支援関係をどうやって構築していくのかが大きな課題となる。最初の公認心理師との出会いがクライエントにとって有益に感じられれば，心理支援のサービスに対する信頼度が回復し継続して援助を受けたいという希望につながる可能性も生まれる。逆に，有益に感じられなければ再び心理支援サービスにつながる可能性は低い。公認心理師との最初の出会いで，「話を聞いてもらってよかった」，「この人には理解してもらえそうだ」，「少し気持ちが落ち着いた」というクライエントの良体験を生み出すことが重要であり，クライエントのニーズに沿ってその心持ちを受け止め肯定し，エンパワメントすることが重要となる。このように 1 回限りの面接であったとしても，クライエントが支援を受け入れる準備性（レディネス）や動機づけを高める作業が，福祉分野の心理支援活動にとっては必要不可欠である。

3．包括的アセスメント

　福祉分野における最初の 1 回の相談の重要性を意識すれば，替えの効かないこの機会をどうやって最大限に生かすことができるかが次の課題となる。そのための 1 つの方策として，包括的アセスメント（子どもの虹情報研修センター，2015）が

ある。これは事前の段階での準備と，実際に会って話を聞く中で行われる作業から構成される。まず事前段階の準備として，クライエントを理解しどう支援することがクライエントのニーズに沿うことになるのかを，関係機関からもたらされる情報をもとに実際に会う前に検討し整理しておく。クライエントがこの相談に至った文脈や生活歴，成育歴，周囲の人々との関係の歴史など，それらの多くはうまくいっていないことが多く，クライエントの不満やわだかまりもそこに起因している可能性があるので，わかる範囲でポイントを押さえておき実際の面接に臨む。

　次の実際に会って話を聞く段階では，クライエントの語る主観に寄り添い丁寧に受け止め理解し，ニーズの接点を探る働きかけが支援関係を構築していく。話の大部分はうまくいっていないことや関係者，関係機関に対する不満が中心となることが多いので，クライエントの思いやニーズを見失わないようにしなければならない。そうしたうまくいっていない体験だけではなく，同時にクライエントがそれまでに拠り所や支えにしてきた対象，関心，嗜好なども存在している。それらはこれまでのクライエントの生活と心理を，ささやかながら支えてきたリソース（資源）[注4]として重要な情報である。これら一見目立たないリソースに光を当て共有することは，クライエントの希望につながりクライエントを支えることにつながる。もともと援助希求欲求の乏しかったクライエントであっても，自分の思いを尊重しできるだけ多面的に理解しようとする支援者には信頼感が増すことが多い。包括的アセスメントには単に評価する機能だけではなく，その評価に基づいてエンパワメントを行い，支援関係を構築する機能も備わっている。

4．アウトリーチと連携・協働

　福祉分野におけるクライエントには自発的な援助希求欲求を示すことが困難なクライエントや，権利擁護や安全確保の観点から早期予防や危機加入が必要なクライエントも存在する。このような場合に対応するために，クライエントの生活の場で心理的アセスメントや心理面接等の支援を提供する訪問型支援が，心理職によるアウトリーチである（高岡，2008）。すでに，学校現場におけるスクールカウンセラー活動や母子保健や児童福祉領域における家庭訪問活動等の実践が，地域支援の現場で展開されている。

　心理支援をクライエントの生活の場で提供することは，流動的な変数を抱え込

　注4）リソース：クライエントやその周辺が持っている解決のための資源のこと。公共サービスなども含むが，家族や知り合い，事物などもリソースになる。クライエントが気づかぬままに持っていることも多く，それを見つけることは支援の第一歩になる。

んで支援関係を不安定にすることにもつながる。クライエントとの支援関係のバランスを保ちながら心理支援がクライエントに侵襲的にならないように関係をコントロールし，また，クライエントの生活に対する意欲を引き出して生活に対する自律感を高めることができるように計画されなければならない。

　また，狭義のアウトリーチではないが地域に働きかけるという点で，地域の関係機関と連携・協働することによって支援ネットワークを形成し必要な支援の調整を進めることもアウトリーチや地域支援の一形態である。福祉分野は国の政策においても，地域生活を支援するという視点から多機関のネットワークとの支援協働体制による包括的な相談支援システムを構築することが目指されている。今後，こうしたシステムの中で活動することになる公認心理師は自己完結的な仕事を追及するばかりではなく，他職種との協働の中で自らの仕事をチームの中に補完的に落とし込む姿勢も求められている。

■ Ⅳ　福祉分野における公認心理師業務の今後の展望

　これまで福祉分野の施策においては，児童，障害者，生活困窮者，高齢者といった分野ごとに制度を構築してきたが，多問題事例の存在や制度の狭間問題など"縦割り"の対応では困難な事例が指摘されるようになった。国においても包括的な支援体制の仕組み（包括的な相談から見立て，支援計画の組み立て，社会資源開発まで）を構築するべく検討が進められ，児童，障害者，高齢者等の生活上の困難を抱える者への保健福祉横断的な包括的支援体制のあり方について検討が始まっている（厚生労働省，2017b）。それぞれの分野の既存の支援体制（児童：地域子育て支援拠点や子育て世代包括支援センター，障害者：基幹相談支援センター，高齢者：地域包括支援センター）の統合化や，共生型のサービス事業所の展開が地域福祉計画の充実や再生とセットで検討されている。あわせて，このような新しい支援体制を支える環境の整備として，総合的な人材の育成・確保を可能にするコーディネート人材の確保と福祉保健分野の横断的な研修による専門職の共通の基礎課程の創設も検討されている。これまで心理職は国家資格でなかったためにこうした相談支援の体制に十分に組み込まれてこなかったが，今後はこうした保健福祉人材供給システムの一部として考えていく必要がある。国が進める誰もが安心して地域で暮らすことが可能な地域共生社会を実現するために，新たに誕生する公認心理師がその一角を担うことを可能にする職能を習得し，地域や市民生活に貢献できる存在となることが強く期待されている。

◆学習チェック表

☐　福祉分野における公認心理師の業務活動の現場について理解した。

☐　福祉分野における公認心理師の業務内容について理解した。

☐　福祉分野における公認心理師の業務の特徴について理解した。

より深めるための推薦図書

　網野武博・乾吉佑・飯長喜一郎編（1992）心理臨床プラクティス第6巻 福祉心理臨床. 星和書店.

　村瀬嘉代子・森岡正芳・日詰正文ほか編（2015）臨床心理学「シリーズ・今これからの心理職⑤これだけは知っておきたい福祉領域で働く心理職のスタンダード」, 第15巻第5号. 金剛出版.

　野島一彦編（2016）公認心理師への期待. 日本評論社.

　佐藤泰正・桐原宏行・中山哲志編著（2011）福祉心理学総説. 田研出版.

　山縣文治・岡田忠克編（2016）よくわかる社会福祉 第2版. ミネルヴァ書房.

文　献

網野武敏（1992）福祉心理臨床とは何か. In：網野武博・乾吉佑・飯長喜一郎編：心理臨床プラクティス第6巻 福祉心理臨床. 星和書店, pp.2-12.

児童虐待防止法：児童虐待の防止等に関する法律（平成12（2000）年法律第82号）.

子どもの虹情報研修センター（2015）子ども家庭支援のためのソーシャルワーク—包括的アセスメントとケース・カンファレンス, https://member.crc-japan.net/php/html/contents/document/index.php（2017年12月15日取得）

公認心理師法（平成27（2015）年法律第68号）.

高齢者虐待防止法：高齢者虐待の防止、高齢者の養護者に対する支援等に関する法律（平成17（2005）年法律第124号）.

厚生労働省（2017a）公認心理師カリキュラム等検討会報告書.

厚生労働省（2017b）「地域共生社会」の実現に向けて（当面の改革工程）概要.

三原博光（1999）セルフヘルプ活動とエンパワメント. In：小田兼三・杉本敏夫・久田則夫編著：エンパワメント実践の理論と技法—これからの福祉サービスの具体的指針. 中央法規出版, pp.46-60.

村瀬嘉代子（2016）福祉分野の心理職の実態調査. 厚生労働科学研究費補助金（厚生労働科学特別研究事業）分担研究報告書, 心理職の役割の明確化と育成に関する研究.

障害者虐待防止法：障害者虐待の防止、障害者の養護者に対する支援等に関する法律（平成23（2011）年法律第79号）.

髙橋幸市（2016）一般社団法人日本臨床心理士会 第1回「臨床心理士」新規取得者のための基礎研修会抄録集.

髙橋幸市（2017）公認心理師養成における新しい"福祉心理学"について. 福岡大学臨床心理学研究, 16; 3-9.

髙岡昂太（2008）子ども虐待におけるアウトリーチ対応に関する研究の流れと今後の展望. 東京大学大学院教育学研究科紀要, 48; 185-192.

上田敏（2003）国際生活機能分類（ICF）とリハビリテーション医学の課題. リハビリテーション医学, 40; 737-743.

WHO（2001）ICF: International Classification of Functioning, Disability and Health.（厚生労働省訳（2002）ICF：国際生活機能分類—国際障害分類 改訂版. 中央法規出版.）

第7章

教育分野における
公認心理師の具体的な業務

増田健太郎

 Keywords　アセスメント，いじめ，学校心理学，情報共有，スクールカウンセラー，不登校

Ⅰ　教育分野における公認心理師の職域と学問的背景

1．公認心理師の職域

『公認心理師カリキュラム等検討会「報告書」』は，「公認心理師に求められる役割，知識及び技術について」で，「国民の心の健康の保持増進に寄与する公認心理師としての職責を自覚すること」「心理に関する支援が必要な者などとの良好な人間関係を築くためのコミュニケーションを行うこと。また，対象者の心理に関する課題を理解し，本人や周囲に対して，有益なフィードバックを行うこと」としている。「そのために，さまざまな心理療法の理論と技法についてバランスよく学び，実施のための基本的な態度を身につけていること」と定められている。「教育分野においては，スクールカウンセラー（以下，SC と表記）等として，幼児児童生徒，保護者及び教職員に対する相談・援助等を行うことにより，不登校，いじめ，暴力行為などの問題行動の未然防止，早期発見，事後対応，発達障害を含む障害のある幼児児童生徒等に対する心理検査や支援，学校への助言等の必要な対応などを行うこと」，「また，幼児児童生徒，保護者及び教職員に対して，心の健康に関する教育及び情報提供を行う。大学などに在籍する学生，保護者及び教職員についても，同様に必要な対応を行う。さらに，組織全体への助言も行う」ことが求められている。

したがって，公認心理師は発達段階に応じた学校での心理業務を行うことになる。その際は，児童生徒・保護者・教師のミクロへの支援だけでなく，学校組織と教育制度というマクロな視点から見ることも必要である。小学校入学時に落ち着かない児童が増えるという「小1プロブレム」や中学1年になって不登校生徒

が急激に増えるという「中1ギャップ」問題や発達障害児などの特別支援教育の個別支援計画の実効性・継続性にも対応することが求められる。さらに，障害のある者とない者が共に学ぶことを通して，共生社会の実現をめざすインクルーシブ教育を基盤にした教育を行うために，各教育委員会に設置してある，就学指定について専門家による調査・審議を行う就学委員会での心理の専門家としての参画や特別支援教育コーディネーターの指導・助言，通常学級や特別支援学級・通級教室，特別支援学校での教職員への指導助言，児童生徒のアセスメント（発達検査・心理検査，観察・面接）と支援，保護者の相談が主な業務になる。

　教育分野での公認心理師の職場としては，学校機関として，幼稚園・小学校・中学校・中等教育学校・高校・特別支援学校のSC，高等専門学校・専門学校・予備校・大学の学生相談室のカウンセラーが考えられる。また，教育支援センター（適応指導教室）においては，教職経験者と協働で，学校復帰を目指した心理的支援と学習指導などが主な業務になる。発達教育センターなど，障害児童生徒の相談・療育，保護者の相談・進路指導を行う機関でも，アセスメントや面接が公認心理師の主な業務になる。教育委員会に所属し，常勤の心理職や巡回カウンセラーとして，各学校の児童生徒や保護者の相談，教職員の相談員として雇用される。大学の学生相談室では，人間関係や適応の問題・進路就職の相談から自殺の問題，近年では発達障害やアカデミック・ハラスメント，セクシュアル・ハラスメント，LGBTQ[注1]，ヤングケアラー[注2]などの多様な問題や新型コロナウイルス感染症の対応を扱うために，クリニック・モデルから，コミュニティ・モデルを取り入れた展開がされている。他方，行政の管轄としては，厚労省・地方公共団体の福祉課が所轄している保育園や学童保育のカウンセラーとしても活躍の場がある。

2．到達目標と学問的背景

　公認心理師は教育心理学や学校心理学の専門的知を実践知に変換し，学校や適応指導教室において不登校児や発達障害児を支援し，心の健康教育を効果的に行

注1）LGBTQ：レズビアン（女性同性愛者），ゲイ（男性同性愛者），バイセクシュアル（両性愛者），トランスジェンダー（出生時に診断された性と，自認する性の不一致），クエスチョニングまたはクイア（性的指向や性自認が未確定）の頭文字をとった総称。文部科学省もLGBTQの人権を守る教育を推進している。

注2）年齢や成長の度合いに見合わない重い負担を背負って，本来，大人が負担するような家族の介護（障がい・病気・精神疾患のある保護者や祖父母への介護など）や世話（年下のきょうだいの世話など）をすることで，自らの育ちや教育に影響を及ぼしている18歳未満の子ども（厚労省通知，2019）。

う力量が求められる。学校における公認心理師の活動を支える学問として，心理学関係では「教育心理学・教授学習心理学・臨床心理学・認知心理学・人格心理学・社会心理学」などがあり，教育学関係では，「教育法学・教育制度論・教育方法学・教育経営学・学校組織論・学校学級経営論」の専門知が求められる。それらの学問的専門的知識は公認心理師の心理的援助の専門性を発揮するための基本的知識である。実際に学校や児童生徒・保護者のニーズに応えるためには，良好な関係を築くためのコミュニケーション能力がその基盤として求められる。また，公認心理師は資格更新制度ではないために，質の向上のためには，リカレント教育と研修の系統性などの確立が課題となる。

3．教育領域における公認心理師の実践力を培うために

　教育臨床の問題として，児童生徒の不登校・いじめ・学級崩壊・学力低下，発達障害児者の指導，進路の問題，校長のリーダーシップと教職員集団の協働性，教師の学級経営，体罰，授業力，ストレス・うつ病，ハラスメント，教師のわいせつ事案，保護者の問題として，貧困格差，虐待，保護者の精神的病い，子育て不安などがある。これらの問題は別々に起こっているのではなく，相互に関連しながら，現象として顕在化していることを踏まえておく必要がある。例えば，いじめの問題は，子どもの性格やフラストレーション，人間関係，学級経営や授業力，教職員の情報共有の問題，発達障害児への適切な指導，保護者対応と密接に関連している。いじめの予防教育といじめが起こらない学級経営，いじめの早期発見と適切な対応が求められる。

　また，学力格差も大きな課題である。学力向上のための教育心理学の知見として，教師が伸びると思っていた児童は，「知能テスト・学業成績」も伸びるという「教師期待効果（ピグマリオン効果）」がある。それは，教師の児童生徒への先入観が教師と児童生徒への相互作用にプラスにもマイナスにも働くことを示している。また，ブルーナー（Bruner, J. S. 1915-2016）の発見学習やオーズベル（Ausubel, D. 1918-2008）の有意味受容学習，アロンソン（Aronson, E. 1932-）らが開発したグループ学習法の一つである「ジグゾー学習法」を用いれば，各個人の自尊心が高まり，人間関係がよくなるとともに，学業成績向上にも効果があることが期待される。

　これらの教育心理学からの知見は，公認心理師に求められる「問題解決能力と生涯学習における自己研鑽の方法」や学校・企業・市民対象の「心の健康教育」を行う際にも有用な知見である。また，学校教育で求められているアクティブラ

ーニングの学習方法の指導助言を行う際にも，必要とされる学問的知見である。

幼児児童生徒，保護者および教職員に対する相談・援助，組織全体への助言を行う際には，生物・心理・社会モデルでの視点からの理解が重要である。例えば，ある児童が不登校になった場合，「発達障害や疾病の有無」（生物学的な視点），「本人と親の心理的状態」（心理学的な視点），「家族の関係や理解と援助・学級での人間関係や担任との関係」（社会学的な視点）を念頭においたアセスメントを行い，具体的支援を考えなければ，本人が元気になっても，家庭や学級や担任が児童を受け入れる準備ができていない場合，再度不登校になってしまう可能性が高い。

教職員や学級の雰囲気や人間関係を見立てるためには，校長や教師のリーダーシップスタイルを観察し，社会心理学で開発された集団内のインフォーマルな人間関係を把握するソシオグラムの理論を理解した上で，フォーマルとインフォーマルな関係性を知っておくことが重要である。

■ II　教育領域での大きな問題

1．不登校児童生徒の問題

不登校は，「心理的・情緒的・身体的あるいは社会的要因・背景により，児童生徒が登校しない，あるいはしたくともできない状況にあること（ただし，病気や経済的理由によるものを除く）」（文部科学省。以下，文科省）であり，昭和51（1976）年度から調査している。年間50日間以上欠席で不登校としていたが，平成3（1991）年度から「年間30日以上」の欠席を不登校としている。また，平成15（2003）年には，適応指導教室などに通所または入所している者は，校長が当該施設への通所または入所が学校への復帰を前提とし，かつ，不登校児童生徒の自立を助けるうえで有効・適切であると判断される場合は，指導要録上，出席扱いにできるとしている。

文科省の学校基本調査によれば，児童生徒の不登校の数は平成13（2001）年までは急増しており，その後は増減を繰り返しながらも減少傾向であったが，平成25（2013）年は小学校・中学校とも増加に転じている。令和2（2020）年度の不登校児童生徒数は，小学校63,350人で出現率1.0%，中学校132,777人で出現率4.1%であり，小・中学校合わせた増加率は前年度から14,855人急増しており，不登校児童生徒の出現率8.2%と過去最高である。

また，新型コロナウイルス感染回避児童生徒数は，小学校14,238人，中学校6,667人であり，不登校人数にはカウントされていないが対応が求められている。

不登校の背景は，大別すれば，社会的要因・学校要因・家庭的要因・本人要因が考えられる。教育改革による教師の多忙化，発達障害児童生徒の二次的障害としての不登校，教育ネグレクト，学校でのいじめや学級崩壊の問題，保護者の価値観の多様化などさまざまな要因が複雑に絡み合っての現象である。

　不登校児童生徒の問題は，自殺やひきこもりとの相関も高く，文科省や各地方自治体においても，SC やスクール・ソーシャルワーカー（子どもの家庭環境による問題に対処するために，児童相談所と連携したり，教員を支援したりする福祉の専門家：以下 SSW と表記）の派遣，不登校対応教員の増員，教育支援センター（適応指導教室）の設置促進など多様な施策を行っている。

２．いじめの問題

　不登校の問題は，その背景に，いじめや発達障害，児童虐待，学校の相談体制や教師の学級経営の力量など多様な要因が複雑に絡んでいる。2011 年の大津市の事件を契機として，「いじめ防止対策推進法」が成立した。その中に「いじめ」を「児童生徒に対して，当該児童生徒が在籍する学校に在籍している等当該児童生徒と一定の人的関係にある他の児童生徒が行う心理的または物理的な影響を与える行為（インターネットを通じて行われるものを含む。）であって，当該行為の対象となった児童生徒が心身の苦痛を感じているもの」と定義されている。各教育委員会や学校ごとに「いじめ防止対策委員会」やいじめが起こった時に調査を行う第三者委員会などが設置されている。この法律の中には，予防教育として，道徳教育や体験学習の充実，早期発見の措置，相談体制の整備なども取り入れられている。いじめアンケートなど，いじめや学校生活に関するアンケートが各学校で実施されている。しかし，いじめ自殺事件は起こっている。いじめに関するアンケートで「いじめられている」と記入していたにも関わらず対応されていないケースも多い。

　いじめの実態把握は難しいが，文科省はいじめ認知件数の調査を行っている。令和 2（2020）年度のいじめ認知件数は小学校 420,897 人，中学校 80,877 人で，新型コロナウイルス感染症での休校期間があった関係もあり，認知件数は減少したが，依然高いままである。また，重大事態発生件数は 514 件である。各教育委員会でいじめの認知件数の取り方に差があり，今後は調査方法の統一することと，いじめの対応の具体化が課題である。

III　スクールカウンセリングの実際

1．SC の勤務体制とスクールカウンセリング活動

　不登校やいじめ問題等に対応するため，文部省（当時）は平成7（1995）年度に「SC 活用調査研究委託事業」を全国の 154 名の SC 配置で始め，平成 28（2016）年度まで，SC の配置校は増加している。配置方法は，単独校方式・拠点校方式など，各自治体で異なるが，週2回1日4時間または，週1日8時間となっている。SC は学校教職員の一員である。集団守秘義務として，教職員と情報を共有することは必要である。一方で，学校での問題を俯瞰的に見るために，「外部性」が重要だと言われている。

　学校教育法施行規則 第 65 条の2において「スクールカウンセラーは小学校における児童の心理に関する支援に従事する」と規定され，SC の仕事内容（文部科学省，2017）については，下記のように通知されている（「学校の教育力を高める組織的な教育相談体制作り」より抜粋）。

　スクールカウンセラーの職務内容
　　スクールカウンセラーは，心理に関する高度な専門的知見を有する者として，不登校，いじめや暴力行為等問題行動，子供の貧困，児童虐待等の未然防止，早期発見，支援・対応などのため，これらを学校として認知した場合や自然災害，突発的な事件・児童生徒，保護者，教職員に対して，カウンセリング，情報収集・見立て（アセスメント）や助言・援助（コンサルテーション）等に従事すること。
　　具体的なスクールカウンセラーの職務は，次のものが考えられること。
　　（不登校，いじめ等の未然防止，早期発見，支援・対応など）

　・児童生徒及び保護者からの相談対応
　・学級や学校集団に対する援助
　・教職員や組織に対する助言・援助（コンサルテーション）
　・児童生徒の心の教育，児童生徒及び保護者に対する啓発活動
　（不登校，いじめ等を認知した場合又はその疑いが生じた場合，災害等が発生した
　　際の援助）
　・児童生徒への援助
　・保護者への助言・援助（コンサルテーション）
　・教職員や組織に対する助言・援助（コンサルテーション）
　・事案に対する学校内連携・支援チーム体制の構築・支援

　SC は週1回8時間の勤務が標準であるが，月に2回というケースもあり，各学

表1　SC のセルフチェック表 25

	ちがう 1	ややちがう 2	まあそうだ 3	そうだ 4
このチェック表は，スクールカウンセラーのスキルアップのためのチェック表です。主に行っている学校を思い浮かべながら，直感的にチェック（○）しましょう。				
スクールカウンセラー　（　）年目配置 校種→　小学校（　）　中学校（　）　高校（　）　特別支援学校（　） ※ SC が効果的に機能するためには，SC の力量だけではなく，勤務形態・学校組織文化が影響しています。あくまでも参考です				
1　報告・連絡・相談に気をつけている				
2　職員室に SC の机がある				
3　教職員の顔と名前が一致している				
4　先生のインフォーマル集団を把握している				
5　先生たちとコミュケーション（雑談など）をしている				
6　校長先生と月に 1 回は学校の状況について話す				
7　養護教諭・教育相談担当とケースについて情報共有している				
8　学期に 1 回は学校内・教室を巡回している				
9　生徒指導部会に出席している				
10　先生と立ち話コンサルテーションができる				
11　スクールカウンセラーだよりを発行している（2 カ月に 1 回程度）				
12　研修会の依頼がある。（公的に実施したものは 3，個別に別枠で依頼されたものは 4）				
13　研修会終了後アンケートを実施しフィードバックしている				
14　個別の継続ケースを持っている				
15　学校の気になる児童生徒・家族構成を知っている				
16　不登校児童生徒と関わっている（個別面接・家庭訪問・コンサルテーション）				
17　いじめの相談が児童生徒・先生からある				
18　虐待児童生徒の対応ができる				
19　発達障害児童生徒の支援ができる				
20　児童相談所とケース会議を開いている（開くことができる）				
21　難しいケースの場合，クリニックを紹介している。（紹介することができる）				
22　クリニックや相談機関に紹介状を書いている（書くことができる）				
23　WISC-ⅢやⅣなどの発達検査ができる（過去 2 年以内学校で実施経験は 4）				
24　発達検査のフィードバックは本人・先生・保護者にわかるように工夫している				
25　SC のケースで事例検討会発表やスーパービジョンを受けている				

校によって勤務体制が異なる上に，管理職および教職員の SC に対する理解が SC 活動に大きな影響を与える。「SC セルフチェック 25」（増田，2017；表 1）は，SC が自分の活動を振り返るためのチェック表である。チェック項目の 1 〜 13 は教職員との関係や情報共有に影響を与える項目である。特に，教職員との日常的なコミュニケーションは，教職員との関係作りや何かあったときにすぐに支援する体制作りのために重要である。特に，教職員への研修会は，不登校やいじめの理解を深めるとともに，児童生徒や保護者の個別面接につなげるための信頼関係作りに大きな影響を与える。チェック項目の 14 〜 24 は，児童生徒の問題に対して心理的支援ができるかの項目である。現在の児童生徒の問題は，発達障害の支援，虐待や精神疾患，性非行の問題など，学校だけでは解決できない問題が多い。発達検査等のアセスメントのスキル，病院や児童相談所との連携が不可欠である。SC は学校では 1 人での活動になる。ケースをどのように見立て，どのように支援していくのかを考える上で，チェック項目 25 の事例検討会での事例発表や経験豊富なスーパーバイザーから指導を受けるスーパービジョンは，スキルを向上させる上でも必要である。

2．いじめで不登校になった事例での検討

①学校の状況（架空の事例であり，名前はすべて仮名である）

　A 中学校 1 学年 3 学級（通常学級 9 学級，特別支援学級・情緒学級 1 学級）

　山本校長：2 年目，リーダーシップがとれる。

　鈴木教頭：3 年目，人はよいが実務があまりできない。

　高橋教務主任（主幹教諭）：在校 5 年目，体育が専門で校長の信頼は厚い。生徒指導は定評がある。

　2 年の教員集団：担任の田中先生は，40 代男性で，教科は国語である。指導力があると定評があり，赴任 1 年目であるが，2 年 1 組を受け持った。2 年生は，1 年生の時に学年が荒れたため，指導力のある教員が受け持つよう配置された。そのため，生徒の状態は落ち着いているように見えたが，教員同士の関係は，事務的な話以外をすることはあまりなかった。

　SC 梨田由紀子はこの中学校 2 年目であるが，SC 歴 8 年目の 30 代女性である。週 1 回 8 時間勤務である。主に不登校の生徒・保護者面接，発達障害生徒の指導助言，年に 2 回「不登校について」等，教職員研修会を行っている。2 年 1 組の教室は 3 階建て校舎の 2 階一番西側の端の教室である。

【SCの活動】

7：50　〜　8：00	出勤，教頭と面接予約の確認
8：00　〜　8：20	校門や下駄箱でのあいさつ・校内巡回
8：20　〜　8：30	職員朝礼・学年打ち合わせ
8：30　〜　12：20	生徒・保護者の面接，教職員とのコンサルテーション
12：30　〜　13：00	職員室で先生と給食（情報交換）
13：00　〜　13：40	生徒との面接・相談室の開放
13：40　〜　14：00	清掃活動，校内巡回
14：00　〜　15：30	生徒・保護者の面接，教職員とのコンサルテーション 要請があれば，校区の小学校訪問面接
15：30　〜　17：00	生徒指導部会等参加，ケース会議 生徒・保護者の面接，教職員とのコンサルテーション SCだより作成・記録作成，退校

・不登校（傾向も含む）生徒の継続面接4件，保護者の継続面接3件
・発達障害生徒の継続面接3件，教職員とのコンサルテーションは随時

②いじめ事案の概要

　X年11月27日（月）に中学校2年生で，いじめ事件が発覚した。担任の田中先生が，昼休みに教務ノートを忘れて，教室に取りに行った際，男子生徒5名（祥平・卓・明・良樹・武志）が2人の女子生徒（圭子・弥生）を取り囲んで，たたいたり蹴ったりしていた。担任の田中先生が近寄って，「何しているんだ」と声をかけると，女子生徒2人が「先生……」と言った後，泣き崩れた。担任は女子生徒と男子生徒を引き離し，教室にいた他の女子生徒に，鈴木教頭と高橋教務主任に教室に来てもらうように指示した。5分後に，教頭と教務主任が学級に来て，興奮していた男子生徒5名を落ち着かせて，校長室に連れて行き，山本校長と担任が事情を聞くことになった。いじめられていた女子生徒は，高橋教務主任と養護教諭の山田先生が事情を聞くことになった。

　いじめていた男子生徒5名は，11月に入ってから，たたいたり，蹴ったりしていたことを認めて，女子生徒に謝罪することになった。一方，いじめられていた女子生徒は，首元に蹴られたあざがあったが，謝罪してくれてこれからいじめられないのであれば，大丈夫だと話した。そこで，放課後，校長室で，校長・教頭・教務主任・担任同席のもとで，いじめの経緯の事実確認をした後に男子生徒5名が謝罪したため，いじめ問題は解決したと学校は考えた。念のため，担任は，いじめた男子生徒5名といじめられた女子生徒2名の家庭訪問をして7名の母親にいじめの経緯を話し，了解を得た。

ところが，次の日の 11 月 28 日，いじめられていた女子生徒の圭子が登校しなかった。中休みに圭子の父親から担任の田中先生に電話が入った。「蹴られた首が痛いと言うので休ませた。いじめはずっと続いていたのに，なぜ早く発見できなかったのか。しばらく休ませる」という電話であった。学校は，11 月 29 日，急遽 2 年生全員に記名で，「いじめられたことはあるか，いじめたことはあるか，いじめを見たことはあるか」アンケートをとった。いじめられたことがあると書いた生徒は 2 名だけで，いじめを見たと記入した生徒は 5 名であった。鈴木教頭と担任の田中先生が圭子の家に家庭訪問に行き，11 月 29 日のいじめアンケートの結果を基に，「11 月以前にいじめはなかったようだ。これからは，厳しく指導すること，SC が圭子の心のケアをすること」を提案したが，圭子は登校を拒んだ。加害者の一人の卓はすぐに弟とともに 12 月 1 日に転校した。

　山本校長は事態を重く見て，SC もメンバーに入れた「いじめ対策委員会」を設置した。12 月 4 日（月）に第 1 回のいじめ対策委員会を開き，事実関係を把握するために 12 月 5 日（火）の 5 校時と 6 校時を学級活動の時間として，中学 2 年生 2 学級 64 人対象に生徒 1 人 20 分間，教師 2 人 1 組で「いじめの事実の聞き取り」を全教職員で行うことになった。その後，SC は圭子と弥生の個別面接，祥平と母親の個別面接を 2 年生終了時まで週に 1 回行うとともに，学級経営のコンサルテーションを月に 2 回，校長・教頭・教務主任・学年集団の先生と継続して行った結果，圭子も再登校し，学級も落ち着きを取り戻すことができた。

③本事例からいじめの早期発見の視点と SC の役割

　いじめ早期発見の視点は，「物理的・時間的・教職員間コミュニケーション・集団構造・SNS の 5 つの死角」を少なくすることである。SC は日常から，この 5 つの視点で学校コミュティ（教職員の関係・教師と生徒の関係・生徒同士の関係・親子関係など）を理解しておくことが求められる。

　教師の目が届きにくい教室や特別教室，トイレ・運動場などの場所や，始業前・休み時間・放課後，掃除時間・給食時間・部活動の自主練習などの教師の目が届かない時間にいじめは起こりやすい。いじめ防止策としては，教職員や SC がいつでもどこでも見て回ることが必要である。生徒の変化に気づくためには，基準となる日常場面の集団の様子・個人の様子を把握しておくことが大前提である。

　生徒の変化に管理職や他の教員や気づいても，情報共有がされなければ，対応することはできない。「最近，表情が暗い」「遅刻しがちである」などの生徒の小さな変化は，学年会や生徒指導部会・職員会などで情報が共有されることは少な

簡易ソシオグラムでみるいじめの構造
加害者・被害者・観察者・傍観者などを図式化する　→は攻撃の方向性のみ表す

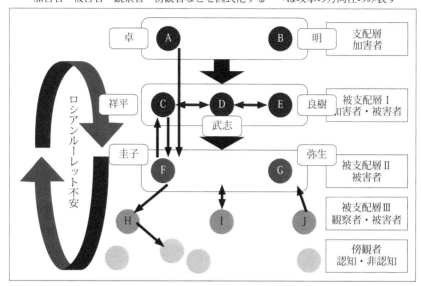

図1　集団構造のみえる化

い。生徒の小さな変化は，雑談も含めた日常の教職員間のコミュニケーションの中で，情報の共有が行われることが多い。また，プロレスごっこをしている生徒に，「大丈夫か」と声をかけたとき，「（笑いながら）大丈夫です……」と応えたために，いじめを見過ごすことも多い。これは，いじめられていることを話すことで，さらにいじめられる不安と，躁的防衛（上記例なら「笑いながら」の部分）が要因である。児童生徒の行動の観察したことを他の教職員と共有することが，いじめの早期発見につながる。

　加害者・被害者・観察者・傍観者の４層構造があるが，現在はその４層がいつでもすぐに入れ替わる流動的な集団構造になっている。さらに，いじめられた者が，さらに他のものをいじめる，仕返しをするなど，時間の経過とともに容易に変化していく。固定的な支配層は加害者にしかならないが，被支配者Ｉは支配層からいじめを命じていじめを行う場合といじめられるフラストレーションをより弱い層に向ける場合，被支配層Ⅱから攻撃を受けて，やり返す場合などがある。学級の集団構造の把握と各生徒の行動の背景を理解しておかなければ，いじめの早期発見やいじめ案件の事実解明は難しい。

　現代のコミュニケーションは，SNSなども含めて，多種多様である。SNSによ

るいじめも増えている。生徒の学校の行動観察だけでは，見えないいじめがたくさん起こっている。一見，観察者や傍観者に見える生徒も，SNS の中で間接的・直接的に関与している場合も多い。生徒のコミュニケーションのあり方や，SNS やネット上での「誹謗中傷」「無視」などのいじめが，子どもたちの心を傷つけていることを従前以上に意識しておくことが求められる。

　SC は，個別面接だけではなく，いじめの予防のための生徒への心理教育，早期発見の方法の教職員研修，日常的な教職員との学級や生徒についての情報交換，いじめ問題が起こった際，いじめ対策委員会のコーディネーション，いじめの調査方法の助言，学級経営のコンサルテーションのスキルが求められる。さらに，今後はオンライン相談の活用も必要である。

Ⅳ　チーム学校について

　チーム学校とは，学校と家庭，地域との連携・協働によって子どもの成長を支えていく体制を作ることである。学校内では他職種との連携・協働，学校外では警察や児童相談所などとの連携が求められている。現在も SC は学校の一員であるが，チーム学校が制度化されると SC の立ち位置と役割は大きく変化する。

　文科省の調査（2016）によれば，調査対象校の 96％が SC は必要であると回答している。2021 年度の文科省の調査では，SC を常勤として雇用しているのは 2 県だけであり，全体の 3.3％に留まっている。常勤化で期待される事項は，不登校・いじめ・発達障害の対応が 90％を超えている。しかし，いじめに関しては，現在の週 1 回の勤務では即座に対応することは事実上難しい。チーム学校が制度として機能すれば，いじめに対する認識や対応も変わってくることが期待される。

　現行の週 1 日程度の勤務日数では難しいが，チーム学校の心理専門職として，勤務日数が増えることによって，学校臨床問題のコーディネーターとしての役割が機能する。

　学校臨床問題に対応するためには，スクールカウンセリングも個別面接の展開だけではなく，コミュニティ・アプローチが求められている。保護者のクレームや学級崩壊の相談，学校コミュニティへの助言を求められる SC はあまり多くない。SC は不登校やいじめの問題など個別的な事象での「こころの専門家」であるという認識だけの場合も多い。学校を基盤とした地域コミュニティの一員であるという認識が，SC 自身と学校側に不足していることにも関係がある。

　チーム学校の目的は，いじめ・不登校・特別支援教育などの複雑化・多様化し

た課題の解決である。SSW と協働しての心理・福祉のコーディネーターやオーガナイザーの役割を担うことが，学校現場の厳しい状況を改善するための有効な対応となる。

　SC がチーム援助を行う場合，学校心理学の「子どもを一人の人格として見る視点と学校教育の中の児童生徒として見る視点」の 2 つが必要である。その上で，①複数の専門家で多面的にアセスメントを行い，②共通の援助方針のもとに，③異なった役割を担いつつ，④相互に補いながら援助を行う（田村，2001）ことが求められる。場合によっては，児童相談所や医師，警察との連携が必要である。多職種との連携のためにはケース会議が有効であるが，その際には，公認心理師には心理学的専門性とともに，コーディネーターの役割が必要である。コーディネーションは「学校内外の援助資源を調整しながらチームを形成し，援助チームを形成し，援助チーム及びシステムレベルで，援助活動を調整するプロセス」（瀬戸・石隈，2002）である。公認心理師は心理職として高い専門性と高度なコミュニケーション能力が期待される。また，多忙で突発的な事案が起こる学校現場では，定期的に時間をとっての会議だけではなく，教職員との立ち話でのコンサルテーションが必要である。立ち話コンサルテーションが機能するためには，日常的な児童生徒，学級集団の観察と教職員とのコミュニケーションと信頼関係が前提となる。

　教職員は，その職業・組織特性から心の病との親和性が高い。教職員が教育力・相談力を十分に発揮するためには，メンタルのケアが求められており，心理的ストレスモデルやコーピング（対処法），バーンアウト（燃え尽き症候群）などのメカニズムを理解してもらう心理教育などが有効である。実際の支援では，心理支援をするものとしてソーシャルサポート（相談機関の紹介や環境調整）を行うなど，教職員が安心して働ける環境づくりの手助けも重要な仕事の一つである。

◆学習チェック表
□　公認心理師の教育領域での職域について理解した。
□　教育領域での職務内容について理解した。
□　学校現場で起こっている臨床問題について理解した。
□　不登校やいじめの現状と対応について理解した。
□　スクールカウンセラーの職務内容について理解した。

より深めるための推薦図書
　伊藤亜矢子編著（2009）学校臨床心理学—学校という場を活かした支援. 北樹出版.

増田健太郎編（2015）不登校の子どもに何が必要か．慶応義塾大学出版会．

増田健太郎監修，小川康弘著（2015）教師・SC のための心理教育素材集．遠見書房．

下山晴彦・森田慎一郎・榎本眞里子編（2012）学生相談必携 GUIDEBOOK．金剛出版．

文　　献

福沢周亮・石隈利紀・小野瀬雅人責任編集，日本学校心理学会編（2010）学校心理学ハンドブック．教育出版．

石隈利紀（1999）学校心理学．誠信書房．

厚生労働省（2017）公認心理師カリキュラム等検討会（2017）報告書．

増田健太郎編著（2016）臨床心理学第 16 巻第 6 号（特集：いじめ・自殺）．金剛出版．

文部科学省（2017）児童生徒の問題行動・不登校等生徒指導上の諸課題に関する調査．

文部科学省 (2022) 令和 3 年度いじめ対策・不登校支援など推進事業報告書　スクールカウンセラー及びスクールソーシャルワーカーの常勤化に向けた調査研究．一般社団法人日本臨床心理士会．

森田洋司・清永賢二（1994）いじめ—教室の病い，新訂版．金子書房．

村瀬嘉代子監修，東京学校臨床心理研究会編（2013）学校が求めるスクールカウンセラー—アセスメントとコンサルテーションを中心に．遠見書房．

野島一彦編（2017）公認心理師入門．日本評論社．

第8章

司法・犯罪分野における
公認心理師の具体的な業務

生島　浩

⊶ *Keywords*　家事事件，家庭裁判所調査官，鑑別（心理）技官，少年事件，犯罪捜査心理学，被害者支援，保護観察官

　本章で扱う司法分野とは裁判所における心理実践を意味し，「家庭裁判所調査官」が担っており，「少年事件」と共に，犯罪分野とは対象の異なる「家事事件」についてもその業務に含まれる。また，「犯罪」は20歳以上の成人によるものであり，20歳未満の少年による「非行＝少年事件」と区別して記述する。さらに，犯罪・非行の加害者への立ち直り支援にとどまらず，犯罪予防や被害者支援，さらには，犯罪捜査場面における心理学の活用も公認心理師の重要な実践領域である。司法・犯罪分野は，公認心理師の知識・経験を大いに活かすことができる領域であり，職場自体が法律・福祉・社会学等を専攻してきた者との協働の場であって，チームアプローチとしての多職種連携（本書第12章参照），立ち直り支援の基本である多機関連携が不可欠である。実際の面接法である「動機づけ面接」や「司法面接」については，本シリーズ19岡本吉生編「司法・犯罪心理学」第4章を参照されたい。

I　少年事件：非行臨床の概要

　少年事件を取り扱う非行臨床の現場は多様である。非行問題への初期的介入（プリベンション）としては，学校，教育相談，心理臨床機関に加えて，最近では発達障害と関係する非行事件が社会の耳目を集めており医療機関（クリニック）での対応もある。なお，素行症／素行障害や犯行挑発症／犯行挑戦性障害といったアメリカの診断基準であるDSM（精神障害の診断・統計マニュアル）における診断名と法律に基づく非行・犯罪との異同・関連については，それぞれの専門職にとって使い勝手の良い操作的な定義に基づくものであることに留意したい。

公的な専門機関としては，警察，家庭裁判所，少年鑑別所，保護観察所，少年院といった「少年法」に依拠するもの，児童相談所，児童自立支援施設などの「児童福祉法」に基づくものがある。さらに，少年鑑別所や少年院といった少年事件に特化した機関・施設もあるが，警察，保護観察所のように成人事件も扱う，あるいは，児童相談所，児童自立支援施設のように福祉的支援も行うなど，その機能の一部が非行臨床に該当するところもある。留意すべきは公的機関が多くを占めており，その専門スタッフは地方および国家公務員としての職責・役割・倫理が第一に優先されることである。それぞれの専門職が所属する非行臨床システムを理解するために，必要な非行機関の概要を次に記述する。

　まず，非行臨床の基本法である「少年法」について概説したい。「少年法」は，少年（男女の区別なく20歳未満の者）の健全な育成を期し，非行のある少年に対して，性格の矯正および環境の調整に関する保護処分を家庭裁判所が行うことを目的としている。その審判は非公開であるが，申出があれば被害者等に対する審判状況の説明が行われ，殺人など重大事件では被害者等の傍聴が認められることもある。また，少年が罰金や執行猶予を含む懲役・禁固刑（＝拘禁）などの刑事処分を受ける場合の特別な措置なども定めている（廣瀬, 2021）。2022（令和4）年4月から施行されている改正「少年法」では，20歳未満という刑事法上の少年年齢は維持されたが，18歳・19歳は「特定少年」という特例が設けられた。罰金も含めて「原則逆送」となり成人事件の取り扱いになるにしても，家庭裁判所調査官や少年鑑別所心理技官は，その生育歴や発達過程から心理社会的成熟度などを的確にアセスメントする職責がある。

　「少年法」では，非行少年を次の3種類に分けて，取り扱う専門機関が定められており，『犯罪白書』をもとに手続の流れを概説する（図1参照）。

1）犯罪少年：14歳（刑事上の責任を負う最少年齢）以上20歳未満の罪を犯した少年。通常は，警察で補導され，検察庁を経て，家庭裁判所に大半は在宅のまま書類だけが送られる。犯時14歳以上，特に16歳以上で殺人など重大な非行を犯せば，原則として刑事裁判を受け（＝原則逆送），実刑となれば，16歳になるまでは少年院，その後は少年刑務所で受刑する。なお，18歳以上であれば死刑が言い渡されることもある。「特定少年」については，原則逆送の対象事件に放火や強制性交，強盗などが含まれ，不定期刑といった特例は適用されず，さらには，少年の特定に関する記事（推知報道）も禁止されないこととなった。

2）触法少年：14歳未満で刑罰法令に触れる行為を行った少年。「児童福祉法」上の措置が原則として優先される。刑事責任年齢に満たないが放置されるわけではなく，警察に補導され，児童相談所などに通告される。さらに，児童自立支援施設な

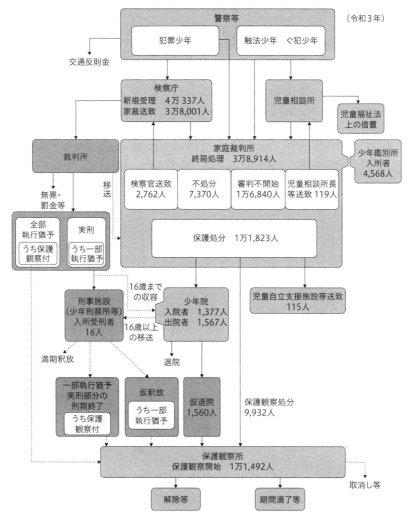

（令和3年）

注1） 検察統計年報，司法統計年報，矯正統計年報及び保護統計年報による。
注2） 「検察庁」の人員は，事件単位の延べ人員である。例えば，1人が2回送致された場合
　　　には，2人として計上している。
注3） 「児童相談所長等送致」は，知事・児童相談所長送致である。
注4） 「児童自立支援施設等送致」は，児童自立支援施設・児童養護施設送致である。
注5） 「出院者」の人員は，出院事由が退院又は仮退院の者に限る。
注6） 「保護観察開始」の人員は，保護観察処分少年及び少年院仮退院者に限る。
注7） 本図及び数値は少年法の一部を改正する法律（令和3年法律第47号）施行前の手続に
　　　よる。

図1　非行少年に対する手続の流れ

どへの入所措置がなされることもある。ただし，非行内容が重大である，あるいは，少年が事件を否認しているときなどには家庭裁判所へ事件が送致されて審判が開かれ，おおむね 12 歳から少年院に送致されることもある。

3）**虞犯少年**：1）保護者の正当な監督に服しない性癖のあること，2）正当な理由がなく家庭に寄り付かないこと，3）犯罪性のある人もしくは不道徳な人と交際し，又はいかがわしい場所に出入りすること，4）自己又は他人の徳性を害する行為をする性癖のあること，のいずれかの行状に当てはまり，その性格・環境などから，将来，犯罪や触法行為を行う虞が認められる少年だが，「特定少年」はその対象から除外された。14 歳未満であれば，触法少年同様「児童福祉法」上の措置が優先されるが，14 歳以上 18 歳未満なら児童相談所通告か家庭裁判所送致が選択される（図 1 参照）。

　少年院収容年齢が，14 歳以上からおおむね 12 歳に引き下げられたことから，少年院と児童自立支援施設の入所年齢に関して重なり合う部分が増えた。なお，双方の相違は，少年院は法務省所管の矯正教育を行う施設であり，家庭裁判所による保護処分で強制的に入院させられ，逃走すれば連れ戻され，出院も第三者機関である「地方更生保護委員会」という法務省の機関で決定される。一方，児童自立支援施設は厚生労働省所管の児童福祉施設であり，入所は本人および保護者の同意が原則で（保護処分による送致を除く），逃げ出しても「無断外泊」として扱われ，退所に至る期間や条件も少年院ほど明示されているわけではない。この少年法と児童福祉法との交錯・異同部分への正しい理解が肝要である。

　その他，警察では，「不良行為少年」として，前述の「非行少年」には該当しないが，喫煙と深夜徘徊が大半を占める「自己又は他人の徳性を害する行為をしている者」を補導している。さらに，事件として立件される前の少年相談も実施しており，深刻化に至らない非行臨床のプリベンション（初期的介入），犯罪予防として重要である。

　このように非行臨床機関の全体像は複雑であるが，各専門機関の心理学的支援（心理的支援，心理支援）について，公認心理師の業務を念頭に置いて整理する（生島・岡本・廣井，2011）。

1．警察

　警察官が非行少年の捜査，取り調べを中心に行っているが，触法少年や不良行為少年への街頭を含めた補導，保護者や教師への注意・助言などは，少年補導職員あるいは少年相談専門職員（心理職）が担っている。特に，非行が事件化される前のプリベンションの意味が大きい少年相談については，大半が保護者や学校

関係者（教職員）からのもので占めており，家族臨床の知見も重要である（生島，2016）。

　なお，捜査心理学として警察庁の科学警察研究所，各都道府県の警察本部に設置された科学捜査研究所は，犯人の行動を分析し，その人物像を捜査員に提供する犯罪者プロファイリングなどの事件情報分析の業務を行っており，「心理学統計法」（本シリーズ5巻）等公認心理師の専門性が活かされる職域である。

2．家庭裁判所

　家庭裁判所調査官は，裁判官の命を受けて，少年と保護者に対する面接調査等により社会調査を行っている。少年の非行傾向の原因や程度，その改善の可能性を探り，処分に関する意見をまとめて裁判官に報告する業務を担っている。この少年・保護者等への面接調査やカウンセリングなど一切の活動が「教育的措置」と呼ばれている。特に，保護者に対する措置として，「保護者に少年の監護に関する責任を自覚させ，その非行を防止するため，調査・審判で訓戒，指導，その他の必要な措置をとることができる」旨の規定が，2000（平成12）年の改正「少年法」で新設された。「少年法」と同様の規定が，保護観察に関わる「更生保護法」や「少年院法」にも設けられ，非行臨床全体での家族への関わりが積極化された。

3．少年鑑別所

　家庭裁判所が少年鑑別所に入所させることを「観護措置」というが，この措置がなされた少年に対して，鑑別（心理）技官が心理検査や面接により再非行のリスクアセスメント，法務教官が生活指導など観護に当たっている。入所少年のほぼ全員に実施されるのが，法務省式の人格目録・態度検査・文章完成法であり，事案に応じて，ロールシャッハ・テスト，P-Fスタディなどのような投映法による心理検査が用いられる（心理検査については，本シリーズ14巻「心理的アセスメント」参照）。また，「法務少年支援センター」の名称で，学校等の教育関係者からの要請により非行・犯罪防止に関する地域援助に尽力している。

4．保護観察所

　国家公務員で心理学・教育学・社会学等の専門的知識を有する保護観察官と，民間篤志家で地域社会のリソースに精通した保護司が協働して面接指導，家族等への生活環境の調整，そして，犯罪予防活動である「社会を明るくする運動」とい

った地域社会への支援を実施している。この「協働態勢」と呼ばれる独特のチームアプローチは，保護観察官が対象者の心理的側面を含む理解とニーズの把握および立ち直り（更生）支援計画を立て，保護司が自宅で面接する，職場紹介など地域社会への受け入れを具現化するものとして有効に機能している。さらに，再犯・再非行を防止するためのアセスメントツールである「CFP：Case Formulation in Probation/Parole」が成人事件を含めて保護観察臨床に導入されており，心理学的知見が一層重要となっている（日本更生保護学会，2021）。

5．少年院

　心理技官は，「分類」という施設内での処遇をより効果的に行い，自殺自傷や対人トラブルを防ぐなど，処遇環境を整えるためのアセスメントを行っている。また，生活指導として，被害者の視点を取り入れた教育，薬物・性非行防止指導をグループワーク等により実施している。さらに，第3種（医療）少年院では精神科医と連携して，発達障害・精神障害のある非行少年への指導にあたっている。収容少年と生活を共にし，生活指導・職業指導，教科教育は法務教官が担っているが，箱庭療法や心理劇など心理臨床的アプローチについては心理技官が，外部専門家（公認心理師が想定されている）とも協力し実施している。

6．児童相談所

　触法少年および14歳未満の虞犯少年については，「児童福祉法」上の措置が優先され，非行臨床も重要な職務であり，児童福祉司（ケースワーカー），児童心理司などが配置されている。また，児童の安全を迅速に確保し，心身の状況等を把握するために一時保護所も併設されている。心理判定は児童心理司，保護者への対応は児童福祉司が主に担っているが，児童自立支援施設への入所措置から退所に伴う家族調整を含めた心理的支援は重要な業務であり，本書第6章で詳述される。

7．児童自立支援施設

　かつては実際の夫婦が親代わりとして生活を共にしていたが，現在は多くの施設で男女の児童自立支援専門員・児童生活支援員がペアを組んで交代勤務している。常勤の心理職や家庭支援専門相談員も配置されているが，面接室だけではなく，寮担当者を兼ねる場合が多く生活場面での心理的支援が求められている。退所後のアフターケア（ポストベンション）も重要だが，現状では継続的な本人・保護者との関わりとなっていない。非行臨床に関わる重要な入所施設であるが，

児童福祉施設として本書第6章で詳述される。

　いずれの機関も，法的に関与できる期間が制限されるためにポストベンション は原則として行えないが，リソースとして関連する専門機関・専門職との連携に 配意している。ただし，警察の少年相談や児童相談所の電話相談，少年鑑別所の 法務少年支援センター以外は，例えば学校や保護者が児童・生徒に関して相談す るにしても，当該機関に事件が係属していることが前提となる。非行が子どもの 発達上の問題であることから，その加齢はもとより，非行性の深度に即して，本 人・家族が非行問題と向き合っていく道程をつきあい，末永く支えていく観点か ら専門機関が連携しての援助が公認心理師としての新たな課題である。

■ II　成人事件：犯罪臨床の概要

　20歳以上の成人による事件を扱う犯罪臨床システムの全体を見渡すために，刑 事司法における犯罪者（成人）に対する手続の流れを『犯罪白書』でみておく（図 2参照）。

　警察が検挙した事件は，微罪処分や反則金が納付された「道路交通法」違反等 を除き，検察官に送致される。検察官は，犯罪の成否，処罰の要否等を考慮して， 事件を起訴するかどうか決めるが，大半は不起訴となる。起訴された事件の裁判 には，略式手続により罰金・科料となるものと公判手続により裁判になる場合が ある。有罪と裁判所で認定されると，その判決には，死刑，無期懲役，有期の懲 役・禁固，罰金などがあり，3年以下の懲役・禁固では，情状により一定期間刑 の執行が猶予されて社会生活が送れるが，この期間中，遵守事項を守ることが求 められる保護観察に付されることがある。

　2022年に懲役・禁固が一本化され，「拘禁刑」となる刑法の改正が成立したが， 実刑判決が確定すると，刑務所等の刑事施設に収容され，矯正処遇として刑務作 業とともに，改善指導や教科指導が行われる。受刑者は，刑期の満了により釈放 されるが，その前であっても，「改悛の情」があり，改善更生が期待できると認め られた場合は，遵守事項が決められ，それを守ることを条件に保護観察に付され て仮釈放となる。更生保護の対象となるのは，受刑者の過半数を占める仮釈放者 と，保護観察付全部・一部執行猶予者である。それに，満期釈放者，保護観察の 付かない執行猶予者，起訴猶予者などのうち本人の申出のあった者が加わる。さ らに，2016（平成28）年から「刑の一部執行猶予制度」が新設され，薬物事犯

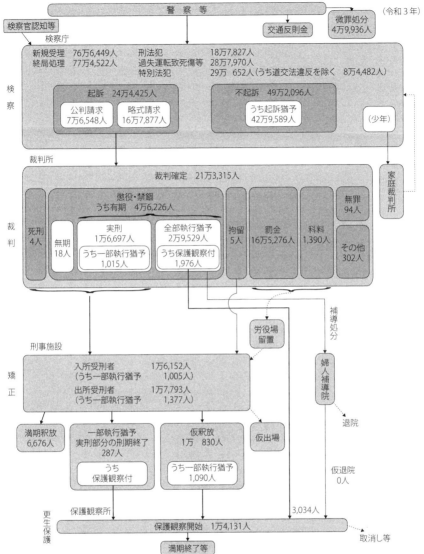

注1）警察庁の統計、検察統計年報、矯正統計年報、保護統計年報及び法務省保護局の資料による。／注2）各人員は令和3年の人員であり、少年を含む。／注3）「微罪処分」は、刑事訴訟法246条ただし書に基づき、検察官があらかじめ指定した犯情の特に軽微な窃盗、暴行、横領（遺失物等横領を含む。）等の20歳以上の者による事件について、司法警察員が、検察官に送致しない手続を執ることをいう。／注4）「検察庁」の人員は、事件単位の延べ人員である。例えば、1人が2回送致された場合には、2人として計上している。／注5）「出所受刑者」の人員は、出所事由が仮釈放、一部執行猶予の実刑部分の刑期終了又は満期釈放の者に限る。／注6）「保護観察開始」の人員は、仮釈放者、保護観察付全部執行猶予者、保護観察付一部執行猶予者及び婦人補導院仮退院者に限り、事件単位の延べ人員である。／注7）「裁判確定」の「その他」は、免訴、公訴棄却、管轄違い及び刑の免除である。

図2　刑事司法手続の流れ

等に裁判所が実刑（服役）とともにその刑の一部について，保護観察付き執行猶予を言い渡すことができるようになり，心理的・社会的支援を行う機会が拡大された。

　非行臨床システムと比べると犯罪臨床システムは，少年事件に対して家庭裁判所調査官が行っているような「判決前調査」が，後述する「医療観察制度」を例外として整備されていないのが大きな課題となっている。そこで，刑事責任能力をみる「精神鑑定」，犯行動機や被告人の理解を助ける「情状鑑定」での心理検査を含めて，専門機関の心理的支援については少年事件と比べると充実しつつあるが，いまだ限定的である（藤本・生島・辰野，2016）。

　さらに，裁判員裁判に関連して，死刑判決が言い渡されるような残虐な事件を審理した裁判員から，国に精神的負担に対する損害賠償を求めて提訴がなされたこともあり，裁判員への心理的ケアについて社会的ニーズが高まっている。最高裁判所は，カウンセリングを受けられる制度を設けているが，この業務の受託も含めて，心理職の役割を施設・機関ごとにまとめる。

1．刑事施設

　刑務所・少年刑務所といった矯正施設では，心理面接や心理検査，診察等によって，精神状況・身体状況・犯罪歴を含む生育歴・犯罪性の特徴などの処遇調査が実施され，刑務作業や矯正処遇の選定に活用される。また，受刑者の社会復帰に向けた処遇の充実を明記した「刑事収容施設法」に基づいて，特別改善指導として，薬物依存離脱や性犯罪再犯防止を目的とした認知行動療法に依拠したプログラム，被害者の心情等を認識させる「被害者の視点を取り入れた教育」が展開されており，心理技官が中心となってグループワーク，そのスーパービジョン，プログラムの効果検証に従事している（國吉，2017）。さらに，官民協働による公共サービス改革法を活用した刑事施設（社会復帰促進センター）でも公認心理師が活躍している。

2．更生保護

　少年事件で述べた保護観察官と保護司との協働態勢というチームアプローチの処遇構造は，成人事件でも同様であり，社会復帰を目的とした地域社会のリソースを駆使した社会内処遇を「更生保護」と総称している。その実施機関である，保護観察を付して刑期より早く刑務所から仮釈放させることの是非を判断するリスクアセスメントを行う「地方更生保護委員会」に所属する保護観察官，そして，

仮釈放者に加えて保護観察付き執行猶予者に対する再犯抑止を目的とするリスクマネジメントを担う保護観察所に所属する保護観察官には心理学的知見が必要である。特に，性犯罪者処遇・薬物再乱用防止・暴力防止等の専門的処遇プログラムは認知行動療法が基盤となっており，保護観察官が実施している。

　また，更生保護施設は，保護観察所から委託を受けて，住居がなかったり，頼るべき人がいなかったりする，刑務所からの仮釈放者や満期釈放者，起訴猶予や罰金，執行猶予者に対する宿泊・食事の給与，就職援助，生活指導等を行っており，全国に 103 カ所ある民間施設である。ここでも，SST（Social Skills Traininng），酒害・薬害教育，カウンセリングが公認心理師・社会福祉士等外部の専門家の協力を得て行われている（角田，2017）。

3．医療観察制度

　「医療観察法（心神喪失等の状態で重大な他害行為を行った者の医療及び観察等に関する法律）」は，触法精神障害者に対する法制度であり，病状の改善，これに伴う同様の他害行為の再発防止を図り，社会復帰を促進させることを目的としている。ここでの心理職の関与としては，心理検査の実施等による刑事責任能力鑑定のサポート，医師・看護師・精神保健福祉士等との多職種連携による治療反応性の評定，精神医療・福祉機関等との多機関連携による心理教育や家族支援を含めた「精神保健観察」の実施がある。これらの業務は，保護観察所に配置された「社会復帰調整官」が担っているが，精神保健福祉領域に関連する臨床心理学的知見と経験が必要とされる。

　なお，「医療観察制度」における指定医療機関での公認心理師の活動については，本シリーズ 16 巻第 11 章「医療観察法指定医療機関における公認心理師の活動」において詳述される。

■ III　被害者支援

　2004（平成 16）年に「犯罪被害者等基本法」が制定されたことを契機として，刑事手続の各段階における被害者の関与がシステム化された。具体的には，加害者の処分結果（不起訴，公判請求，罰金，家庭裁判所での保護処分等）や刑務所・少年院での状況，釈放時期に関する情報が被害者に通知されることとなった。さらに，裁判所へ証人として出頭，意見陳述する機会が設けられると，被害者（遺族）の心理的負担が必然的に生じ，警察・検察・裁判所・保護観察所等の刑事機

関において，専門スタッフの配置など被害者に関わる相談・支援の体制が整えられた。また，全国で「犯罪被害者等早期援助団体」（公益社団法人　被害者支援センター等）が指定され，それらの支援員は心理の専門知識を必要とし，研修を受けている。

　各刑事機関や民間団体である被害者支援センター等の支援員が，外部の精神科医・心理士等と連携して取り扱っているのは，心的外傷と精神的被害からの回復，悲嘆からの回復と喪の作業，カウンセリング・心理療法，自助グループのサポート，そして，犯罪被害者支援に携わる者の心のケアなどである。公認心理師の職責と関連する事項について説明する（長井，2004）。

1．犯罪被害者のアセスメント

　心的外傷後ストレス障害（post traumatic stress disorder; PTSD）や急性ストレス障害（acute stress disorder; ASD）等の心理的・精神的症状はもとより，さまざまな身体疾患にかかりやすくなること，対人関係の悪化をはじめとする行動や生活面の問題が生じることによる長期的で広範囲な影響を見逃さないよう十分配意しなければいけない。子どもの時の性被害の心理的影響は，思春期以降に発現することも少なくなく，被虐待経験や家庭内暴力が不登校・非行・アルコールや薬物乱用の問題と関連するという知見も必須である。さらに，犯罪被害によるトラウマを受け，人格変化に至る事例も報告されており，個々人の脆弱性，打たれ強さや回復力（レジリエンス），家族や社会からのサポートの有無など多面的にアセスメントすることが肝要である。

2．PTSD

　PTSD の診断基準では，症状の持続時間が 1 カ月以上とされているが，それより短期間であっても ASD の症状として，侵入・陰性気分・解離・回避・過覚醒の 5 つのカテゴリーに分類される症状が出現する生じる場合がある。このようなトラウマに焦点を当てた心理教育，構造化された治療プログラムである心理的支援として，認知行動療法の 1 つである「持続エクスポージャー療法」や「眼球運動による脱感作と再処理法（EMDR）」について有効性の報告がなされている。詳細は，本シリーズ 19 巻第 10 章「犯罪被害者への心理支援」を参照されたい。

3．家庭内暴力（Domestic Violence; DV）や虐待等による女性や子どもの被害

「配偶者からの暴力の防止及び被害者の保護に関する法律」や「児童虐待の防止

等に関する法律」，2022年に成立した「AV出演被害防止・救済法」により，刑法犯となれば刑事司法機関が，そうでない事案にも児童や女性の人権擁護や福祉の観点から児童相談所などにおいて心理的支援が展開されており，本シリーズ17巻「福祉心理学」で詳述される。

4．支援者のストレス

　被害者と共感的に関わることにより，援助者が「何もしてやれない」という無力感や絶望感に陥り，悲嘆・怒り・深い悲しみ・喪失感を覚え，PTSDに類似した症状さえ発現することがある。これを「代理受傷」というが，支援者のストレスから生じる「燃え尽き（バーンアウト）」や「共感的疲労」といった用語とほぼ同義の概念であり，十分な理解が必要である。これらに対処するために，被害者（遺族）に関わる支援者へのスーパービジョンやコンサルテーションも公認心理師の職責の1つとなる。

■ IV　家事事件：家族臨床の概要

　家族や親族間の争いやもめ事に関する事件を家庭裁判所では「家事事件」と呼んでいる。その基本法は，2013（平成25）年から施行されている「家事事件手続法」であり，その事件の性質に応じて家事審判，家事調停という手続が用意されている。家事審判は，後見人等選任や養子縁組等，主に裁判官が司法判断を下す手続きであり，児童虐待で親権者の意に反して子どもの保護を申し立てる「児童福祉施設入所措置の承認審判（児童福祉法28条1項事件）」も該当する（廣井，2015）。

　家事調停は調停委員会を介しての当事者の話し合いによる解決を目指すものであり，原則として調停前置主義がとられている。親権者の指定・変更，子の引渡し，面会交流，養育費請求といった離婚に付随する紛争は，調停不成立となれば審判に移行する。家庭裁判所調査官による調査・調整は審判および調停事件のいずれにも関与するものの，全事件というわけでなく，裁判官や調停委員会からの要請内容に応じて方法も異なってくる。

　ところで，「家事事件手続法」では，「子の陳述の聴取，家庭裁判所調査官による調査その他の適切な方法により，子の意思を把握するように努め，審判をするに当たり，子の年齢及び発達の程度に応じて，その意思を考慮しなければならない」（第65条），また，「子の監護に関する処分の審判をする場合には，子（15

歳以上）の陳述を聴かなければならない」（第152条）とされ，子どもの意思の尊重と意見陳述（表明）権という権利擁護が重視されている。これを具現化するために，面接技法はもとより，家族臨床や発達心理学等の知見が不可欠である。

　裁判所の業務であるため，家族法など法的知識が基盤となることは当然だが，それに加えて心理的支援を概観する。

1．夫婦関係

　家庭裁判所の家事調停で最も多いのが離婚等の夫婦関係調整事件であり，調停で解決できない場合人事訴訟となる。離婚に伴う財産分与や慰謝料の紛争でも，相手に対する憎しみや恨みを金や物に置き換えて争っている場合もある。また，子どもの奪い合い（親権の争い）や別居中又は離婚後の親子間の面会交流についても，両親の紛争に巻き込まれて板挟みになったり，一方の親との関係が絶たれたり制限されたりすることで，子どもの心が深く傷つくことへの心理的理解が不可欠である。さらに，DVの夫婦関係の問題では，心理的ケア（メンタル・サポート）について配意することが重要となる。

2．親子関係

　虐待する親が子どもを養護施設等に入所させることに同意しない場合に，児童相談所等がその承認を家庭裁判所に求める「児童福祉法28条1項事件」がある。親権喪失宣告事件とは異なり，親権停止も含めて将来にわたる継続的な親子関係を前提としたものであり，家族臨床の手法を駆使して，親子関係の再構築に向けた援助や支援が喫緊の課題である。それは，子どもの健全な成長のために必要であり，児童虐待の親子関係が再生産される「世代間連鎖」を阻止するものとなり得るからである。

3．親族関係

　親族関係の紛争には，高齢者虐待，老親の扶養，そして，遺産分割など高齢者が関わる問題が多く，高齢者医療や認知症高齢者への心理学的支援などの知見が必要である。特に遺産分割は，親族間の「骨肉の争い」となることも多く，親族関係がすべて崩壊することのないよう，きょうだい間の激しい葛藤に対する臨床心理学的アプローチが必要になる。

◆学習チェック表

☐　非行臨床のシステムについて理解した。
☐　犯罪臨床のシステムについて理解した。
☐　被害者支援の概要について説明できる。
☐　家事事件について概要を説明できる。

より深めるための推薦図書

　　藤本哲也・生島浩・辰野文理編著（2016）よくわかる更生保護．ミネルヴァ書房．
　　法務省法務総合研究所編（2022）令和4年版犯罪白書．[常に最新年度版を参照すること]
　　日本犯罪心理学会編（2016）犯罪心理学事典．丸善出版．
　　日本更生保護学会編（2021）更生保護学事典．成文堂．

　　文献（推薦図書も参照）
廣井亮一（2015）家裁調査官が見た現代の非行と家族．創元社．
廣瀬健二（2021）少年法入門．岩波書店．
國吉真弥（2017）矯正における心理学の活用．罪と罰（日本刑事政策研究会），54(4); 57-75.
長井進（2004）犯罪被害者の心理と支援．ナカニシヤ出版．
生島浩・村松励編（2007）犯罪心理臨床．金剛出版．
生島浩・岡本吉生・廣井亮一編（2011）非行臨床の新潮流．金剛出版．
生島浩（2016）非行臨床における家族支援．遠見書房．
角田亮（2017）更生保護と心理学．罪と罰（日本刑事政策研究会），54(4); 76-86.

第9章

産業・労働分野における
公認心理師の具体的な業務

菅野泰蔵

⃝﹣ *Keywords*　EAP，うつ病，職場の人間関係，ストレスチェックテスト，生産性，働く人の
ストレス，復職支援

　我が国においては，産業・労働分野における心理専門職（以下，心理士）の活動は，1990年代以降，躍進することとなった。当初，1970年代から80年代では，企業に雇用された心理士が，その会社の従業員に対してカウンセリングを行うことが主であった。ただし，教育や保健医療と違い，この分野ではメンタルヘルスやカウンセリングへの知識や理解が浸透しておらず，カウンセリングを導入する企業はごく稀であった。

　ところが，バブル経済の崩壊とともに，過度のプレッシャーや働き過ぎによって，精神的に失調した人々が急増するという大きな問題が生じてきた。これには企業上層部も困惑することとなり，従業員のメンタルヘルスについて考えざるを得なくなった。その際，医療費の抑制そして予防という観点から，事後対処的な医療中心の体制よりも，活動幅の広い心理士の能力が求められることになったのである。

　このニーズに応えたのが，おもに90年代に次々と立ち上がったEAP（employee assistance program；従業員支援プログラム）をもっぱらとする会社である。そのような医療以外の受け皿が設けられたことで，多くの企業がこれと契約することとなった。それによって，企業は，従業員に対してより細やかな配慮義務を確立することができ，同時に，この分野の心理士の数も急増したわけである。

　このようにして，現在の産業・労働分野では，企業に直接雇用されている心理士は少なく，ほとんどがアウトソーシング会社の所属となっている。これに加えて，休職者が復職するためのリワーク・プログラムなどに乗り出した病院やクリニックも産業・労働分野のメンタルヘルスの一助となっている。

　このようなアウトソーシングシステムが築かれてから20年以上が経ち，安定

期にある現在，産業・労働分野における心理士の仕事はなお漸増し，これにかかわりたいという心理士も増えている。この章では，そうした希望を持つ人のために，産業・労働分野では必携の基本的な知識や認識について解説する。

■ I　産業・労働分野での発展小史

　前述したように，90年代以降の産業・労働分野での心理士の活躍や発展に寄与したのは，数々設立されたアウトソーシングのEAP会社である。すでにアメリカではそうした事業が当たり前となっていたが，メンタルヘルスやカウンセリングというものが社会一般に浸透していない日本はかなり後塵を拝したかに見える。

　しかしながら，アメリカでEAPが登場した背景とは，従業員にアルコール依存症が蔓延するという，およそ生産性を上げる目的の職場にあっては非常に深刻な問題があったためである。一方，日本においては，戦後の復興からの生産性の高まりとともに屈指の経済大国として君臨していた。しかし，その絶頂期であったバブル景気が弾け，そこからの長引く不況によって会社の体質はかなり変化していった。その背景の中から，過剰な労働やハラスメントによるうつ病，うつ状態が急増し，その対策としてEAPのニーズが高まったというのが近年の経緯である。

　それ以前の産業・労働分野におけるメンタルヘルス対策とは，産業医との契約が主であり，ごく稀に心理士を置く企業があるというのが実情であった。しかしながら，このような内部EAPでは，人事部による評価を怖れる従業員が面談に行かないこと，本社以外の従業員にまでサービスが行き届かないこと，面接室の設置や人件費等の経費がかかることなどがマイナスポイントとしてあげられる。

　これに対して，外部EAPの場合では，相談内容の秘密は厳守され，契約先によっては全国的にサービスが受けられ，そして直接に心理士を雇用するよりもかなり経費が抑えられることなど，かなりの利点があった。おりしも，厚生労働省が企業に対してメンタルヘルス対策を促進するようになった潮流の中で，それまで医療以外の対策を講じていなかった企業にとって，外部EAPの存在は，さまざまな意味での負担もなくメンタルヘルス対策を講じることができる絶好の受け皿だったわけである。

　もちろん，内部EAPには，産業医と連携しやすいなどのよりきめ細かいサービスができるなどの利点もあるが，不況の時代にあって，人件費等にとどまらない経費節減という大きな流れの中では，これを拡充するという選択肢はほぼなかっ

たと言える。

　このようにして，90年代半ば，団体契約による心理士のカウンセリングサービスに先鞭がつけられると，これに追随したEAP会社が次々と立ち上がり，企業のメンタルヘルス・サービスはひとつの産業として成り立っていった。しかし，活況を示すことにも弊害はあり，臨床心理士のような専門資格を持たない者の参入も多く，そのクオリティは玉石混淆なのが実情ではある。

　EAPを掲げるアウトソーシング会社は100社以上あると推定でき，人口の20～30％以上が何らかのかたちでこのサービスを受けられることになった。このような変化は，心理士の側からも喜ばしいことではあるが，数多あるEAP会社の中で，心理士がトップにいて経営や運営をする機関はごくまれという実態，心理面接に関わるスタッフ全員が臨床心理士という機関もごくまれという実態を見れば，今後はより実力のある心理士を擁し，質の高いサービスを提供できる会社だけが生き残っていくことになると思われる。

II　組織の変容とうつ病の急増

1．組織の変容

　厚生労働省による5年おきの調査によれば，働く上で何らかのストレスを感じている人は約60％というところである。そして，ストレスの要因としては，1位が「職場の人間関係」，2位が「仕事の質」（「やりがい」と言い換えてもよい），3位が「仕事の量」となっている。このストレスの要因ベスト3は，長い調査期間においてほぼ不動である。

　とくに，つねに上位にある「人間関係」「やりがい」は，数字やかたちではあらわされない要因であり，多くの人のストレスとは，待遇や仕事量という数字やかたちにあらわれるものよりも，心理的な問題であることがわかる。

　とりわけ，「職場の人間関係」の問題はストレスの中核的な要因である。不況の中で，ほとんどの企業が採用した評価方式は，それまでの年功序列主義を廃した，アメリカ型の成果主義であった。成果を上げればそれに応じた報酬が与えられるというこの方式は，いかにも公平な利益の分配であるとして当初従業員には好意を持って迎えられた。しかしながら，成果主義が広まり，誰もが自分の成果を上げることだけに邁進するようになると，日本企業の風土は一変した。例えば，隣席の同僚が不在であるときに電話が鳴っても，誰もその電話を取らないといった現象が起こってきた。あるいは自分自身の成果を上げるために，部下を踏み台に

したり，成果を横取りするような管理職も増えた。

　そしてまた，体力と知識や経験のバランスがよい30代クラスの社員は成果を上げやすいが，まだ知識や経験がおぼつかない20代，あるいは知識や経験はあっても体力が失われている40代以降の社員には，いくらがんばっても成果を上げられないという結果が待っていた。がんばっても報われないことが続き，その結果昇進や昇給もかなわず，後輩が自分の上司になっていくような状況になったとき，それでも奮起できる人は多くない。すなわち仕事への「やりがい」を感じられなくなっていく。不況に対して企業が採用した成果主義は，実は，多くの人から働くことの「やりがい」を奪ってしまった部分が大きく，全体の業績が上がらない一因にもなっている。

　中でも最もマイナスとなったのは，成果を上げるために，他の社員と協力したり，助け合うというような姿勢が失われていったことである。会社とは組織でありチームであり，個々の力が結集したときにプラスアルファが跳ね上がるものだ[注1]。中でも，以前の日本の企業や組織は，集団主義や家族主義と揶揄されるところもあったにせよ，そうした集団の力が存分に発揮され，世界でもまれな経済立国となったのである。それは世界的に高く評価され，欧米の企業は，自らの個人主義傾向の強さを反省し，日本的な組織のあり方を取り入れようとしていたのである。しかしながら，深刻な不況を迎えたとき，経営者たちは，会社本体を守るために，日本企業の最たる強みであったものを自ら手放してしまったのである。

２．うつ病の増加

　この結果，皆で協力し，助け合うという仲間意識は非常に薄弱となった。それどころか，成果主義の下では，自分を優先するよりも他や全体を優先する人，皆で協力し助け合うという姿勢を持っている人はあまり評価されず，大きな声で主張し，ひたすら自分の成果を上げようとする利己的な人が高い評価を得ることとなった。そして，そのような人が昇格し上司となっていくわけであるから，パワハラが横行し，職場の空気はさらにギスギスしていく中で，生産性はさらに低いものになっていくという悪循環にはまっていったのである。

　働く人におけるうつ病の急増がこうした経緯の中で起こっている実情を理解することは，産業・労働分野で仕事をする上で重要である。なぜなら，企業が利益

注1）例えば，2016年のリオ・オリンピック。陸上の男子400メートルリレーで，日本チームは9秒台の選手が一人もいないにもかかわらず銀メダルを獲得した。個々の力でなくチームで戦うことが日本の強みであることの好例である。

を追求する立場にある以上，生産性の高い職場づくりに貢献することこそが心理士の大きな役割だからである。そのためには，このような経緯を踏まえ，利益の追求と従業員の心身の健康という問題とのジレンマにともに向かい合っていかなければならないのである。

■ Ⅲ　産業・労働分野における心理士の仕事

　EAP の仕事は多種多様であり，この分野での仕事をほぼ網羅しているのでこれを紹介する。EAP のコンテンツは以下のようなものだ。

1．カウンセリング

　EAP の場合は対面の面接以外の方法を充実させているのが普通である。理由は2つあり，まず基本的に日々忙しい人を対象としていること。そして対象者が全国にいる場合，カウンセリングルームが至近にない場合が多いからである。そしてそれらのカウンセリングにも独特のルールが設けられている。このルールは各社によって細かいところが違うので，EAP 大手の A 社の場合を紹介する。

　面接カウンセリング：1回，50分。年間5回までは無料。
　電話カウンセリング：相談時間は約20分で，一日一度までの利用とする。
　WEB カウンセリング：WEB 上での文章のやりとりによる相談。いわゆるメール相談である（これは著者の個人的な見解だが，返信には数日が必要となるなど，メール相談の実効性には疑問符が付く）。

2．ストレスチェックテスト

　以前には，各社自作のテストを施行していたが，厚生労働省が示したチェック項目を無料で使用することができるようになると，こちらを採用する会社が増えた。ただし，これはテストとしての精緻さはない。
　従業員はこれらのテストを受け，その結果によっては産業医との面談，あるいは他の専門家との面談を薦められることになる。テストは強制の場合もあるし任意の場合もある。が，ほとんどの場合は会社に個人の結果を知られることのないよう配慮されている。

3．出張カウンセリングおよびコンサルテーション

　EAP では，面接室で待つだけでなく，職場に出張してカウンセリングやヒアリ

ングを行う場合もある。その場合には，会社の会議室等を使用し，自ら希望する者，ストレステストの高得点者，会社が気にかけている人などと面接することになる。

　また，そのときに困っている問題について，上司，人事部，役員などの話を聞き，ケースに応じてその対処法をコンサルテーションしていく仕事もあり，その場合も出張仕事になることが多い。

4．危機介入

　不祥事を起こした会社，自殺者が出た会社などに請われて出張する場合もときにはある。このようなとき，会社内部はかなりの機能不全をきたしており，場合によっては会社の存亡がかかっている場合もある。おもな仕事は，その事件にかかわりのあった社員との面接であるが，うつ状態に陥っている人や心身の変調を訴える人も多い。心理士はそうした社員との面接の所見と今後の見通しについて上層部に報告し，今後の対応について意見を述べたり，自殺の場合などは遺族とのかかわり方についてのコンサルテーションを行うときもある。

5．復職支援

　復職を目指す人たちのために，さまざまなサポートをするのが復職支援である。
　本格的な復職支援では，復職希望者を集め，グループワークをしたり，疑似オフィスを設けるなど大がかりとなるために，行政の機関や共済の病院などに限られる傾向がある。その場合，復職希望者は数カ月に渡って通所し，復職可能な水準に達したと認められると退所となり，それぞれの会社と復職の手続きに入っていく。ただし，休職者全体から見ればこのような施設を利用できる人は少なく，多くは個人面接の枠の中で行われているのが実情である。
　また復職プログラム[注2] が完備していない企業も多く，そのために本人に合わせたプログラムを，職場の人とともに作成するときもある。

注2）休職者がせっかく復帰をしても，再度休職になってしまう例は多い。これを防ぐため休職者が職場に復帰する際には，無理なく復帰できるようにリハビリテーションの期間をおく。3カ月の休職では1カ月ほどを復職プログラムの期間にあてるのが平均的なところで，1週目は週3日の出勤で午前中のみ，2週目は週5日午前のみ，3週目は週5日早上がり，4週目は定時まででフルタイムと，徐々に勤務時間を増やしていくのが典型である。
このプログラムを決めるときに不可欠なことは，作成時に本人の了解を得ること，プログラムを進めるごとに本人の意思を確認すること，プログラム消化を本格復帰の絶対条件とはしないことなどがある。

6．講演・研修

　90年代以降，企業のメンタルヘルスにかんする関心は格段に高まった。とは言え，その本質がどれほどに理解されているのかは心許ないものがある。そこで，いまだ理解の薄い層に対して，心理士がメンタルヘルスの講演を行うケースもある。

　その対象は，一般従業員の場合もあるが，全員を対象とするのは時間とコストから難しく，管理職が対象となる場合が多い。とくに，メンタルヘルスの一般的な普及の終わった段階になって，管理職研修のニーズは非常に高まった。うつ病やうつ状態が蔓延する状況にあって，精神的に調子の悪い部下たち，復職してくる部下たちに対し，どのように接していいのかわからない上司が多くいるからである。またあるいは，近年，発達障害という言葉が一般的にも広まった影響もあるのか，発達障害と目される社員への対応に苦慮する上司も多く，この研修は企業にとってたいへんに重要なものとなっている。

7．その他

　企業や組織と直接かかわることはないが，労働分野での支援をする心理士もいる。例えば，ハローワーク（公共職業安定所）に所属する心理士は人々の就職活動を支援している。ハローワークの心理支援では，精神疾患によって離職した人や，さまざまな理由から長年就職をせずにきたり（ニート），ひきこもりをしていた人を対象にすることが多い。また，学生，求職者，在職者等を対象に職業選択やキャリアアップに関する相談・助言を行う専門職であるキャリアコンサルタントという資格もある（国家資格である）。このキャリアコンサルタントを併せもつ心理士もいて，大学等の教育機関でのキャリア相談や人事関係の部署に在籍をしている。福祉分野に入るが，就労につながる福祉作業所などでの心理士もいる。

■ V　産業・労働分野で必要なこと

　心理士が産業・労働分野で仕事をするに当たって必要不可欠なものはおもに次の3点である。

1．面接，応答の技術

　産業・労働分野で仕事をする場合，クライエントを理解するには，自分自身の

働いた経験がある程度ものを言う。働くことの楽しさや苦しさ，不条理と思えるさまざまなことなど，長い経験があればそれに越したことはない。したがって，あまり若いうちは向いていない分野ではある。まずは他分野，できれば多様な職場で経験を積み，面接の腕を磨くのが望ましい。何しろ，相手は30代から40代以上が多く，企業の管理職クラスも多いので，若いうちはどうしても気後れするのが普通であるし，クライエント側も若いカウンセラーには不信の気持ちを抱くものである。

2．保健医療分野の知識と経験

もっとも多いケースは，うつ病やうつ状態と目されるものであるので，そのあたりの判断ができるかどうかはこの仕事の肝である。投薬が必要か，休息が必要か，医師の診断は適切か，薬の処方はどうかなど，そういったクライエントに会うときは，精神科の問診に近いものとなる。したがって，産業・労働分野で仕事をするためには，精神科や心療内科での経験は必須である。とくに，近年はうつ病とは言えない「うつ状態」レベルがたいへんに多いので，その差異を多少なりとも見極められるだけの経験があることが望ましい。

3．企業・組織（官公庁も含む）に対する具体的知識と理解

多くの心理士は企業で働くという経験を持たないので，会社というものの構造が理解されていない場合がある。例えば課長や次長，部長との違い，正規社員と非正規社員の違い，役員と執行役員との違い，あるいは一般企業と同族企業の違いなどがわからないと支障をきたすこともあろう。さらに，有休，欠勤，病欠といった休業の違い，休職の規定や退職の規定などの基本的な知識が必要であることはもちろん，規定にしても，労働法を踏み外さない限りは企業によってはまちまちであるので，それぞれのケースでの正確な情報を収集していかなければならない。

4．その他

①コンサルテーション

教育分野では子どもの相談で来る親や教師のケースがあるように，産業・労働分野では部下や社員のことで上司や管理職が相談に来る場合も多い。そこで求められるのは，当該の部下に対する適切な見立てと，上司や会社として，どう対処したらよいか，どうすべきかを説明する力である。当然かなりの経験を必要とす

る。

②産業・組織心理学の知識

　企業は利益の追求を旨とし，意志決定にはつねに経済原則が先行する。ところが，それが過剰であると，働く人の心理的ストレスが増加し，結果的には生産性が下がるという悪循環を生み出す。古くは「ホーソン研究[注3]」，新しくは厚生労働省の調査など，職場の人間関係ややりがいなどが最も生産性にかかわるという見解があるにもかかわらず，日本の経営層はそうした心理的な側面は考えの外にあることが多い。

　福利厚生ばかりでなく，産業・労働分野での心理士の役割を大きな視野でとらえるならば，偏重しがちな企業の組織のあり方をより健康で生産的なものにしていくことにあろう。したがって臨床的なものだけでなく，集団や組織について社会心理学的に見ていくことが必要なのである。

③実効性と即効性

　産業・労働分野でのカウンセリングは，他分野よりもはるかに実効性，即効性が求められる。とくに EAP でのカウンセリングは短期終結であり，限られた回数でお客に満足してもらわなければならない。そのような技術を身につけるのは時間がかかるが，とりあえず一般的な解決法を多く持っているのが有効である。例えば，「この不安やイライラをどう鎮めたらいいですか？」「気持ちをリラックスさせるにはどうしたらいいですか？」といった質問がある。

■ VI　典型的な事例から学ぶ

　次のような方が相談に訪れた。このような事例に対して心理士はどうするべきかを解説する。

　ケース：32 歳，男性，入社 10 年，現在メーカー営業部主任。この 4 月から異動してきた課長のもとで仕事をすることになったが，この課長が非常に厳しく，毎日叱責されているうちに不眠，起床時の倦怠感，動悸などに悩まされるように

注3）Mayo, G. E. による労働者の作業能率と職場環境の関係を分析する研究。1924 年から
　　 1932 年まで行われ，職場環境よりも職場における個人の人間関係や目標意識のほうが作業
　　 効率に影響を与えるとされた。ウェスタン・エレクトリック社ホーソン工場で行われたた
　　 め，その名前で呼ばれる。それまでの経営者は労働者の心理などを想定していなかったた
　　 め，この報告は産業界にも衝撃を与えた。

なる。病院に行く前にカウンセリングを希望。退職，転職を考えていると語る。

対応――その1：収集すべき情報

①不眠や倦怠感などの程度がどれくらいのものか？

　クライエントの状態についておおよその見立てを行い，状態によって，休養や受診を薦める。産業医は普通の内科医である場合も多いのでその専門性も確認する。

②上司はどういう人物なのか？

　他の部下に対してはどう接しているのかなど，上司個人の情報とともに，周囲の人たちの評判などを聞く。原因が上司にあるとすれば，服薬・休養だけではよくならない。異動など，職場の環境調整を視野に入れる必要がある。

③現状を誰かに相談したか？

　イエスならば，誰にどのように言われたかを聞く。援助資源（リソース＝クライエントの周囲のものや環境などで臨床にプラスに働くものを資源（リソース）と言う）があることは，今後にとって大きなプラスになる。

④以前に似たような状態になったことがあるか？

　イエスならば，当時の状況，原因と思われること，その状態はどう解決したのかを順次聞いていく。本人のストレス対処（ストレス・コーピングと言う）の強さ，問題解決力を把握する。

⑤休職や退職などの規定はどうなっているか？

　こうした規定は会社によって相違がある。とくに休職期間や復職プログラムの有無と内容についてはしっかりと把握する。

対応――その2：クライエントへの提案

　必要な情報を収集したならば，ここでの結論を出していく。下記の点について必ず触れる必要があるだろう。

　①心身の状態について。
　②専門医受診，投薬の要不要について。

③ハラスメントの問題について。
④本人の希望を聞いた上で，さしあたってどうすればいいかを提案。

　回答例：「あなたは軽いうつ状態にあると言っていいと思います。受診して，不眠を改善したり，気持ちを落ち着かせる薬を飲むのが即効的ではあります。いまは無理せずに，会社を休むのもいいでしょう。ただし，今の状態は上司によるハラスメントから来ているところが大きいと思いますので，薬を飲んで休んだだけではまた元に戻ってしまう可能性があります。そこで，異動を願い出るか，場合によっては，ハラスメントで上司を訴えるということも考えられます。あなたは会社を辞めたい気持ちになっているようですが，退職よりは休職，そして休職よりはまず異動を考えるほうがリスクが小さいと思います」
　著者であればこのようなことを伝える。

　この分野は社会情勢の変化や景気動向などに左右され変化が激しい分野であるが，「働く」という人生のかなりの部分をサポートするたいへんやりがいのある仕事である。皆さんの研鑽を期待したい。

◆学習チェック表
□　うつ病が急増した理由とは何かがわかった。
□　内部EAPと外部EAPの違いとは何かがわかった。
□　産業カウンセリングにおいて公認心理師に求められるものがわかった。

より深めるための推薦図書
　角山剛（2011）産業組織―キーワード心理学12. 新曜社.
　島津明人編（2017）産業保健心理学. ナカニシヤ出版.
　菅野泰蔵（2005）軽うつかなと感じたときに読む本. 講談社.

支援者としての自己課題発見・解決能力

小林孝雄

Keywords　観察，ケース・カンファレンス，研究，自己解決，自己覚知，自己課題，スーパービジョン，専門性，論文執筆

Ⅰ　はじめに

　鶴（2017）は，公認心理師養成においては，「『国民の心の健康の保持増進に寄与する』者としての職責を自覚するとともに，職責を果たすにたる能力を身に付けることができるようにカリキュラムを組むことになる」と指摘している。『公認心理師カリキュラム等検討委員会「報告書」』（2017 年 5 月 31 日）の「[1] 公認心理師のカリキュラム等に関する基本的な考え方について」の「2．公認心理師に求められる役割，知識及び技術について」の中では，知識，技術，技能，能力，という表現で，公認心理師に求められる専門性が説明されている。そして，これら専門性を備えた者として，理解，分析，評価，助言指導，相談，支援，教育，情報提供，が実際に行われることが求められている（表1）。そして，同「報告書」の [1] の「3．カリキュラム等の検討にあたっての留意点」において，科目の内容は「業務を行うに当たり，適切な知識および技能を身につけられる水準」が要請されている。

　さて，「公認心理師の職責」の科目は，公認心理師を目指す人のための導入科目である（野島，2017）。したがって，公認心理師として適切な知識および技能を，科目を通じて身につけることはもちろん，本科目では，公認心理師という職業のあり方の理解や，公認心理師としての自分をこれからつくっていくための心構えや指針，また日々の業務に携わりながら生涯にわたって公認心理師として歩んでいくための第一歩を踏み出せることが目的にも含まれている。とくに，この第 10 章と，次の第 11 章「生涯学習への準備」は，この目的に深くかかわる。本章では，日々の業務を行う中で発見すべき自己課題について整理し，課題発見のしかたと解決への取り組みについて述べる。

表1　公認心理師に求められる専門性・求められる行為

公認心理師に求められる専門性	知識，技術，技能，能力
業務において求められる行為	理解，分析，評価，助言指導，相談，支援，教育，情報提供

■ II　公認心理師としての自己

　学習中にはじまり公認心理師として業務に携わってからキャリアを積んでいくその歩み全般において，自分が，公認心理師として必要な専門性（知識，技術，技能，能力）を身につけているかどうか，また適切な行為（理解，分析，評価，助言指導，相談，支援，教育，情報提供）を実際に遂行できているかどうかは，常に確認し続けることになる。これはどのようになされるのだろうか。公認心理師全員に対して，または多様な仕事の各文脈のすべてについて当てはまるような，「ひな型」あるいは基準との照合によって行われるという類のものではおそらくない。公認心理師が行う援助は，今援助しようとする相手との関係，その援助が行われようとしている機関や関連組織，関係者や地域・社会との連携といった個別の文脈において行われる。つまり，一回一回の援助は，きわめて個別性の高い性質を持つ。その個別性において，自らの専門性と行為について，その都度，適切性は判断される。もちろん，適切性の判断のよりどころとなるような，先達の経験の蓄積により整理された原則や，研究や理論によって抽出された，より一般的な枠組みは存在する。それら一般性，抽象性を参考にしつつも，「今，ここ」の個別性における適切さの判断を行うことが重要である。

　さて，この適切さの判断は，誰によって行われるのか。公認心理師による援助は，社会的文脈において，他者に対して行われる援助であるから，その専門性と行為が，利用者や所属機関，外部機関など他者（外側）から適切性を判断されることはもちろん必要である。しかし，表1にあげたような専門性と行為の適切さは，公認心理師自らによって，常に自己確認，自己点検され，たえず課題を見出し解決の努力を続けるべき性質のものであり，またそのことは公認心理師としての職業的倫理の一部である。したがって，公認心理師は，自分自身という対象について，自らがその確認・点検の主体となり，また発見された課題の解決を果たす主体となり，解決の成果は自分自身において実現されていくことになる。すなわち，専門性の遂行において，自己課題発見・解決能力が，非常に重要となる。

Ⅲ　発見されるべき課題

　先ほど公認心理師の専門性としてあげた知識，技術，技能，能力は，学習や訓練，そして実践の経験によって身につけられ，向上を目指すことが期待されるが，対人援助においては，これらの専門性の体得，向上は，当人の資質やパーソナリティ，また態度・ありようを基盤として発展させられる。①知識や技術（テクニック）は，どの領域・職域，どの対象者にも関わるものもあれば，特定の領域・職域に限定されたものや，特定の対象者の援助に適したものが存在する。②技能（スキル）や能力（アビリティ）となると，さまざまな領域・職域固有や対象固有の技術を支えるような汎用性，基盤性が高くなり，訓練にも時間を要することになり，③またどれだけの技能・能力の向上が図られるのかは，当人がもともと備えている資質やパーソナリティなど，訓練によって簡単には実現されない性質を帯びることになる。そして，「対人」援助であること，とくに「心理に関する支援を要する」人びとに対して，自分との関係性において援助は遂行されるのであるから，知識，技術，技能，能力いずれもが，援助しようとするほかならぬその公認心理師自身の態度やありよう，人間性に根ざしている必要があり，そうなっていなくとも，あるいはそう自覚していなくとも，相手からは根ざしているものとしてみなされる。以上，公認心理師の専門性に関して，遂行における１）基盤性－限定性，2-1）領域・職域固有性，2-2）対象固有性，３）訓練可能性の観点から整理したのが表２である。つまり，確認・検討されるべき課題は，公認心理師自身の資質やパーソナリティ，態度やありようにも視野が及ぶと考えておくことが重要である。これらは，領域・職域や対象によって限定されるものではなく，また一朝一夕に身についたり，簡単に変化したりするものでもない。

　これら，知識，技術，技能，能力，資質・パーソナリティ，態度・ありよう，それぞれに関して，発見されるべき課題の種類や質，また課題を見出し特定するやり方，課題解決として目指される目標，解決の方法が異なることになろう。そして，それぞれにおける課題は，互いに密接に関連することが常である。これら課題の発見と解決は，公認心理師としての行為を実際に遂行することとの結びつきのなかで取り組まれることになる。

Ⅳ　行為を遂行する中での課題発見

　以上のような専門性を背景に，業務において求められる行為が実際に遂行され

表2　公認心理師の専門性とその基盤の位置づけ

		基盤性	領域・職域固有性	対象者固有性	訓練可能性
①	知識	○	◎	◎	◎
	技術	○	◎	◎	◎
②	技能	◎	○	○	○
	能力	◎	○	○	○
③	資質・パーソナリティ	◎	○△	○△	△
	態度・ありよう	◎	△	△	△

◎…高い　○…中程度　△…低い・難しい

る。専門性がどれだけ身についているか，適切に用いられているかは，その行為の遂行の様子に現れ，またその遂行の様子を手掛かりに検討・確認される。そして，その行為は，特定の個別性の高い文脈において行われる（図1）。

　したがって，ある特定の文脈において実際に遂行された行為を，確認・検討することから，専門性の適切さの検討が始まる。例えば，ある人に対する「理解」が適切でなかったとするならば，それは，自らの知識や技術が不十分であるとか，その用い方が不十分であるといった課題が特定されるだろうし，またその「理解」に至るための，相手との関係性を築くための技能が不十分であったり，あるいは，自らの何らかの欲求が強く働いてしまったりするといったパーソナリティの問題や，その対象者に向けるまなざしに何か偏ったものがあったといった態度・ありようにおける問題などが，課題として特定されることになろう。

　また例えば，「助言指導」が適切でなかったとするならば，それは助言のための知識が不足している場合もあるし，学校や職場などその助言指導が行われる組織に応じたコミュニケーション方法が適切でなかった場合もありうる。あるいは，対象者の置かれた環境や年齢に応じて現実的に目指しうる目標の設定に問題があった場合や，助言指導を受け入れることができるような関係者との連携体制づくりが不十分であることも課題としてありうる。

　つまり，適切な「理解」や適切な「助言指導」といった行為は，置かれた文脈やその行為を行う公認心理師を抜きにした，「正しい」基準との照合によって検討・確認されるものではなく，常に文脈と自己を含めた個別の援助実践の全体の中で検討と確認がなされるものであり，その上で特定される課題とは，公認心理師自身の自己の専門性にまつわる課題であることが多いことになる。つまり，組織やシステムの課題，心理検査やカウンセリング・心理療法のアプローチそのも

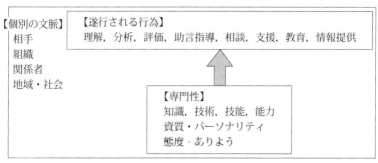

図1　専門性は個別の文脈で遂行される行為に現れる

のの課題など，公認心理師本人の外部に存在する課題が特定される場合ももちろんあるが，多くの場合，その行為の適切さを通して見出される課題とは，援助者である自己の専門性に関する課題となる。

Ⅴ　自己課題の発見のしかたとその解決への取り組み

さて，これらの自己課題は，どのようにして発見，特定されるのであろうか。行った行為，自己の専門性の適切性の確認・検討，解決の方法や機会には次のようなものがある。

1．書物・文献等との照合

本章のはじめに，専門性，行為の確認・検討作業は，「ひな型」あるいは基準との照合によって行われるという類のものではない，と述べた。もちろん，個別性の高いその都度その都度の行為が，「ひな型」や基準との照合によって適切性を判断できるものではないことは，重ねて強調しておくことだが，公認心理師の専門性を構成する要素の中には，「ひな型」や基準との照合が可能なものもある。それは主として，知識と技術に関するものである。大学および大学院の各種科目において得られた知識や，技術に関する知的理解は，それらについて記述されている書物や各種文献を読み，自らに備わっているものが適切か，十分かを検討することが可能である。理論的知識，情報のほか，心理検査の実施方法や結果の集計方法などがこれにあたる。これは自主学習や，グループ学習，研修会やセミナー，学会への参加，また発表や報告の準備や，研究の実施等の機会によってなされることになろう。

先に，知識，技術，技能，能力，資質・パーソナリティ，態度・ありよう，それぞれにおける課題は，互いに密接に関連することが常であることを述べた。知

識を備えていることが，技能の発展や態度・ありようの実現にもつながる。例えば，河合（1970）は，「クライエントに会ってあくまで受容してゆこうという態度を磨くことも大切ですが，その裏づけになるようないろいろな知識の勉強もしなければならない」（p.183）と述べている。

　領域・職域固有性ないし対象者固有性の高い知識や技術については，例えば，置かれた職場での記録や報告書などの作成方法や，関連する立場の人への報告の手順，コミュニケーションの取り方なども，何らかの文書にされたものとの照合が可能な場合も少なくない。

2．自らの実践を記録する──観察，記憶，自己覚知とその言語化

　公認心理師としての援助は，どのような形であれ記録されることは責任上当然であるが，自己課題発見のための記録も必要である。後に述べるスーパービジョンやケース・カンファレンスの資料ともなるし，記録作成時に，1）援助にまつわる事実的出来事を確認し文字という形に残すこと，また2）相手の内的過程や相手と自分との内的相互作用過程について想像を巡らしそれについても文字化すること，そして3）自らの感情や思考などの体験過程について覚知をはかりその意味について思いを巡らし言語化することは，a）自己課題発見作業の前提となる資料をつくるという意味でも，またb）その資料作成の過程そのものにおいて課題が発見されることもありうるという意味からも，重要である。記録のしかたについては，文献を参考にしたり（例えば，佐治ほか，2007, pp.229-233；熊倉，2002, pp.99-122），より経験のある専門家のやり方を参考にしたり，スーパービジョンやケース・カンファレンスの場において指示，指摘されたことを参考にしながら，身につけていくことになろう。

　自己課題発見・解決という観点から，記録されるものの中でも，自らの体験過程が重要となる（佐治ほか，2007, pp.159-169）。しかし，体験過程の覚知とその言語化，文字化は，容易にできることではない。スーパービジョンやケース・カンファレンスによって指導的立場の人からそのやり方を教わることや，後に述べるカウンセリング・心理療法体験やグループ体験，またフォーカシング体験などの自己検討体験を実際に経験することを通じて，身につけていかなければならない。

3．他者の目による検討の機会──自己作業の契機としてのスーパービジョン，ケース・カンファレンス

　先に述べたように，専門性と行為の適切さは，公認心理師自らによって，常に

自己確認，自己点検され，たえず課題を見出し解決の努力を続けるべきものであるが，その発展的契機となるのが，スーパービジョンやケース・カンファレンスである。と言うのは，自らの，ある個別的な実践行為についての他者の視点による検討は，その個別の文脈における行為そのものの適切さの実現，修正のために当然必要なものであるが，その検討から，基盤性の高い種類までを視野にいれた自らの専門性の課題発見へと，自己検討・自己確認作業をつなげていくことができるからである。スーパービジョンとは，自らの援助実践について，より経験を積んだ専門家に相談する関係のことであり，ケース・カンファレンスとは，担当者がある援助実践を報告し，専門家や援助にかかわる人たちがその実践について検討する場のことを言う。スーパービジョンやケース・カンファレンスは，専門家である指導者や参加者によって行われるため，個別の文脈における行為の検討が，その行為を行った当人の専門性を視野に入れた検討となりやすい。つまり，スーパービジョンやケース・カンファレンスでの検討が，援助者の資質やパーソナリティ，態度やありようを，たとえ検討のテーマとして明確にされずとも，そのレベルでの課題が浮き彫りにされたり，少なくとも当人が自己課題として課題化するために役立つ検討がなされたりする場合が多い。そのように，自己課題発見へと検討を自ら発展させることが必要であり，そうして発展させられた自己課題発見のための内的作業は，当人に内在化され，自己による常に行われる自己確認，自己点検の作業へと発展されるものとなる（例えば，Casement, 1985/1991, pp.34-82）。

　そして，これはなにも専門家による検討の場だけにおいてのみ可能なことではない。日々の職場における，多種さまざまな立場の人からの，自らの実践行為への評価や指摘は，その当該の実践行為の確認や修正だけでなく，そこを入口として，自らの専門性の確認，検討作業へとつなげることが可能であり，またそのような自己確認，自己検討作業へのつながりを常に意識することが必要である。例えば，スクールカウンセラーとして，学校での自らの言動やふるまい（行為）に関し，教職員から，さまざまな指摘を受けることがある。その指摘を受けて，その後の言動やふるまいのレベルでの修正，改善はもちろんのこと，そのような言動やふるまいとして現れた自己の専門性についての検討も可能である。それは，知識，技術の面といった限局的なレベルから，態度・ありようといった基盤的なレベルまで，関連させて検討することができる。村瀬ら（2000）は，「勉強というのは，自分と同じジャンルの人の言動だけが勉強の対象ではなくて，違った領域の人が私たちの仕事をどう見ているかという，そこから何かを学びとろうとしていくことは，逆に自分を相対化する視点を獲得する糸口」であると指摘している（p.20）。

ところで，このような自己検討の作業ができるためには，スーパービジョンやケース・カンファレンスにおいて，自己に向けられた熟達者の検討の道筋や着眼点を，自己内での作業として内在化することが必要である。スーパービジョン，ケース・カンファレンスなど，他者の目によって自己が検討される機会を持つことの重要性はここにもある。また，他人が検討されている様子を見ることも，この自己検討作業の内在化に役立つ。研修会や学会での事例検討に参加することや，事例論文を読むことも有効な機会となる。このように，自己作業として内在化されるからには，内在化されるスーパービジョン，ケース・カンファレンスは，建設的な自己課題発見と解決のために役立つものであることが望ましい。与えられた機会だけでなく，また誰かの真似のようになるのではなく，さまざまな機会に接し，これはという人，機会を自ら見出すことがよい。

4．カウンセリングや心理療法，グループ体験

　専門性のうち，基盤性の高い，資質やパーソナリティ，態度やありようについて，ある行為の検討を入口として自己課題を見出すために，また見出せるようになるために，カウンセリングや心理療法，グループの体験など，自らが当事者となっての自己検討作業の場に身を置くことは必要なことである。これらの体験なしに，日々の実践行為の検討から，基盤性の高いレベルでの自己課題発見につながるような自己検討作業を行うことはほとんど不可能と言ってもよい。そして，これらの体験は，見出された課題の解決のための方策ともなる。

　なお，このカウンセリング，心理療法，グループ体験は，自己課題発見と解決のために不可欠であるが，それは，何らかの実践行為の検討を契機に行われる場合や，自己検討作業を可能にすることを目的に行われる場合もあるが，そういった契機の到来にかかわらず，公認心理師としての生涯学習の1つの柱として行われるものであろう（本書第11章「生涯学習への準備」）。教育分析や教育カウンセリングなど呼び名はさまざまあるにせよ，そのような体験を訓練の要件としているアプローチもある。生涯学習の積み重ねによって，自己課題発見の眼も育ち，また立てられる解決の方策も適切さを増していくことになる。公認心理師として熟達していくにつれ，熟練に応じて課題はどんどん見えてくる。山に登ることができるようになれば，谷底に降りることができるようになれば，登った高さ，降りた深さに応じた景色が見えてくる。その意味から，生涯学習への取り組みと，自己課題発見・解決は不可分な営みであり，課題が見出され尽くしたり解決され尽くしたりすることはない。村瀬ら（2000）は，「習熟というのは迷い方の質と

量がより分化して，それでそれを次のものを発見しかけたけれども，また迷いが
あって，また次にいくと螺旋階段を回っていることであって，決して到達点があ
るわけではない」（p.195）と述べている。また佐治（1995）も「カウンセラー
はいつまでたっても，もうこれで大丈夫ですという，お墨付きをもらえるわけで
はない」（p.268）と述べている。

5．公共性のある言語での発信──研究する・論文執筆を行う

　精神科医の成田（2011）は次のように述べている。「論文を書くということは
自分と患者の二者関係から自分と患者と読者という三者関係に入ることになるの
で，自分と患者の二者関係から距離をとってその関係を客観視することが必要に
なる。そういう目を養うことは臨床に役立つ。研究者としての姿勢を持たずにい
ると，その人の臨床はしだいに我流の，恣意的なものになる危険性がある。ひと
つ論文を書くことで，臨床家としてひとつの階段を上ることができる」（p.37；引
用者注：成田は「患者」と表記しているが，これは「クライエント」でもよいだ
ろう）。また続けて，「経験とはことばによって範疇化され，定着されてはじめて
真の経験になるので，ことばにならないということは，その経験が曖昧で漠然と
している，つまりきちんと経験されていないといことである」（p.38）とも指摘し
ている。

　ここまであげた１．から４．までの機会等によって，自己確認，自己検討の作
業が内在化し，また自らの成長，変化によって自己作業において見えてくるもの
も変化していく。公認心理師として身についてきている自己検討作業が，果たし
て適切なものであるのか，その作業そのものを確認・検討するためにも，公共性
のある言語によって，専門化集団へと発信することが必要である。自己検討のた
めに自らが用いている概念や言語，思考の道筋が，心理学的援助（心理的援助，
心理支援）を行う一員として適切であるのかどうかを問い，またあらたな自己課
題を発見する機会として，研究や論文執筆を行うことは有効である。ケース・カ
ンファレンスや研修会などで，参加するだけでなく，自らが報告者となり発信す
ることもこの意味で重要なことである。特に，研究や論文執筆は，１．から４．
までの機会をすべて動員する機会となる。

Ⅵ　おわりに

　成田（2011）は次のように述べている。「何にもまして大切なことは患者から

学ぶということである。患者の言動一つひとつが，われわれに患者について，そして治療者であるわれわれについて，それから人間というものについて，教えてくれる。そういう気持ちをもって患者に接し続けることが，精神療法家として成長するためにもっとも必要なことである」（pp.41-42）。支援者としての自己課題発見・解決は，公認心理師としての生涯にわたって取り組まれることになる。次の第 11 章と併せて理解，準備するべきものである。

◆学習チェック表
☐　公認心理師として自己課題発見，自己課題解決が重要であることを理解した。
☐　自己課題発見，解決の方法と機会について理解した。
☐　自己課題発見，解決が，公認心理師として生涯にわたって取り組むべきであることを理解した。

より深めるための推薦図書
　　河合隼雄（1970）カウンセリングの実際問題．誠信書房．
　　村瀬嘉代子・青木省三（2000）心理療法の基本―日常臨床のための提言．金剛出版．
　　成田善弘（2011）精神療法を学ぶ．中山書店．
　　佐治守夫・岡村達也・保坂亨（2007）カウンセリングを学ぶ―理論・体験・実習―第
　　　　2 版．東京大学出版会．

文　　　献
Casement, P.（1985）*On Learning from the Patient.* Routledge.（松木邦裕訳（1991）患者から学ぶ．岩崎学術出版社.）
河合隼雄（1970）カウンセリングの実際問題．誠信書房．
熊倉伸宏（2002）面接法．新興医学出版社．
村瀬嘉代子・青木省三（2000）心理療法の基本―日常臨床のための提言．金剛出版．
成田善弘（2011）精神療法を学ぶ．中山書店．
野島一彦（2017）公認心理師の職責．In：野島一彦編（2017）公認心理師入門―知識と技術．日本評論社，pp.8-11.
佐治守夫（1995）私のカウンセリング．In：近藤邦夫・保坂亨・無藤清子・鈴木乙史・内田純平編（2006）臨床家佐治守夫の仕事3［エッセイ・講演編］臨床家としての自分をつくること．明石書店，pp.236-273.
佐治守夫・岡村達也・保坂亨（2007）カウンセリングを学ぶ―理論・体験・実習―第 2 版．東京大学出版会．
鶴光代（2017）公認心理師養成カリキュラムの概要．In：野島一彦編（2017）公認心理師入門―知識と技術．日本評論社，pp.2-5.

生涯学習への準備

板東充彦

Keywords　学会参加，継続教育，生涯学習，心理職の成長モデル，職業倫理，スーパービジョン，ピア・サポート，副次的学習，問題解決能力

Ｉ　心理専門職の生涯学習

　社会情勢がめまぐるしく変化する昨今，公認心理師が対応するべき問題群とその性質，および対応に必要とされる知識は日々進展している。このような現状において，私たちが身につけた知識は時代遅れのものとなり，廃れていくリスクを抱えている。Neimeyer ら（2014）は質問紙による調査を行い，心理学知識の「半減期」を約 10 年と算出した。資格取得後の研鑽を怠ると，10 年後，私たちが習得したはずの知識の半分は使えないものになってしまうというのである。そのため，アメリカにおける心理学的支援（心理支援，心理的支援）の職能団体でもある APA（American Psychological Association ／アメリカ心理学会）においても，また本邦の公認心理師法第 43 条においても，資格取得後も研鑽を続けていく「生涯学習（lifelong learning）」が職業倫理の 1 つとして位置づけられているのである。

　心理専門職の生涯学習については，"*APA Handbook of Clinical Psychology*" 第 5 巻第 9 章に，その歴史も踏まえつつ明瞭にまとめられている。当ハンドブックにおいて生涯学習は下記の 4 つに分類されている。

1）認定研修機関による継続教育（Formal Continuing Education）：ワークショップ・ウェブセミナーの受講等。
2）個人による継続教育（Informal Continuing Education）：学術論文・専門書の購読等。
3）副次的学習（Incidental Learning）：専門委員・論文審査・ワークショップ講師等。
4）認定研修機関外での学習（Nonformal Learning）：学会参加・職場内事例検討会・

大学主催のセミナー等。

　認定研修機関によって定められた教育機会から自主的に行う学習まで，また当該学習を目的としたものから副次的に学びが得られるものまで，生涯学習の機会がさまざまに存在することがわかる。

　アメリカにおいても，研修ポイント制の確立など継続教育の義務化を巡って紆余曲折があった。受講者の負担感や罰則的な意味合いという否定的側面の指摘もあるが，現在においては行政区とAPAの協働による継続教育の義務化がほとんどの州で実現されており，生涯学習は心理専門職にとっての職業倫理として明確に位置づけられるようになった。しかしその一方で，受講の費用や利便性といった側面からのみ研修機会を選択するような，意識の乏しい者たちの存在も指摘されている（Taylor & Neimeyer, 2016）。

　本邦における「『公認心理師のカリキュラム等に関する基本的な考え方』を踏まえたカリキュラムの到達目標」では，生涯学習について次のように記載されている（公認心理師カリキュラム等検討委員会，2017）。

　　2．問題解決能力と生涯学習
　　2-2．社会の変化を捉えながら，生涯にわたり自己研鑽を続ける意欲および態度を
　　　　身につける

　本章のタイトルである「生涯学習への準備」とは，この項目の後半部分である「（生涯学習の）意欲及び態度を身につける」ことを指している。

　ここで改めて，Ronnestad & Skovholt（2003）が提示した心理職の成長モデルを参照し，公認心理師としての発達過程を視野に収めてみよう。このモデルによると，心理職の成長は「素人援助期」「初学者期（修士課程の頃）」「上級生期（博士課程の頃）」「初心者専門家期（臨床経験5年程度）」「経験を積んだ専門家期（臨床経験15年程度）」「熟練した専門家期（臨床経験20年から25年）」という6期に分けられ，各期に専門職の発達課題があることが分かる（日本心理研修センター，2019）。公認心理師の資格を取得するまでの初学者期までを「養成段階」と呼ぶなら，当モデルの上級生期以降を「研修段階」と呼ぶことができよう。心理専門職の学びが生涯にわたり必須であることは前述した通りだが，養成段階において，その準備をすることが求められているのである。

　しかし，養成段階においては，まさに「心理に関する支援」（公認心理師法第2条）の知識と技術を学ぶことに精一杯であろう。資格を取得する以前に，資格を

取得した後の研修段階にまで思いを馳せる余裕はないのが現状であろう。だからこそ養成段階における「生涯学習の準備」を論じる意義があるのだが，これについて言及している文献はほとんどない。

　そこで，本章を執筆するに当たっては，まず金沢（2004），下山（2001），浅原ほか（2016）等，心理専門職の発達に関する論考を参照した。また，津川・安齊（2007ab），一丸（2002），団（2002）等の書籍により熟練の心理専門職の軌跡を追い，さらに身近な心理専門職や筆者自身の学びの過程を振り返ることで，生涯学習への準備に関するポイントを整理した。これらの作業により抽出された養成段階の心得は下記の通りである。

■ II　養成段階の心得

1．「自分」の意識化

　公認心理師カリキュラムに従って，私たちは養成段階において心理学的支援に関するさまざまな知識を習得する。例えば各種の心理検査や心理療法の基礎知識を踏まえた技術は，公認心理師にとって必須の「道具」である。しかし，ここで仮に道具と言う場合，何よりも確実に手に入れ，そして磨き続けなければならないのは「自分自身」である。私たちは，自分をもってクライエントに対峙し，心理学的支援を行っていくのである。この自分の取り扱い方を学ぶということが，他の専門職と公認心理師を分かつ大きな特徴の１つである。

　各種の心理検査や心理療法等の道具の習得は大変難しい。単なる理論で終わらず現場で使用できるようになるには十分なトレーニングが必要である。これらに比べて，自分という道具がさらに厄介なのは，第１に自らを俯瞰して捉えて扱うことが困難ということである。そして第２に，教科書が存在しないことである。唯一無二の存在である自分に対して本当の意味で関心を抱いているのはこの私しかいない。

　養成段階にいる学生のほとんどは，恐らくまだこのことに思い至っていない。思春期以降，自分の意識化は可能になるが，公認心理師の道具として十分に活用するための意識化には至っていない。言葉で理解する以上に，それを想像すること，および，その意味を捉えることは非常に難しい作業である。したがって，養成段階において自分の意識化を試みることが重要であり，生涯にわたって成長・変化していく自分を捉える視点を手に入れることができる。もちろん，この作業は生涯にわたって続いていくものである。

「自分」を照射する必要性と方法は本シリーズの随所に見られるが, 特に本書第10章「支援者としての自己課題発見・解決能力」はその導きになるだろう。いまだ心理に関する支援の現場に出ていない養成段階の学生においても,「自分」は常にここにおり, 周囲の環境と関わっている。その意識化を高めることが生涯学習への準備となる。

2．屋台骨を作る

　養成段階の学びに関して, 藤岡淳子は「自分の屋台骨作りみたいなことをすべきだということですね。腰の据わった人間になるための土壌作りが本当は活きるんじゃないか」(津川・安齊, 2007a, p.103) と述べている。また, 平木典子は「カウンセラーっていう仕事は本当に自分がこれで生きることに意味があるって思っていなかったら, たぶん挫折すると思います」(津川・安齊, 2007b, p.101) と言う。

　ここで述べられているのは,(心理専門職としての) アイデンティティの構築についてである。資格を取得する前の養成段階において, 私は心理に関する支援について学んでいるが, なぜ公認心理師になろうとしているのだろうか? どのような公認心理師になることを目指しているのだろうか? いや, そもそも本当に公認心理師になりたいのだろうか……? このアイデンティティの問題は, 生涯学習と関わりが深い。なぜなら, 公認心理師としてのアイデンティティが崩れる, あるいはそもそも資格を取得することのみを目標としているような場合は, 研修段階において積極的に学びを継続していく意思と気概が生まれてこないからである。今後, 卒後研修制度が充実していくとしても, 公認心理師である自分の屋台骨が築かれていないと, ただ漫然と学問状況の変化に従うことに終始して自らの学びとなっていかない。つまり, 気がつくと足元を見失うという事態になりかねない。

　いわゆる「臨床感覚」を磨くことがこれに連なる。この感覚は, 専門知識を習得するだけでは手に入らず, 学問的な知識と技術が自分自身の生き方と合わさることにより調整され, 身についていく。アイデンティティの確立に揺らぎは必要なのだから, 養成段階においては自らの生き方を問い, 大いに悩んでほしい。そして, 公認心理師として職業人生をスタートすることを選択した後も, 私たちはアイデンティティの揺らぎを経験する。しかし, 一定程度の覚悟をもって職業選択ができたなら, 心配するには及ばない。研修段階においては, むしろその不安を糧にして学びを継続していけばよい。研修段階における学びは, 自らの臨床感

覚に導かれて選択されて深化・拡充していくのであり，この繰り返しがさらなる
屋台骨の強化につながる。

3．仲間を得る

　生涯学習への準備として，上述したものよりも具体的で，かつ決定的に重要な
のは「仲間を得る」ことである。筆者自身の経験を言うなら，心理専門職の資格
を得て 15 年近くが経過してもなお，上記の「認定研修機関外での学習」に分類
される事例検討会，共同研究，および日常的なディスカッション等を行うのは養
成段階を共に過ごした仲間たちである。養成段階を終えた後にさまざまな現場で
知り合った同僚たちとのつき合いももちろん増えていくが，俗に言われるように，
学生時代の関係性には利害関係がなく生涯にわたって深い絆を得られやすい。

　心理に関する支援を行う際，私たちが媒介とするのは関係性である。公認心理
師を志す者の中には，カウンセリング場面でセラピューティック（治療的）な関
係性を構築することができればよい，と考えている人もいるかもしれない。しか
し，日常生活場面において他者と健全な関係性を構築することは公認心理師の職
責を果たす条件の 1 つである。その理由の第 1 は，本書第 12 章で論じられてい
る「他職種連携・地域連携」に必要なスキルだからである。日常的な対人関係を
円滑に築くことができないと，個人カウンセリングを成り立たせる環境設定を行
うことができない。そして，その環境を構成する組織や地域のコミュニティにお
いては，「面接室」のような明確な構造がない。したがって，カウンセリング場面
における関係性は大事にするが日常的な仲間づくりには興味がない，という区分
けは成り立たない。日常的に健全な関係性を構築する必要性の第 2 は，公認心理
師自身の社会的な関係性の質が，カウンセリング場面を通してクライエントの社
会性を構築する基盤となるからである。つまり，心理療法の技術は，カウンセリ
ング場面においてのみ取り出して使用することはできず，自らの日常的な立ち振
る舞いと一致していることが必要なのである。

　公認心理師が十分に捉え，扱うべきものは関係性である。ここで述べたように，
身の回りの関係性に着目し，健全な社会性を発揮できるなら，生涯にわたって貴
重な刺激を受け続けることができる。現実的には，この関係性がピア・サポート，
ピア・スーパービジョン[注1] に発展し，生涯学習を推し進める源泉になる。

注 1 ）「ピア・サポート」とは仲間同士の支え合い，「ピア・スーパービジョン」とは仲間同士
　　で行う教育・指導のことである。

4．良き指導者と出会う

　倉戸ヨシヤは「いちばん信頼ができ，惚れ込むことのできる先生につくという，**学びの質**を問題にしてきた」（一丸，2002, p.149；太字筆者）と言う。この「良き指導者と出会う」ことは，養成段階においてぜひ経験したいことである。学ぶ地域や環境によっては，倉戸の言う「惚れ込むことのできる先生」になかなか出会えないこともあるかもしれない。それでも，学会・研修会その他さまざまな機会にアンテナを張り，積極的にアプローチすることを勧めたい。筆者は，現在に至るまで5人ほどのスーパーバイザーから継続的な指導を受けた。養成段階の初めは面識のある先生はいなかったが，活動範囲が広がるにつれて「ぜひに」と惚れ込む先生との出会いが増えていった。スーパービジョン[注2]が終了した後，現在に至っても先生方とのつき合いは続いており，折に触れて技術的・情緒的なサポートをいただいている。

　倉戸の言う「学びの質」とは，「情緒が動く学び」と言ってもよいであろう。惚れた先生からの指導には感動が伴う。義務だからスーパービジョンを受けるということではなく，先達者の実践や佇まいなどに揺さぶられる自分の心の動きを捉え，遠慮なく門戸を叩いてほしい。

　資格を取得した後，私たちは求職活動を行い，職を得た後は現場の業務に注力することになる。いわゆる研修期間の学びであるが，ここでは現場の要請に従った技術的な側面がメインテーマとなる。これに対して，養成段階の学びは公認心理師を目指す私の動機に関わるという特徴がある。つまり，養成段階における指導者は公認心理師のアイデンティティ形成を支える役割を担っている。したがって，この時期の師弟関係は生涯続く潜在性を持っており，研修期間に至っても学びの動機を維持・発展してくれる。

5．ごく普通の人のセンスを身につける

　公認心理師の養成段階において，私たちは心理学の専門知識を習得する。同時に，青年期にある学生であれば特に，社会人として育つという重要な課題がある。公認心理師を志す者は，一方では高度な専門性を，他方では一般人としてごく当たり前の感性を身につける必要がある。一般の感覚から遊離した専門家が十分に

注2）「スーパーバイザー」とは，対人援助の専門家に対して教育を行う指導者のことであり，その教育過程のことを「スーパービジョン」と言う。公認心理師のスーパービジョンでは，主にカウンセリング技術の指導によって専門的スキルの向上が目指される。

機能しないのは，例えば法曹界の一部などにその例を見ることができる。

　本書で論じられているように，公認心理師の働く現場は多領域にわたり，伝統的な個人カウンセリングよりも，面接室の外で行う職務の比重が高まっていく傾向にある。例えば教育や福祉等それぞれの分野に積み重ねられた理論と技術が存在し，それらの流儀を知って協働していくことが現場の要請である。そして，ジェネラリストであることを求められる公認心理師は「誰とでも協働できる」必要があり，その前提として社会人としての十分な成熟が求められる。長年にわたり産業・労働分野に携わってきた森崎美奈子はこのことを「特に産業という世界で必要なことは，ごく普通の人のセンスだったんです。それがわからなければ何も仕事ができない」（津川・安齊，2007a, p.61）と喝破している。

　同じことを別の角度から「生活人としての当事者の感覚を得る」と翻訳することもできる。私たちは，公認心理師として業務を遂行することと並行して，あるいはそれを含みながら，生活人としての日常を送っていく。つまり，ごく普通の生活人としての時間を持っており，些末な事柄に迷い，重大な苦悩を体験している。

　ここで指摘していることは，いわば「生涯学習のリスク」についてである。日本語の「専門」は「一人で一つのことにひたすらに」という語感があるが，英語の profession には周囲からの認許を含む社会に対する公言という意味合いが強い（金沢, 2006, p.23）。そのため，研修機関において専門知識を積み重ねることに終始すると，日本語で言うところの「専門バカ」が生まれるリスクが高まる。折に触れて「ごく普通の人のセンス」に立ち返ることは生涯学習のブレーキなのではなく，社会に通用する専門性を高めるために必須の作業である。専門知識と「ごく普通の人のセンス」を反復していくことで，公認心理師はクライエントの人生と共振し，対峙していくことが可能になる。

6．心理臨床の視点をもって生活する

　心理に関する支援に携わる中，ふとした瞬間に思い出すのは学生時代に指導を受けた先生方の言葉である。本章を執筆しながら筆者の心に思い浮かんでいるのは，「1つのケースからどれだけ多くのことを学ぶか」という言葉である。いくつか解釈の余地がある言葉だと思うが，筆者は「仮に経験するケースが少なくとも多くのことを学ぶことができる」という意味で捉えている。「現場が少ない，ケースが少ない」と嘆くなかれ，とも言える。さらに言えば，心理面接の構造化がなされた場面を離れても，私たちは多くの学びを得ることができる。ただし，その

ためには心の作用を見るための目を獲得する必要があり，専門知識の習得がこれを助けるだろう。社会生活を行う中で，人の心はどのように動くのか，私の心はどう動くのか，そして身近な人への支援を考えたときにどう動くのか。ここに学びの循環があり，日常生活に心理学の目を向けて自らの体験と重ねることで，座学による学びも身についていくという関係にある。

　前項で指摘した学びを「専門知識と当事者感覚の反復」と呼ぶなら，ここで述べているのは「知識と体験の反復」である。これらは生涯にわたって続く学びであり，公認心理師にとって欠かすことのできないものである。「もう十分に学んだ」という慢心に陥ったときに「当事者感覚」と「体験」からの遊離が始まり，そのことに気づかないまま，公認心理師の職責を果たせなくなるリスクがここにある。

7．その他

　以上，生涯学習への準備として必要と思われることを述べてきたが，他にも基本的でかつ重要な事柄がある。ここにまとめて記す。

①生涯学習の実践

　実際に，上述の APA による分類 1）〜 4）に記載されている生涯学習を養成段階から実践することである。具体的には，学会・研修会・事例検討会等に参加すること，心理に関する支援に携わること，スーパービジョンを受けること，読書などの実践である。養成段階のうちからこれらの実践を始めて生涯にわたって継続していけばよいのであるが，本章で論じているのは，これを可能にさせる動因，いわゆる内発的動機づけの獲得についてである。逆方向に見るなら，本章で論じたことが実行されるなら，生涯学習を実践していくのは非常に容易なことであろう。ただし，賢明な読者は，この生涯学習への準備を成し遂げるのは簡単な課題ではないことがすぐ分かる。いずれも，自身に対する絶え間ない問いかけが必要とされ，ときに苦しさを伴う性質のものだからである。

②読書

　上述の APA による分類「2）個人による継続教育」に相当する部分であり，他者のサポートを得づらく，自らの意志で継続していかなければならない生涯学習である。読書の質を「広く」と「深く」に分類するなら，生涯学習への準備としてはまず「広く」という側面を指摘したい。興味の幅を広げ，貪欲に活字に触れ

ることである。心理学の古典から最新の学術論文まで，さらに心理学以外の学問領域や一般大衆向けの書籍まで，ともかく数多くの活字に触れることが大事である。この段階では，強迫的な構えは脇に置く方がよい。感性を自由に保ちながら，授業における推薦図書や論文等にもアクセスしていくことで，自らの潜在的な興味・関心と学問的に重要な事柄のネットワークが築かれる。その作業を日常的に行う中で，「深く」行う読書が明確に位置づけられ，次に述べる「研究」につながっていく。

　生涯学習において読書とは，「活字との親しみ方」を身につけることと言える。読書に楽しみを見出し，かつ専門領域の情報を的確に習得する技術を手にすることができれば，生涯学習が途切れることはない。上記のような段階的な読書の工夫は，『本を読む本』（Adler & Doren, 1972）において「点検読書」「分析読書」[注3] として詳細に具体的方法が示されているので，参照すると良いだろう。

③研究

　心理学研究法の習得は公認心理師養成カリキュラムに組み込まれており，私たちは養成段階から研究活動に携わることになる。研修段階における研究は自らの身を置く職場の要請に影響を受けやすいが，養成段階においてはテーマ選択の制約が少なく，各自の関心に沿って研究活動を行いやすい。読書の技術を身につけるとともに，養成段階で自分の関心を深く掘り下げ，問題意識を言語化する経験を積む。心理学研究法については本シリーズ第4巻に譲るが，生涯学習の実践に関して留意したいのは，この養成段階において注いだ研究への興味・関心を何らかの形で継続していくことである。

　研究はもちろん，論文の執筆や学会での発表といった形でその成果をアウトプットすることが望ましい。また，同じ問題意識を持つ仲間とともに共同研究を行うのも有意義で楽しい。しかし，仮にこのような学術的アウトプットに至らないとしても，「当事者研究」の視点を持つことをここでは推奨したい。当事者研究とは，自分に対する理解を深めるために，自分を対象として研究を行うための方法論である（石原，2013；熊谷，2017等）。一般的に，科学的な研究は自分以外の他者を対象として行うが，自分自身をも研究の対象として見る視点を持つ。さらに言えば，クライエントや彼らを取り巻く社会を対象として学術的研究を行う際も，その実行者である自分を視野に収める。心理に関する支援のみならず研究

注3）例えば1冊5分と決めて素早く「表面的な読み方」をするのが点検読書の段階，熟読するべき文献を定めて「よく読む」のが分析読書の段階である。

を行う際にも，私たちは感情的な反応をしており，それに取り組む動機が発動している。この研究主体への意識化を怠らなければ，学びへの動機は確認・修正され，継続されていく。

④社会の変化を捉える

　私たちが感じている以上に，世界は目まぐるしく変転している。私たちに身近なアメリカ精神医学会のDSM（*Diagnostic and Statistical Manual of Mental Disorders*；『精神疾患の診断統計マニュアル』）等の診断基準も時代とともに改正され，それによって見立てや介入技法，支援の目的さえも変化していく。心理専門職は，定期的に関連学会に参加するなどして最新の情報を得ていく倫理的義務がある。

　グローバリゼーションにより文化の混交が進んでいる現状を考え合わせると，私たちを取り巻く社会の変化を予測することは非常に困難である。しかし，だからこそ私たちは，心理学領域の変遷のみならず，それを引き起こす社会の変化にも敏感でありたい。心理学という学問領域自体も変化していくのであるから，それを捉えるには俯瞰した視点を持つ必要がある。養成段階から世界情勢や時事問題に関心を持つこと，他分野の学問を積極的に取り入れること，および心理学以外の仲間を得ることが，生涯にわたってその意識を持続させることにつながる。

■ Ⅲ　おわりに──私にとっての公認心理師の意義

　冒頭で述べたように，生涯学習は心理専門職にとっての職業倫理の1つである。本書でさまざまな角度から論じられているように，私たちはこの職業倫理を十分に身につける必要がある。しかし，知識として職業倫理を学ぶだけでは，生涯学習を形式的になぞるだけに終わり，公認心理師としての実を豊かにする学びが継続されない恐れがある。本章で養成段階の心得を指摘したが，要点を一言で述べるなら「私にとっての公認心理師の意義」を捉えることであろう。時間軸を捉えた私の人生の中，および空間軸を捉えた私の日常生活の中に，公認心理師という職をどう位置づけるかということである。クライエントは，まさに人生をかけて私たちの前に現れる。公認心理師の仕事は，単なる技術職ではない。私たちもまた，自身の人生の一端をクライエントに重ねる気概がなければ，彼らの苦悩に対峙することはできない。

　以上のように，生涯学習への準備として必要な事柄を述べてきたが，一読してその意味を実感できる学生は少ないであろう。養成段階にある学生たちが抱く眼

前の目標は資格の取得だからであり，その維持・発展ではないからである。したがって，「生涯学習への準備」の講義を行う教員は，研修段階に至った後の公認心理師の歩みを学生にイメージアップしてもらうことが重要な課題となる。その際に可能な工夫としては，教員自身の生涯学習について語ることや，「どのような公認心理師として人生を歩みたいか」などのテーマでグループ・ディスカッションを行うことなどが考えられる。このような工夫により公認心理師像の具体化が進み，その仕事と職責を身近に捉えることができるようになるであろう。

◆学習チェック表

☐　公認心理師の職業倫理としての生涯学習について理解した。
☐　「生涯学習への準備」としての養成段階の心得について理解した。
☐　私にとっての公認心理師の意義を捉えるよう努めた。

より深めるための推薦図書

Adler, M. J., & Doren, C. V.（1972）*How to Read a Book.* Touchstone.（外山滋比古・槇未知子訳（1997）本を読む本．講談社．）
津川律子・安齊順子編（2007a）インタビュー臨床心理士1．誠信書房．
津川律子・安齊順子編（2007b）インタビュー臨床心理士2．誠信書房．

文　　献

Adler, M. J., & Doren, C. V.（1972）*How to Read a Book.* Touchstone.（外山滋比古・槇未知子訳（1997）本を読む本．講談社．）
浅原知恵・橋本貴裕・高梨利恵子ほか（2016）心理臨床家の専門性とは何か．心理臨床学研究，34(4); 377-389.
団士郎（2002）ヒトクセある心理臨床家の作り方―わが研修遍路日誌．金剛出版．
一丸藤太郎編（2002）私はなぜカウンセラーになったのか．創元社．
石原孝二編（2013）当事者研究の研究（シリーズ　ケアをひらく）．医学書院．
金沢吉展（2004）社会的専門性の確立―倫理と訓練．In：下山晴彦編：臨床心理学の新しいかたち（心理学の新しいかたち9）．誠信書房，pp.243-264.
金沢吉展（2006）臨床心理学の倫理をまなぶ．東京大学出版会．
公認心理師カリキュラム等検討会（2017）報告書．http://www.mhlw.go.jp/file/05-Shingikai-12201000-Shakaiengyokushougaihokenfukushibu-Kikakuka/0000169346.pdf（2023年2月6日取得）
熊谷晋一郎編（2017）みんなの当事者研究（臨床心理学　増刊第9号）．金剛出版．
Neimeyer, G. J., Taylor, J. M., Rozensky, R. H. & Cox, D. R.（2014）The diminishing durability of knowledge in professional psychology: A second look at specializations. *Professional Psychology: Research and Practice,* 45; 92-98. http://dx.doi.org/10.1037/a0036176
日本心理研修センター監修（2019）公認心理師現任者講習会テキスト［改訂版］．金剛出版．
野島一彦（2017）公認心理師の職責．In：野島一彦編：公認心理師入門―知識と技術．日本評論社，pp.8-11.

Ronnestad, M. H. & Skovholt, T. M.（2003）The journey of the counselor and therapist: Research findings and perspectives on professional development. *Journal of Career Development*, 30; 5-44.

下山晴彦（2001）臨床心理学の専門性と教育．In：下山晴彦・丹野義彦編：臨床心理学とは何か（講座臨床心理学1）．東京大学出版会，pp.73-95.

Taylor, J. M., & Neimeyer, G. J.（2016）Continuing education and lifelong learning. In：Norcross, J. C., Vandenbos, G. R., & Freedheim, D. K. (Eds.): *APA Handbook of Clinical Psychology (Vol.5).* American Psychological Association, pp.135-152.

津川律子・安齊順子編（2007a）インタビュー臨床心理士1．誠信書房．

津川律子・安齊順子編（2007b）インタビュー臨床心理士2．誠信書房．

多職種連携と地域連携

小俣和義

🔑 *Keywords*　アウトリーチ，家族との連携，多職種連携，地域連携，チーム医療，チーム学校

❚　I　現代の心のケアへのニーズ

　現代社会では，私たちをとりまく社会環境が複雑化，深刻化しており，心のケアや心理的サービスを必要とする人びとが増えている。公認心理師が支援に関わる専門職と組織としては，保健医療分野として病院やクリニック，精神保健福祉センター，福祉分野として児童相談所，児童心理治療施設，地域活動支援センター，介護施設，教育分野では，スクールカウンセラーや教育相談など多岐にわたっている（図1）。さらに，司法・犯罪分野では，少年鑑別所，刑務所，家庭裁判所，更生保護施設，産業・労働分野では，組織内の健康管理センターをはじめ，従業員支援プログラム（employee assistance program; EAP）と，その活動の範囲は広い。そして，個人またはグループが運営する私設心理相談の領域，大学内にある学生相談の領域，子育て支援や発達相談などの保育臨床などの地域支援も含めて心理職が求められるニーズは多様である。いずれの領域においても，心の問題を抱えている人々への支援を行うという目的は共通しているものである。これらの心理学的支援（心理支援）活動を有効かつ円滑に行う際には，一緒に働く組織内の専門職同士の連携は不可欠であるとともに，外部機関とも円滑で有機的な連携をとることが必要である。さらに，障害や疾患を抱えながら地域で生活する人たちへの支援において，相談機関の面接室などの限定された場所のみで援助アプローチするだけでは十分とは言えない。そこで本章では，多職種連携・地域連携の意義及びチームにおける公認心理師の役割について，活動の実際と必要な課題について述べる。

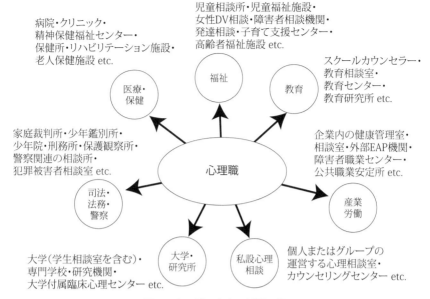

病院・クリニック・
精神保健福祉センター・
保健所・リハビリテーション施設・
老人保健施設 etc.

児童相談所・児童福祉施設・
女性DV相談・障害者相談機関・
発達相談・子育て支援センター・
高齢者福祉施設 etc.

スクールカウンセラー・
教育相談室・
教育センター・
教育研究所 etc.

家庭裁判所・少年鑑別所・
少年院・刑務所・保護観察所・
警察関連の相談所・
犯罪被害者相談室 etc.

企業内の健康管理室・
相談室・外部EAP機関・
障害者職業センター・
公共職業安定所 etc.

大学(学生相談室を含む)・
専門学校・研究機関・
大学付属臨床心理センター etc.

個人またはグループの
運営する心理相談室・
カウンセリングセンター etc.

図1　心理職の主たる活躍の場

▌ II　多職種連携

　複雑化した現代の多面的・多層的な様相を呈している社会問題に適切に介入・対応し，解決を図るためには，問題を発生させている社会的・経済的・文化的・制度的・歴史的な背景を多角的な視点から検討していく必要があり，そのためには多職種の専門家による協力が求められる。さまざまな学問背景を持つ専門家同士の連携は，より多角的な視点から問題をとらえ，援助を受ける当事者にとってより有効な支援を提供することにつながっていく。公認心理師法第42条第1項では，「公認心理師は，その業務を行うに当たっては，その担当する者に対し保健医療，福祉，教育等が密接な連携の下で総合的かつ適切に提供されるよう，これらを提供するものその他の関係者等との連携を保たなければならない」とされている。公認心理師も，さまざまな職種との連携をとることが不可欠のものであるされている。

　看護師等の医療関連職種は，医師の指示の下に「診療の補助」として業務を行っている。公認心理師は，保健医療に限らず福祉，教育，司法・犯罪，産業・労働等さまざまな分野での活動があることから，資格の上では「診療の補助」とい

う位置づけにはなっていない。しかし，第 2 項では，「公認心理師は，その業務を行うに当たって心理に関する支援を要する者に当該支援に係る主治の医師があるときは，その指示を受けなければならない」とされている。保健医療機関に勤務する公認心理師は，主治医の指示の下に業務を行なうことになるが，他の分野で活動する場合も，対象者に主治医がいる場合には連携をしていくことが求められる。また，主治医がいない場合でも保健医療機関への受診が必要と思われる対象者には，保健医療につないでいくことが大切である。

1．保健医療分野

①チーム医療

　保健医療分野においては，チーム医療というかたちで多職種連携が行われている。総合病院などの現場では，医師，看護師のほか，心理職，助産師，薬剤師，放射線技師，臨床検査技師，理学療法士，作業療法士，言語聴覚士，精神保健福祉士，管理栄養士などの多職種が存在する。それぞれが高度な知識や技術が必要な専門職であり，綿密な連携が保つことが求められる。どの専門職が構成員として必要かを多面的に評価して構成員をマネジメントするリーダーないしはチームコーディネーターの存在も重要となってくる。厚生労働省（2010）はチーム医療を，「医療に従事する多種多様な医療スタッフが，各々の高い専門性を前提に，目的と情報を共有し，業務を分担しつつも互いに連携・補完し合い，患者の状況に的確に対応した医療を提供すること」と定義している。チーム医療を有効に進めるためには，各職種が定期的に集まり，チームミーティングを行い，それぞれの専門的な見地から情報交換や治療方針の検討と徹底を図っていく。例えば，統合失調症のケースの場合，医師は疾患の治療や投薬に関する医学的な観点から，看護師は体調管理や環境整備という観点から，作業療法士はリハビリテーションの観点から，精神保健福祉士は就労支援という観点から援助アプローチを行っていく。そして公認心理師は症状を抱える患者の不安に寄り添ったり，彼らの健康的な面を伸ばすなどの心理面のサポートを行ったり，ときにはコーディネーターとしてチームをつなぐ役割（富岡ら，2013）を担うこともある。理想的なチームの持つ特徴は，共通の目標を持ち，構成員が目標の達成に向けて協力し合い，チーム内の情報伝達は双方向のコミュニケーションによってなされることである。医療現場においては，多くの専門職がそれぞれの専門性を最大限に発揮し，連携して双方向のコミュニケーションをとり，患者中心の医療を提供していくことがチームの目的となる。

　保健医療分野におけるリエゾンとは，専門的な連携や協力を意味するものであり，コミュニティ心理学においても非常に重要な概念である。実際には，病院等では精神科リエゾンチームという呼称で，精神科医師，看護師，公認心理師などが連携しながら活動している病院も多い。地域精神医療，地域精神保健福祉，総合病院などのコミュニティ支援では，対象者に関わるさまざまな領域の専門家が，対象者の問題解決や QOL（quality of life；生活の質）向上のために行うチーム医療やチーム保健福祉の活動形態である。

②専門職連携実践と専門職連携教育

　保健医療分野では，専門職連携実践（interprofessional work; IPW）と卒前教育としての専門職連携教育（interprofessional education; IPE）の重要性がますます論じられている。IPW とは，保健医療福祉サービスを提供するシステムの中で効果的で効率的，経済効果にも優れ，かつ質の高いサービスを実践していくための望ましいアプローチ形態を表す理念の 1 つであり，それは複数の professional（専門職）のチームによる collaboration（協働），すなわち「専門職間の高いレベルの協働関係」を意味している。IPE とは，学生が IPW を学べるように，他の職種の役割や専門性，また自身の職業の専門性や責任を理解するための教育を指している。IPE カリキュラムでは，共通の課題にさまざまな専門職種の学生が協働して取り組むことにより，それまでに受けてきたそれぞれの専門職の知識・技術や職業倫理を相互に提示し，理解することにより自身の専門性を深めるとともに，チームの中で他職種を尊重し信頼して仕事を任せる態度を学んでいく。IPE は海外においては積極的に取り入れられており，IPE 実施によって職種間の相互理解が促進され，チーム医療を実践していくに当たって有効であるとの認識が得られている。

2．福祉分野における連携

　福祉分野では，児童相談所，乳児院や児童養護施設，認定こども園などの児童福祉施設，老人福祉施設，児童心理治療施設，知的障害者更生相談所，障害者支援施設などが公認心理師の活動の場としてある。福祉分野においても，社会福祉士や介護福祉士の他に，医師，看護師，薬剤師，理学療法士，作業療法士，管理栄養士，そして公認心理師などさまざまな職種の専門家が活動する。2012 年以降，児童養護施設や乳児院，母子生活支援施設等では，厚生労働省による通知で「心理療法を行う必要があると認められる」者 10 人以上に対して「心理療法担当

職員を置く」ことが義務づけられている。こうした施設で公認心理師は，子どもの心身の発達状況のアセスメントと心理療法を行うほか，他の専門職へのコンサルテーションやケース会議への出席，他の関係機関との連携，家族支援などを担う。入所の施設では，利用者が和めるように，誰もが安心，安全に過ごし，それぞれの能力に応じて，その人にふさわしい生活を支えることが重要である。利用者の思いに寄り添い，生活に配慮し，利用者にとって必要かつ適切な支援を行うことが求められる。そのためには，社会福祉の専門性を土台にしながら，多職種間の連携が必要になってくる。

　例えば，児童相談所には，児童心理司，児童福祉司，精神科医，保健師等の職員が配置されている。児童相談所では，虐待などの養育相談のほかに，保健相談，心身障害相談，非行相談，養育相談と，さまざまな種類の相談業務がある。児童心理司は，子どもや保護者の相談に応じ，面接や心理検査，観察によって心理的アセスメントを行い，当事者や関係者に心理療法やコンサルテーションなどの介入・支援を行うことが主な業務となる。児童相談所では，それぞれのスタッフが連携して，チームとして1つのケースに対応する。つまり，複数の担当者の協働作業により，子どもと家族の支援にあたっていくのである。さらに必要に応じて，児童精神科受診に同行したり，児童福祉施設に出向いて施設職員との情報交換も行ったりしていく。さらに，警察や学校などの外部の組織との密な連携も欠かせない。

3．教育分野における連携

　学校現場において公認心理師としては，スクールカウンセラー（school counselor; SC）としての活動が主となる。文部科学省によると，SCの業務は，1）児童生徒に対する相談・助言，2）保護者や教職員に対する相談（カウンセリング，コンサルテーション），3）校内会議等への参加，4）教職員や児童生徒への研修や講話，5）相談者への心理的な見立てや対応，6）ストレスチェックやストレスマネジメント等の予防的対応，7）事件・事故等の緊急対応における被害児童生徒の心のケア，とされており，ほとんどが教職員との連携が必要なものである。SCが相談に当たる児童生徒の相談内容は，不登校に関することが最も多いが，いじめ，友人関係，親子関係，学習関係の悩み等と多岐にわたっており，近年は，発達障害，精神疾患，リストカット等の自傷やその他の問題行動などますます多様な相談に対応する必要性が生じている。また，学校の児童生徒や教職員への自殺予防教育にSCが担う役割も大きい（窪田，2017；坂中，2015）。そし

てさまざまな課題に直面する学校現場でストレスを抱える教員も増加している。教員のストレスは，職場内におけるものに起因する割合が高く，こうした教員のメンタルヘルスに求められるSCの役割も期待されている。さらに，SCが，特別活動や道徳の時間などの授業に参加する取り組みも見られたり，教育相談に関する校内体制におけるコーディネーターの役割も期待されたりする場合もある。野島（2016）によれば，SCにおける連携について，1）学校内における他職種・諸立場との連携，2）教育委員会管轄の諸機関との連携，3）地域の諸機関との連携という3つの次元がある。1）は教員，養護教諭，SSW（school social worker；スクールソーシャルワーカー），特別支援教育コーディネーターなどとの連携であり，学校内での援助が困難な場合は，2）は教育センターや，特別支援教育センターなどとの連携が必要かつ有効となってくる。さらに，対応が困難なケースの場合，3）のように病院や児童相談所，警察など地域の諸機関との連携が求められることがある。

　2015年12月に文部科学省の中央審議会において，「チームとしての学校の在り方と今後の改善方策について（答申）」が取りまとめられた。"チーム学校"を構築していくために教員を中心に，多様な専門性を持つスタッフを学校に配置し，学校の教育力・組織力を高めていこうという発想が盛り込まれている（図2）。校長のリーダーシップの下，教職員やさまざまな専門スタッフがチームとして適切に役割分担することにより，教員は授業など子どもの指導に，より専念できるのであり，他の専門職を含めた大きな流れを作ろうというものである。この中では，チーム学校を実現していくために，専門性に基づくチーム体制の構築，学校のマネジメント機能の強化，そして教職員一人ひとりが力を発揮できる環境の整備という3つの提案がされている。チーム体制の構築では，教員同士の連携の強化とともに，SCやSSWなどの専門職スタッフの学校教育への本格的な参加も含まれている。また，家庭を含めた地域との連携の充実も盛り込まれている。

　教育委員会管轄の教育センターにおいても，公認心理師が携わる。カウンセラーによる継続面接を提案することもあれば，センターで行われている他の支援につなぐこともあるし，必要に応じては病院や児童相談所などの外部機関へリファーすることもある。もちろん教育相談課での検討だけでなく，関係する機関や部署とのケース会議での検討も随時行われている。個別支援ケースの対応とともに，緊急支援時に備えて，学校職員やSCとの日ごろからの密な連携が好循環をもたらす。

　今後公認心理師は，教育分野においても，SCの立場からチーム学校の一員とし

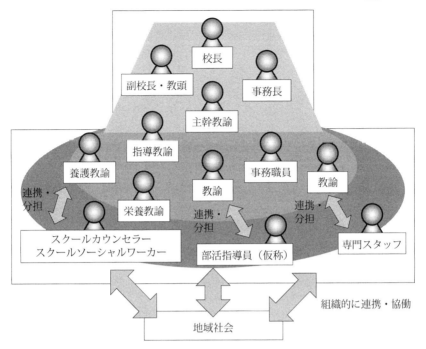

図2　チームとしての学校の在り方と今後の改善方策について（答申）概要（中教審第185号）
（文部科学省，2015）

て，家庭や地域の連携のキーパーソンとなることが求められる。さらに，SCととも に教育委員会管轄の諸機関では，学校関係者のみならず，適応指導教室，児童 相談所，そして病院や警察等の地域社会との連携の担い手としての役割が大きく 期待されている。

4．司法・犯罪分野における連携

　裁判所，刑務所，保護観察所，少年院，少年鑑別所，警察など，司法・犯罪分 野においても公認心理師の活動する場は広い。ここでも法律，保健医療，福祉， 心理などさまざまな見地から多職種が協働して，犯罪者の更生や犯罪被害者支援 を行っている。対象者は，事件や事故の被害者と加害者の双方である。交通事故 や虐待，ドメスティック・バイオレンス（domestic violence; DV）や性暴力，ストー カー犯罪などさまざまな事案があげられる。犯罪者の更生には，警察・刑務所・ 少年院や少年鑑別所における適切な処遇に加えて，保護観察所や児童自立支援施 設などの更生保護機関のみならず，各手続きも含む保健医療，福祉，教育の関係機

関などとの連携が必要である。保護観察所では，薬物依存のある加害者に保護観察所のプログラムのほかに，保健医療機関，福祉機関，さらにはダルク（DARC）[注1]など民間の組織と連携して，円滑な地域移行ができるように処遇を行っている。刑務所や少年刑務所などの刑事施設における心理技官は，処遇調査を踏まえて，認知行動療法に基づくグループワークなどを通して特別改善指導など処遇関与を行い，対象者の更生とともに，再犯の防止を目指していく。犯罪被害者支援に対しては，被害届が出された後の刑事手続きにおいて，警察官，検察官，弁護士などの関係機関の専門家との関係構築と連携をとり，心理学的支援を行っていく。日本司法支援センター（法テラス）につなぎ，支援情報の提供とともに弁護士費用の援助制度や国による各種制度を利用できるように援助していく。児童虐待や DV の他，家事事件，刑事事件においては，警察や福祉機関に加え，シェルター等の民間支援団体との連携が必須になってくる。また，性犯罪，性暴力被害者のための「ワンストップセンター」（2011 年閣議決定）が開設されており，被害直後からの総合的な支援（産婦人科医療，相談・カウンセリング等の心理学的支援，捜査関連の支援，法律支援等）を1カ所で提供（当該支援を行う関係機関・団体に確実につなぐことも含む）することにより，被害者の負担軽減とその健康回復を図るとともに，警察への届け出の促進・被害の潜在化の防止を目的としている（鶴田，2017）。

　今後，公認心理師の資格を持つ心理専門職が司法・犯罪分野で活躍していくためには，法律も熟知しつつ，他の職種の専門性やそれぞれの組織の枠組みを十分に知り，実効的な連携ができるよう日頃から良好な関係構築を心がけていくことが非常に重要である。各場面における対象者の置かれている状況やニーズを正確に把握し，得た情報を適切に関係機関と共有し連携できれば，非常に有効な支援活動の展開が可能となっていく。

5．産業・労働分野における連携

　企業の成果主義，能力主義が浸透してきたことに加えて，非正規雇用の割合が高まり，近年働く人の雇用環境は厳しいものになり，精神疾患による休職や退職，過労死，自殺などの問題が浮き彫りになってきている。こうした実情から，厚生労働省は，2000 年に「事業場における労働者の心の健康作りのための指針」を出し，メンタルヘルスの4つの原則的な実施方法を示している。1）労働者自身に

注1）ダルク（DARC）とは，Drug Addiction Rehabilitation Center の略で，薬物依存者の薬物依存症からの回復と社会復帰支援を目的とした回復支援施設である。

よる「セルフケア」，2）管理監督者による「ラインによるケア」，3）事業場内の健康管理担当者による「事業場内産業保健スタッフ等によるケア」，4）事業場外の専門家による「事業場外資源によるケア」であるが，これらを円滑に推進するための取り組みとして，管理監督者や労働者に対して教育研修を行うこと，職場環境の改善を図ること，労働者が相談しやすい体制を整えることを重点にあげている。また，職場におけるメンタルヘルス対策を推進しようとする企業に対し，専門家が助言・指導する「メンタルヘルス対策支援事業」を実施している。ここでの専門家は社会保険労務士と産業カウンセラー，公認心理師などが担う。また，一次予防的な観点から 2015 年 12 月からは従業員 50 人以上の企業にストレスチェックも義務づけられるようになるなど，産業・労働分野において公認心理師の存在がますます重要になってきている。

　そして，1980 年代の後半にアメリカから日本に紹介された EAP が各企業で浸透してきている。EAP の目的は，社員およびその家族の個人的な問題を解決するために専門的サポートを提供し，社員のパフォーマンスの向上や維持を目指すことである。EAP には，企業内に EAP スタッフが常駐して社員の相談を受ける内部 EAP と，企業とは独立して EAP 専門の会社が複数の企業から業務委託を受けて，社員からの相談にあたる外部 EAP の 2 種類がある。

　産業・労働分野における公認心理師の活動としては，職場で悩む従業員の相談支援，職場復帰援助やキャリア設計の支援のほかに，悩んでいる従業員を取り巻く上司や同僚へのコンサルテーション，さらには組織全体への予防教育や安全教育を含めたメンタルヘルス研修の実施などが求められている。

　今後，産業・労働分野で働く公認心理師へのニーズはますます高まることと思われる。公認心理師が活躍していくためには，各種精神疾患についてのさらなる知識や経験が求められるとともに，職場の従業員や管理監督者との意思疎通を良くし信頼関係を構築すること，そして産業医，看護師，保健師，さらには外部医療機関との緊密な連携が取れることなどが重要となってくる。また，組織の担当者や従業員への支援を円滑にしていくためには，社会的常識性やビジネスマナーにも精通しておく必要があろう。

III　地域連携

1．地域援助

臨床心理的地域援助は，専門的に特定の個人を対象とするだけでなく，地域住

民や学校，職場に所属する人々（コミュニティ）の心の健康や地域住民の被害の支援活動を行っていく重要な支援活動を指している。これらの活動は，個人のプライバシーを十分に守りながらも，地域全体を考慮した情報整理や環境調整を行う。一般的な生活環境の健全な発展のために，心理的情報を提供したり提言したりする活動も地域援助の業務に含まれる。山本（2001）は，臨床心理的地域援助を，「地域社会で生活を営んでいる人々の，心の問題の発生の予防，心の支援，社会的能力の向上，その人々が生活している心理的・社会的環境の整備，心に関する情報の提供を行う臨床心理学的行為」と定義づけている。この背景には，心理学的支援を行う専門家もその地域社会の一員であり，対象者もその地域のネットワークによって支えられているという考え方がある。すなわち，予防を重視し困り事が生じる危険性が高いもののまだ問題が顕在化していない人々も支援の対象となる。予防には，一次予防（primary prevention），二次予防（secondary prevention），三次予防（tertiary prevention）という分類がある。一次予防は，疾病の兆候や症状を示していない人を健康な状態のままに保つことを狙いに定めて行う介入であり，自殺予防対策などもこれにあたる。二次予防は，疾病や障害を初期段階のうちに見つけ，効果的な処置を行い，改善を目指しており，問題への自覚が乏しい人たちや症状を抱えながらも援助を求めようとしない人たちへの支援が主眼となる。三次予防は，すでに問題を持ち疾病や障害を負っている人に対して，リハビリテーションや職能訓練などにより，社会復帰を促進し，社会生活や職業生活の困難の発生を防ぎ軽減することを目指している。災害・事件後による被災者・被害者に対する危機介入や支援活動もこれにあたる。

　地域連携による支援としては，「ひきこもり地域センター」にひきこもり支援コーディネーターを配置し，地域連携ネットワークの構築と情報提供を行っている（厚生労働省，2016）。関係支援機関としては，病院や保健機関，福祉・教育機関のほかに，大学やNPO（フリースペースなど），就労支援機関（ハローワーク，ジョブカフェなど）が連携して支援に取り組んでいる。実際に，各都道府県，政令指定都市において訪問支援等を行う「ひきこもりサポーター」（ピアサポーターを含む）を養成している。そして，養成されたひきこもりサポーターを地域に派遣し訪問支援も行い，ひきこもり状態にある若者や高齢者の支援にあたっている。

　東日本大震災の発災の時には，心理専門職チームが被災地に入り，地元の行政機関，病院，保健センター，福祉事務所など多職種を介した地域連携を図ることにより，避難所や仮設住宅での支援活動を展開していくことが可能となったという実践例も複数ある（日本臨床心理士会，2017）。

2．アウトリーチ

　地域援助を行う際には，来談を待つのではなく，支援者が地域に溶け込み直接出向いて心理的ケアや支援に取り組むというアウトリーチの発想も不可欠となる。アウトリーチでは，心理学的支援の利用が困難な人，アクセスの困難だけでなく，問題意識の低い人，サービス利用に不安や拒否的感情を持つ人などに対して，当事者もしくはその保護者等の要請をもとに現地に出向き，信頼関係の構築やサービス利用の動機づけを行う。訪問した際に，当事者の生活状況をとらえ，日常生活場面での支援に活かす姿勢が求められる。近隣からの通告で虐待の疑いがある家庭に児童相談所の職員が出向いて保護をするのもアウトリーチ活動と言える。また，精神保健福祉センターにおける当事者支援，家族支援では，うつ病，統合失調症などの精神障害やアルコール依存，ひきこもりからの回復を目指す自助グループの育成や活動支援，家族会の運営支援などが行われており，共通の問題を抱えた人々へのエンパワメント[注2] が図られている。また，発達支援センターや保健センターでは，家庭への訪問相談や保育園等への巡回相談（保育士へのコンサルテーション）などを行い，発達上の問題に対する適切な関わり等を助言指導している。地震や水害などの自然災害，事件や事故などの被害者支援などの緊急支援の際には，このアウトリーチ活動が必須となってくる。

　こうした支援を行うためには，地域の人々や諸機関と連携し，支援チームとして活動していく必要がある（小俣，2017）。例えば，児童相談所が個別の相談業務に関して連携する地域の機関には，福祉事務所，保健センター，警察，病院，学校，療育施設，家庭裁判所，少年鑑別所など多岐にわたっている。いざ虐待の通告があったときに，スムーズな対応をするためには，日ごろからの連携を密にとっておく必要がある。

　保健医療分野では，ACT（assertive community treatment；包括型地域支援）という活動がある。これは精神障害者の継続した地域生活を可能にするために考えられたプログラムである。ACT では，24 時間対応を前提に，精神科医・精神科看護師・精神保健福祉士・ケアマネジャー・公認心理師などの多職種による協働チームが，退院をしてきた精神障害者のケア（地域生活支援，社会復帰促進，再発予防のための訪問サービス，服薬管理，社会適応訓練など）を行う。治療とリハ

　注2）エンパワメントとは，否定的評価を受けるなどして生活する力を失っている人に対して，潜在的に持っているパワーを再び生き生きと取り戻す援助をすることで，組織や社会を活性化していくことである。

ビリテーションの両面を併せ持ち，生活の困難の発生や症状の再発，悪化を防ぐという主に三次予防的な意味を持つものである。ACT では，多職種連携によるアウトリーチ活動を通して，こうしたケアを地域に提供することに主眼を置いている。

また，1980 年代よりフィンランドで実践が行われているオープンダイアローグ（OD; open dialogue）[注3] も，対象者本人，家族，親戚，友人，関係する専門職との対話と連携を重視した手法であり，日本でも少しずつ実践され始めている。OD では，本人や家族からの依頼を受けてから 24 時間以内に専門家チームが自宅に出向き，本人も含めた関係者を一堂に集めてそれぞれの話に耳を傾けていくことで，効果的な支援に結びつけている。

3．家族との連携

公認心理師法第 2 条第 3 項では，「心理に関する支援を要する者の関係者に対し，その相談に応じ，助言，指導その他の援助を行うこと」が定められており，要支援対象者本人だけでなく，適宜ご家族とも連携し，日常生活場面から支援を考えていくことが求められる。心理支援を受けることに強い抵抗がある支援対象者も多く，家族も本人への家庭での支援に疲弊していることがあるので，公認心理師は家族との信頼関係を築き，良い連携を通して家族を援助していくことは極めて重要である。ただし，家族関係が悪いケースもあり，心理支援を行っていく際には，起こっている状況を見極めて対応する相当な慎重さが求められる。

4．アドバンス・ケア・プランニング（ACP）

アドバンス・ケア・プランニング（advance care planning；ACP）とは，将来の変化に備え，あらかじめ支援者が今後の治療・療養について，要支援者およびそのご家族や近しい人たちと繰り返し話し合いを行い，本人による意思決定を支援するプロセスを指している。公認心理師は他職種との連携の中で，話し合いの内容を人生の節目で定期的に見直し，より良い支援に向けて共有していくことが望ましい。

年齢や疾患にかかわらず，健康状態の変化に伴って，人生の価値や目標，将来の医療や介護に関する望みを理解し共有し合うプロセスのことは，よりその人らしく生きることを支援するという意味で大変重要である。なお，このプロセスに

注3）オープンダイアローグとは，患者や家族から連絡を受けた医療チームが 24 時間以内に訪問し，参加者全員（治療者や患者だけでなくその家族や関係者も含む）が平等な立場で，文字通り「開かれた対話」を繰り返し，症状緩和を目指す治療法である。

は自分が意思決定できなくなったときに備えて，信用できる人々を選定しておくことを含んでいる。

■ Ⅳ　連携する上での留意点

　支援活動において円滑な連携を組むためには，日ごろから他職種の専門性について知っておくことである。医師や看護師，保健師，薬剤師，福祉士，教師，法律家など，それぞれの職種の学問的な背景を知ると同時に，その職務を遂行する上でのさまざまな苦労や大変さを十分に理解していくことが望ましい。そのためには，平時よりコミュニケーションをとり，さまざまな角度からの見立ての方法や価値観を共有する努力をする必要がある。とくに，危機事態に陥ったときには，職種を超えてチームとして対策を立てていくことが必要であり，円滑な支援体制を整えるためには，風通しの良い人間関係を保っておくことが有効である。そのためには，公認心理師としての守備範囲を十分に自覚しつつ，どこまで情報共有をするか，どのような役割分担をしていくか，臨床の場の特性や支援に求められるニーズを踏まえて，できるだけ明確にしていく。自分一人で何とかしようとして抱え込んでいると，緊急時に周囲のサポートが得られず，より深刻な事態を引き起こしてしまうこともある。縄張り意識を持たず，多職種間で連携し，サポートし合っていけるようなネットワークの構築が極めて重要である。その際には，誰にどこまで，どのように伝えていくか，あるいは伝えないかについて，守秘義務などの倫理面に十分配慮していく。さらに，連携するからこそ生まれる見立てや支援の方向性へのずれが，クライエントの混乱を招く危険性にも注意し，対立構図にならないよう，意見をすり合わせ調整していく試みを怠らないようにする。

　公認心理師は，自己責任と自分の限界について，専門家としての能力と目の前にある問題とをきっちりと見比べることが重要である。自分の専門家としての守備範囲はどこまでなのか，本当に要支援者に対して責任を負えるか覚悟をもってかかわることが求められる。対応する際に判断に困ったときは，所属する機関の関係者さらには地域の関係機関の支援者と十分に連携をとって，話し合うことが必要である。自分が専門家として担当する場合はどこまでができるのかを常に自覚し，明確にしておく必要がある。その上で，何がどこまでできるのかを要支援者に対して説明し，目的を共有しておくことで安全に心理支援を施していかなくてはならない。また，支援者間の軋轢がもとで支援活動が滞ったり，対象者が置き去りになったりしないよう留意する。多職種連携はあくまでも手段であり，目

的は対象者およびその家族への支援であることを忘れない。公認心理師に求められる円滑な連携を可能にするのは，人間関係を円滑に結べる，ごく常識的なコミュニケーション能力（小俣, 2013）が土台と考えられ，日ごろからそうした素養を磨いていくことが望まれる。

◆学習チェック表
□　公認心理師における多職種連携の重要性を理解した。
□　各分野における連携のあり方について理解した。
□　地域援助において予防の視点が重要であることを理解した。
□　連携をする上での留意点を理解した。

より深めるための推薦図書

河野荘子・永田雅子・金子一史編（2015）心理臨床における多職種との連携と協働―つなぎ手としての心理士をめざして．岩崎学術出版社.

箕口雅博編（2016）コミュニティ・アプローチの実践―連携と協働とアドラー心理学．遠見書房.

小澤康司・中垣真通・小俣和義編（2017）緊急支援のアウトリーチ―現場で求められる心理的支援の理論と実践．遠見書房.

齋藤憲司（2015）学生相談と連携・協働―教育コミュニティにおける「連働」．学苑社.

高畠克子（2011）コミュニティ・アプローチ．東京大学出版会.

丹治光浩・渡部未沙・藤田美枝子ほか（2004）心理臨床実践における連携のコツ．星和書店.

文　　献

厚生労働省（2010）チーム医療の推進について：チーム医療の推進に関する検討会―報告書．厚生労働省.

厚生労働省（2016）ひきこもり地域支援センター設置運営事業に関する調査．厚生労働省アフターサービス推進室.

窪田由紀（2017）自殺予防とアウトリーチ．In：小澤康司・中垣真通・小俣和義編：緊急支援のアウトリーチ．遠見書房, pp.138-149.

町田いづみ・保坂隆・中嶋義文（2001）リエゾン心理士―臨床心理士の新しい役割．星和書店.

中村誠文・岡田明日香・藤田千鶴子（2012）「連携」と「協働」の概念に関する研究の概観―概念整理と心理臨床領域における今後の課題．鹿児島純心女子大学大学院人間科学研究科紀要, 7; 3-13.

一般社団法人日本臨床心理士会監修，奥村茉莉子編（2017）こころに寄り添う災害支援．金剛出版.

野島一彦（2016）スクールカウンセリングにおける連携．In：一般社団法人日本心理研修センター編：公認心理師（臨床心理学 臨時増刊号）．金剛出版, pp.36-37.

小俣和義（2020）こころのケアの基本―初学者のための心理臨床　増強版．北樹出版.

小俣和義（2017）多職種連携と心理職のあり方．In：小澤康司・中垣真通・小俣和義編：緊急支援のアウトリーチ．遠見書房，pp.26-49.

坂中順子（2015）学校現場から発信する子どもの自殺予防ハンドブック―いのちの危機と向き合って．金剛出版.

富岡直・満田大・中嶋義文（2013）多職種協働のために精神科リエゾンチームの心理職に求められること―チームの内と外，二面性による検討．*The Japanese Society of General Hospital Psychiatry*, 25(1); 33-40.

鶴田信子（2017）犯罪被害者支援．In：小澤康司・中垣真通・小俣和義編：緊急支援のアウトリーチ．遠見書房，pp.120-137.

山本和郎（2001）コミュニティ心理学の臨床分野への貢献―そしてさらなる展開へ．コミュニティ心理学研究，5(1); 39-48.

 第13章

公認心理師の今後の展開

宮﨑　昭

☞ Keywords　エビデンスベイストの実践，公認心理師の資質，国際生活機能分類（ICF），社会性と情動の学習（SEL），事例研究，品質マネジメントシステム，要因関連図

■ I　公認心理師の資質

　公認心理師の養成の考え方について，公認心理師カリキュラム等検討会（2017）は，「公認心理師の資格を得たときの姿を踏まえた上で，カリキュラムを考えていくことが重要である（outcome-based education；卒業時到達目標から，それを達成するようにカリキュラムを含む教育全体をデザイン，作成，文書化する教育法）」としている。

1．科学者－実践家モデル

　臨床心理家の育成については，1949年にアメリカで「科学者－実践家モデル（scientist-practitioner model）」（会議開催地にちなみボールダー・モデルとも言う）が誕生し，研究，実践の2つの役割をこなすことができる人材を育成するものであった。具体的には，博士課程において基礎心理学の学習と臨床心理実習ならびに博士論文の執筆をすることが求められた（Baker & Benjamin, 2000）。その後，アメリカにおいては，医療費を抑制するために導入されたマネジド・ケアという医療保険制度が施行されたことや，アメリカ心理学会が心理学的疾患に対して「実験的に検証された治療（empirically validated treatments）」のリストを公表したことなどから，臨床心理家は科学知識のレベルを上げて社会的にも効果が認められる実践をすることを要求されるようになった（Chwalisz, 2003；三田村ほか，2012）。

　日本において公認心理師が国家資格として制度化されたことは，アメリカと同様にその職務の科学的根拠とより効果的な実践が社会的に要求されるようになる

ことを示唆している。丹野（2017）は，イギリスにおけるメンタルヘルスとい
う社会政治的な問題に対して，科学的なガイドラインと経済的な費用対効果の視
点から提唱された「心理療法アクセス改善（improving access to psychological
therapies; IAPT）」施策を紹介するとともに，次のように述べている。「国家資格
では，活動の効果についてのエビデンス（科学的根拠）や，養成の透明性が求め
られるのは当然である。税金を使って効果のない活動をおこなったり，質の低い
資格者を出したりすることは許されない」

2．エビデンスベイストの実践

　公認心理師が実践現場において出会う要支援者の問題は，地域の文化の中でし
ばしば複数の問題が絡み合って形成されている。心理に関する支援にあたって，そ
もそもどの心理学的問題を対象とするのか，問題を精神科の診断基準の枠組みか
ら見るのか，心理学的な枠組みから見るのか，社会福祉的な枠組みから見るのか，
あるいは政治経済的な枠組みから見るのかなど，「範囲を定める問題」は実証科学
による一般的な解決は困難である。公認心理師がその職務を遂行するには，科学
的な視点とともに，医療や福祉などの公的制度，関係者の属する地域や文化，関
係者の主観的なニーズ，支援の哲学や考え方，支援者が実施可能な支援技能，時
間的・経済的な費用とその効果など，より多くの要因を広い視野から検討する視
点が必要となる。公認心理師の職務環境は，純粋に要因を統制した科学的な環境
とは大きく異なっている。

　こうした観点から，アメリカ心理学会（APA Presidential Task Force on
Evidence-Based Practice, 2006）は，「心理学におけるエビデンスベイストの実践
（evidence-based practice in psychology; EBPP）」は，患者の特徴，文化，および
好みという文脈のなかで，最善の利用可能な研究と臨床上の専門性とを統合させ
たものである」とした。さらに，スプリング（Spring, 2007）も，「エビデンスベ
イストの実践（EBP）というのは，実証研究と臨床的技術と要支援者の好みや特
徴を統合して臨床的な意思決定をするプロセスのことである」と述べている。

　すなわち，公認心理師が資格取得時にエビデンスベイストの実践ができるため
には，次の 3 つの要素を身につけていることが必要と考えられる。

①要支援者の特徴や好み，環境と発達の文脈を観察し分析できること。
②最善で最新の科学的な実証研究の知見を利用できること。
③支援に必要な専門的な臨床技術を実践できること。

■ II 「事例研究」と「品質マネジメントシステム」

1. 事例研究

　事例研究は，心理臨床の基本として日本心理臨床学会を中心に広く行われてきた。藤原（2004）は次のように述べている。「事例研究法は，心理臨床に学問的基盤を与えていくうえでの基本的な方法であり，同時に心理臨床活動の内容と質を洗練し公共性を与えるために，クライエントと協働して人間心理を深く学ぶ学び方を創造する方法であると言える」

　事例研究はオルポート（Allport, 1942）のいう個性記述的（idiographic）研究であり，科学的な実証研究は法則定立的（monothetic）研究である。事例研究は普遍的法則の実証に困難があり，科学的な実証研究は部分の総和以上の特徴として発現する個別のダイナミックシステム（動的システム）の創発性の記述に困難がある。芸術に例えて言えば，美学は人類普遍の美的な法則を追及するが，「モナリザ」という美術作品は単一事例としての独自の特徴と価値を備えている。レオナルド・ダ・ビンチは，美学における透視図法や空気遠近法という普遍的法則に基づくとともに，人としての身体性を伴った活動を通じて「モナリザ」という独自の創発的な美的世界を作品として制作した。心理臨床も，心理学における普遍的な法則に基づく側面と，人としての身体性を伴った活動を通じて「○○さん」という一事例の支援を行い独自の支援経過を創造していく側面の両方を持っている。

　事例研究から法則定立的な普遍的知識を得ようとする立場としては，（Barlow & Hersen, 1984）の一事例実験計画法や下山（2001）の循環的仮説生成－検証過程のモデルが示されている。また，具体的な事例研究の進め方については（山本・鶴田，2001）に詳しくまとめられている。

2. 品質マネジメントシステム

　公認心理師の職務としては，こうした科学的な実証研究を行うことは示されていない。公認心理師法第1条の目的には「国民の心の健康の保持増進に寄与すること」とあり，公認心理師が行う心理に関する支援には，国民に心の健康の保持増進に寄与できる品質が求められている。

　国際的な品質規格として ISO 9001: 2015 がある。これは，国際標準化機構（International Organization for Standerdization; ISO）が制定する製品やサービスが一定の品質を保証するための「品質マネジメントシステム（quality management

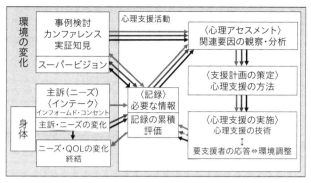

図1　心理支援の品質マネジメントシステム

systems: QMS）」に関する国際規格である。公認心理師が，質の高い支援実践を行うためには，ISO 9001: 2015 にある要求事項について，システムとして整えることが重要である。そこには，実践の場である「組織及びその状況の理解」や「利害関係者のニーズ及び期待の理解」，「QMS の適用範囲の決定」などの要求事項にも対応することが求められている。また，QMS 及びそのプロセスとして PDCA サイクル[注1] の確立が求められている。

　なお，公認心理師が，QMS にのっとり，要支援者の問題に関連する科学的実証知見を調べて，必要とされる支援方法を判断することができるためには，業務として示されてはいないが研究としての事例研究を行うことができるだけの力量が求められる。

■ III　公認心理師の職務の品質マネジメントシステム

　公認心理師が行う心理に関する支援を QMS という視点から，事例のインテークから終結までの PDCA プロセスとして考える時，図1のようにモデル化することができる（宮﨑，2020）。

1．要支援者の身体と環境

　要支援者の身体の状態は，WHO の ICD-11 の医学診断用語で記述されるとともに，国際共通言語として開発された国際保健機関（WHO）の「国際生活機能分類（International Classification of Functioning, Disability and Health; ICF）」の心身機

注1）PDCA サイクル：Plan（計画）→ Do（実行）→ Check（確認）→ Act（見直し）の4段階を繰り返すことによって，品質管理を継続的に改善する方法。

能・身体構造の用語で記述される。こうした医学・生理学的な状態とその機能の状態を理解しておくことは心理的健康の状態を理解する基盤と言える。

　また，要支援者が生活している環境も心理的な健康状態に大きな影響を与えている。生活環境は絶えず変化し続けていることの理解が欠かせない。この領域は，国際生活機能分類 ICF の環境因子の用語で記述される。また，「組織およびその状況の理解」に基づく支援を行うことが必要である。保健医療機関において医学的治療との連携で心理に関する支援を行う場合と，学校において不登校生徒への対応を行う場合，あるいは児童相談所で虐待事案に対する心理に関する支援を行う場合や少年院等において犯罪少年の心理に関する支援を行う場合では，それぞれの職務に適用される法令も求められる内容も異なっている。

2．初回面接（インテーク）

　心理に関する支援の初回面接に向けては，面接室，初回面接用紙，記録記具，検査用紙等を準備しておく。そして，要支援者が安心して心理に関する支援を求められるように，要支援者を予約時間に礼儀正しく迎え入れ，初回面接の目的，方法，時間，プライバシー保護等のガイダンスと合意を行う。さらに，要支援者の主訴と QOL（quality of life；生活の質）の状態について，心理に関する支援を求めることになった「ニーズ」と「きっかけ」を観察して理解する。問題に関連する事項の範囲，なぜ「問題視」されることになったのか，問題の内容とその頻度や深刻さ，始まった時期と対処の経過，問題がなく改善した状態についての考え方などを観察し記録する。

3．記録

　記録をいつ，どのように行うかについては，心理に関する支援後に記録を取る方法が一般に勧められている（菅野，2001）。反面，時間の経過に伴って記憶が事実から離れる危険性がある点に注意が必要である。一方，心理に関する支援中に記録を取る方法は心理検査等においては一般的である。反面，記録することに注意を取られて支援関係を損ねる危険性がある点に注意が必要である。教育・訓練や研究のためには録画や録音という記録方法があるが，記録の仕方と取り扱い方についてインフォームド・コンセント（本書第4章「情報の適切な取り扱いについて」）を得ることが必要である。

　なお，「記録は誰のものか」という点について，前田（2005）は医療の診療録について医療過誤訴訟における判例の分析から，「患者に所有権があり，病院に管

理する義務が課され，医師にその使用と記録の義務がある」と述べている。この見解を参考にすれば，要支援者と支援者が協働で合意できる心理に関する支援の記録を作成していくナラティヴな考え方（本シリーズ第3巻『臨床心理学概論』第11章「ナラティヴ・アプローチ」）が大切だとも考えられる。

　また，記録の機能という視点から見ると，次の3つの役割を果たすことができる観察と記録を行う必要がある。

　①社会的機能：心理に関する支援業務が適切に行われているという証明ならびに必要な経費負担を求めるための根拠となる記録。
　②支援改善機能：心理に関する支援の情報を記録して，次回以降の心理に関する支援を改善していくための記録。
　③治療的機能：要支援者が，過去，現在，未来という時間の中で，自分の心理に関する支援のプロセスを振り返るための記録。

　記録内容については，「心理に関する支援における事実」と「支援者の理解」とを区別することが重要である。心理に関する支援における事実については，支援者が何をした時（事前状況）に，要支援者が何をして（要支援者の言動），それにどう対応したか（事後対応）という三項随伴性がわかる記述が必要である。また，要支援者の情動の変化の推測とその根拠となる具体的な事実を記録しておくことが欠かせない。さらに，事例検討等において明らかになった方針やその修正点などを記録して，次の心理に関する支援の時の支援者自身を含む記録を読む人への指示を記録しておくことも重要である。

4．事例検討

　事例検討のカンファレンス（ケース・カンファレンス；検討会）では，求められている心理に関する支援の問題とその範囲を特定し，心理に関する支援の方法について検討する。なお，対象とする「範囲を定める問題」は，関係者の主観的なニーズをコミュニケーションすることによって生まれる「合意」が基準となる。何が問題となっているのか「合意」が得られて特定されたならば，その問題に関連したどのような実証知見が得られているのか，データベース等で先行研究やガイドラインなどを調べることが必要である。

5．心理アセスメント

　事例検討で明確になった問題に関連する要因について，生物・心理・社会モデ

ル（本シリーズ第22巻『精神疾患とその治療』第20章「バイオ・サイコ・ソーシャルモデル」）の視点から，さらに詳細な心理的アセスメントを行う。

　医療との連携においては，DSM-5やICD-11などの精神医学的な診断基準（第22巻第2章「精神医学診断体系」）を参考にしたアセスメントが重要になる。アメリカにおいては，臨床心理士が精神医学的診断をすることができるため，精神医学の診断についての教育が必須となっている。日本における公認心理師は診療補助職ではなく，精神医学的な診断はその職務とはなっていないが，医療現場における職種間のコミュニケーションを円滑に行うためには，理解しておく必要がある。

　公認心理師が行う心理的アセスメントにおいては，国際生活機能分類ICFの用語を参考にすることが，他分野の専門家との連携において役に立つ。要支援者の心身機能ならびに社会生活における活動と参加の状態とともに，健康状態や環境要因，個人因子についても観察・分析することが必要である。

　宮﨑（2007）は，ICFで評価された項目の関連とそのメカニズムを，システム理論の立場からICF関連図として構成して実践に活用することを示している。ちなみに，認知行動療法のケース・フォーミュレーションは，「心身機能」の要素を症状との関連で要因関連図として構成したものと考えられる。また，ジェノグラム（心理学的家系図）は，家族の成員を要素としてその関連を図に表したもので，エコマップ（生態学的地形図）はそれを社会的な関係機関や支援関係にまで広げて関連図として表したものである。

　こうした要因関連図は，求められた心理に関する支援に関して「仮説設定」を行う作業であり，科学的な実証研究の「仮説設定」に相当する。科学的な実証研究における仮説設定は，限られた要素を取り上げてその関係についての普遍的な法則を求めることが目的である。一方，心理に関する支援の実践における仮説設定は，特定の環境との相互作用の中で個性的な発達経過をたどった要支援者について，対象とする範囲を定めて関連する多数の要因を取り上げ，それらの科学的な実証知見の関連を仮定して，要支援者のニーズに適合する結果が得られる固有のダイナミックシステムを構成することが目的である。

　このような，個体と環境とが時間経過の中で相互作用する複雑系システムを仮説的に作り，実際に実践して期待する結果が得られるか検証する方法論は，人工知能とロボットの研究から発展した身体性認知科学の分野の「構成論的方法」と呼ばれるものである（Pfeifer & Bongard, 2007）。心理的アセスメントの実践において検討したアセスメント結果を検証するには，こうしたアプローチが役に立つと考えられる。

6．心理に関する支援計画の策定

　心理的アセスメントで問題に関連する要因関連図の仮説設定を行ったなら，どの要因に対して誰がいつどのような支援を行うか支援計画を策定することが必要である。特定の要因に対する支援では，科学的実証研究に基づいた効果的な方法を選択することが重要である。なお，アメリカ心理学会が「実験的に検証された治療」の基準として示したのは，同種の診断グループに対するマニュアル化された手続きによる「無作為臨床試験（ランダム化比較試験；randomized controlled/clinical trial; RCT）」が行われている支援方法である。社会的に説明ができる支援計画には，支援手続きが文書化されたマニュアルとして公開されていることが必要である。支援方法が，支援者の好みや勘だけで行われるのならば，社会的な職務の妥当性が問われかねない。

　具体的な支援方法としては，力動的理論に基づく支援か（本シリーズ第 3 巻第 4 章「精神分析的アプローチ」，第 15 巻『心理学的支援法』第 2 章「力動的理解にもとづく心理療法」），認知行動理論に基づく支援か（第 3 巻第 6 章「行動論・認知論的アプローチ」，第 15 巻第 5 章「状況と行動の理解にもとづく心理療法」），人間学派理論に基づく支援か（第 3 巻第 7 章「ヒューマニスティック・アプローチ」，第 15 巻第 4 章「関係性の理解にもとづく心理療法」）等を選択する。また，支援形態としては，個人療法か集団療法（第 3 巻第 9 章「グループ・アプローチ」）かあるいは環境調整のためのコンサルテーション（第 15 巻第 9 章「コンサルテーション」）を中心とするのか等を選択する。なお，要支援者の問題をダイナミックシステムとして理解するならば，「等結果性」[注2]という特徴から，ニーズに適合する結果に至る道筋は複数あると考えられる。公認心理師の職務は，実証研究に基づくとともに，実施可能な自身の心理に関する支援技術と，要支援者の好みや特徴に応じて，ニーズに適合する結果に至るその時点での最善の実現可能な心理に関する支援計画を策定することである。本章 I 節 2 項で述べた EBP の理念である。

7．心理に関する支援の実践

　公認心理師の職務は，現実の限られた時間と場所の中で，支援構造を設え，身体性をもった人の活動として要支援者にかかわって期待される変化を実現するこ

注2）等結果性：異なった初期条件や異なった方法や道筋をたどっても同じ結果に至ることがあるダイナミックシステムの特性。

とである。そのため，公認心理師には，刻々と変わる状況の変化を柔軟に判断して，身体性を持った臨機応変な対応ができるだけの力量が必要である。養成段階で，心理アセスメントや心理に関する支援法ならびに予防教育（本シリーズ第15巻第10章「心の健康教育と予防教育」）やコミュニティ・アプローチ（第3巻第10章「コミュニティ・アプローチ」，第15巻第6章「コミュニティでの心理学的支援の概観」）等の方法について，実際に体を使って演習を行うことで一定の技術を身につけることが必要である。なお，個々の心理検査や心理学的支援法について資格制度がある場合があり，そのような心理学的支援を行う際には資格条件を満たして職務に当たることが必要である。さらに，力量は研修によって高度な知識や技術を身につけるだけでなく，実践経験を一定期間経ることで獲得される。そのため，実際の心理に関する支援業務においてスーパービジョンを受けながら実習経験を積むことが欠かせない。

8．記録の累積と評価

　心理に関する支援の実践を行ったならば，その経過を記録にとどめてその累積記録から支援経過を振り返ることが必要である。支援計画の仮説通りの経過が認められるのであればその支援計画を継続する。一方，支援計画の仮説通りの経過が見られない場合には，支援計画の再検討が必要となる。

　評価としては，支援目標が達成できたかどうかという総括的評価がある。支援経過に伴う形成的評価では，達成できていないが達成目標に向けて不安定な波があるものの，「次第に改善方向である」，「一進一退で現状維持である」，あるいは「次第に悪化している」という「進歩（変化傾向）の評価」を行うことが重要となる。その際に，当初の支援計画作成の時点の生活環境や要支援者の身体的条件や好みが変化していることが少なくない。そうした，環境と要支援者の身体の変化についても評価をする。そして，悪化傾向が認められる場合には，一刻も早くその状態に気づいて支援計画を変更することが必要となる。

9．事例検討とスーパービジョンによる修正

　QMSのPDCAサイクルにしたがって，心理に関する支援の実践の記録から，問題の範囲と関連要因の変化について事例検討を行い，必要な心理的アセスメントを追加し，支援構造を修正して心理に関する支援の実践をより要支援者のニーズに合った方法に改善することが重要である。このプロセスは1回限りではなく，図1に矢印が3本あるように心理に関する支援の度に繰り返すことで，より要支

者のニーズが明確になるとともに，ニーズに適合する結果に至る方法が洗練される。

なお，スーパービジョンについては，「心理演習」および「心理実習」担当教員や実習指導者が担うことになるが，宮崎（2017）が示す次のような資質が求められる。

①公認心理師としての職責を示すことができる（専門職としての知識と技術，専門的価値観と倫理基準を誠実に守る態度，専門家としてのアイデンティティ等を身につけている）。
②基本的な指導能力がある（スーパービジョンの理論と方法の理解，実習生との関係形成，共感的理解などの情動レベルでの指導，実習計画の作成と管理ならびに評価，倫理的配慮の指導等ができる）。
③実習生の理解と評価ならびにフィードバックができる（実習生の個別の課題を把握し実習目標・内容を策定すること，実習活動の振り返りと評価，問題が危惧される場合の実習内容の変更措置，公認心理師としての適性の判断，実習に関する所見の伝達等ができる）。
④多様性に関する要素の影響を理解している（年齢，セクシャリティ，社会経済的地位，障害，民族性，文化，宗教，心理実践の理論と方法等の多様性を理解しており，立場や考え方の違う人とチームを組んで協働で職務を遂行することができる）。

10.　終結

心理に関する支援の記録から，主訴が改善されたり，主訴の問題が存在したままでも QOL が向上したりして，支援がなくても社会生活を送ることができるなどの場合に，心理に関する支援を終結する。なお，支援者の異動など，支援者側の都合により終結を提案する場合には，要支援者の人権を守る立場から，別の支援者や支援機関に引き継ぐ手続き等を実施することが求められる。

IV　心理に関する支援の多様な展開

1．支援領域の多様性

公認心理師は，将来的にはこれまでの支援領域を超えて多様な領域での柔軟な対応が求められる。

①性的多様性への支援

性に関する心理に関する支援の研究は，海外では広く行われているのに対し

て，日本における学会発表等の件数は比較的少ない。性的マイノリティを含むLGBT[注3]への心理に関する支

援や近年のセックスレスの増加，性犯罪の被害者ならびに加害者への心理に関する支援，障害児の性の権利への支援など，今後に求められている課題は多い。

②多文化の分断への心理支援

多文化間カウンセリング（multicultural counseling）は，ある特定の文化圏で生活する個人や家族が，異文化での生活環境に移行した時に感じやすい不適応やストレスに対処するためのカウンセリングとされている。マス・メディアやSNSなどにおいて，似ている意見の人同士で情報交換するうちに自分達の意見が正しいと信じて，別の意見の人々とは分断されたグループができるエコーチェンバーという現象がある。世界中でさまざまな「分断」という現象が問題を引き起こしている中で，多様な人々の感覚や知識，技能，意見を集めて柔軟に問題解決する「集合知」を促進する心理支援が重要な時代になっている。

③社会性と情動の学習（social-emotional learning；SEL）とソマティック心理学への展開

経済協力開発機構（OECD, 2022）は，現代のグローバル化や技術革新や感染症や気候などの環境変化に対応するキー・コンピテンシーとして，これまでの教科学習の先に「社会性と情動のスキル（Social and Emotional Skills）」が必要として，国際調査「Survey of Social and Emotional Skills」を開始している。

また，21世紀になって世界中で大きく発展している心身アプローチの総称として「ソマティック心理学」がある。また，人工知能とロボットの研究から「身体性認知科学」が提唱されている。どちらも，こころが脳にあるというこれまでの考え方から，脳と身体と環境との相互作用の中で心理現象が起こっているというパラダイムの転換に特徴がある。心理療法の分野では禅やヨガから「マインドフルネス・ストレス低減法」（Kabat-zinn, 1990）や臨床動作法（成瀬，2020）の理論と実践などが発展している。

注3）LGBT：レズビアン（女性同性愛者），ゲイ（男性同性愛者），バイセクシュアル（両性愛者），トランスジェンダー（出生時に診断された性と，自認する性の不一致）の頭文字をとった総称。

2．支援方法の多様性

　心理的支援の方法論としても，時代の変化に伴ってこれまでの相談室での個人療法や集団療法などの枠を超えて，オンラインなどの新たな相談支援構造の中での新たな技術と対応が求められる。

①オンライン・カウンセリング

　インターネット経由での通信技術の進歩と新型コロナウィルス感染症の拡大の影響により，映像や音声を用いたオンラインのビデオ・コミュニケーション技術を誰もが容易に使える環境になっている。そうした技術を使ったビデオ・カウンセリングの方法も展開されている。

　テキストベースでのコミュニケーションでは，メールやソーシャル・ネットワーキング・サービス（social networking service; SNS）を使った心理に関する支援が展開されている。アンソニーら（Anthony & Nagel, 2010）は，オンラインによる心理に関する支援についてのガイドラインにおいて，オンライン・カウンセリングの理論，基本的スキル，対面でない働き方と倫理的に考慮すべき点，オンライン・セラピストの養成，スーパービジョンなどについて解説している。また，日本においても，日本オンライン・カウンセリング協会が 1997 年に設立され，2003 年に NPO 法人の認可を受けて，オンライン・カウンセラーの養成と資格認定などの活動を展開している。

　心理学的支援手順がマニュアル化されている認知行動療法では，コンピュータ化された認知行動療法(computerized cognitive-behavioral therapy; CCBT)が開発され，科学的な実証研究も行われている（Vallury, Jones, & Oosterbroek, 2015）。

②心理に関する支援に関する多様な用具の開発と利用

　ストレスチェックなどの簡易な心理スクリーニング検査は，すでにオンライン上で広く公開されている。

　コンピュータゲームは，ゲーム依存という心理的な問題となることもあるが，心理教育の用具としても活用できる。サルミヴァリら（Salmivalli, Kämä, & Poskiparta, 2011）のいじめ防止プログラム Kiva では，Kiva 通りという仮想現実環境（バーチャルリアリティ）において KivaGame といういじめ防止のコンピュータゲームが活用されている。

　石黒（2011）は携帯電話を収納できるポケットを持つ，最小限の人間の姿形の

ロボット「テレノイド」の形をした抱き枕「ハグビー」を開発して，相手を腕の中に抱きながらしゃべっている感覚を得ることができるとしている。また，パロ（PARO）は，日本の独立行政法人産業技術総合研究所が開発したアザラシ型ロボットで，動物的な反応を示すパロとふれ合うことで，アニマルセラピー[注4]と同様の効果が確認されている。こうした，多様な用具の開発と活用は，ロボットと人工知能の研究が一層進むことで，さらに発展していくものと考えられる。

③多様な心理支援に関する情報提供

心理に関する支援の情報としては，精神保健に関するさまざまなウェブサイトや専門家によるブログなどが広く公開されており，精神疾患や心理的な問題に関する情報を，誰でも手に入れることができるようになっている。しかしながら，その情報の信頼性に関しては必ずしも信頼に足るものばかりではない点に注意が必要である。

◆学習チェック表
- □　エビデンスベイストの実践について理解した。
- □　心理に関する支援における「事例研究」の意義を理解した。
- □　心理に関する支援の品質マネジメントシステムについて理解した
- □　心理に関する支援領域の多様性に興味を持って関心のある領域について調べた。
- □　心理に関する支援法の多様性に興味を持って関心のある方法ついて調べた。

より深めるための推薦図書

APA Presidential Task Force on Evidence-Based Practice（2006）Evidence-based practice in psychology. American Psychologist, 61(4); 271-285.

品質マネジメントシステム規格国内委員会監修，中條武志・棟近雅彦・山田秀（2015）ISO 9001: 2015（JIS Q 9001: 2015）要求事項の解説．日本規格協会．

障害者福祉研究会編（2002）ICF 国際生活機能分類―国際障害分類改定版．中央法規出版．

渡辺弥生・小泉令三（2022）ソーシャル・エモーショナル・ラーニング（SEL）非認知的能力を育てる教育フレームワーク．福村出版．

山本力・鶴田和美編（2001）心理臨床家のための「事例研究」の進め方．北大路書房．

注4）心理の支援を要する人に対して，動物と触れ合うことでストレスの軽減や，精神的健康の回復，あるいは生活の質の向上をはかるセラピー。

文　　献

Allport, G. W.（1942）*The Use of Personal Documents in Psychological Science.* Social Science Council.（大場安則訳（1970）心理学における個人的記録の利用法．培風館．）

Anthony, K. & Nagel, D. A. M.（2010）*Therapy Online: A Practical Guide.* Sage.

APA Presidential Task Force on Evidence-Based Practice（2006）Evidence-based practice in psychology. *American Psychologist*, 61; 271-285.

Baker, D, B. & Benjamin, L. T. Jr.(2000)The affirmation of the scientists-practitioner: A look back at Boulder. *American Psychologist*, 55(2); 241-247.

Barlow, D. H., Hersen, M.(1984)*Single Case Experimental Designs; Strategies for Studying Behavior Change 2/ed.* Pergamon Press.（高木俊一郎・佐久間徹　監訳（2001）一事例の実験デザイン―ケーススタディの基本と応用―．二瓶社．）

Broskowski, A. T.（1995）The evolution of health care: Implications for the training and careers of psychologists. *Professional Psychology: Research and Practice*, 26(2); 156-162.

Chwalisz, K.（2003）Evidence-based practice: A framework for twenty-first-century scientist-practitioner training. *The Counseling Psychologist,* 31(5); 497-528.

藤原勝紀（2004）事例研究法．In：丹野義彦編：臨床心理学全書5 臨床心理学研究法．誠信書房，pp.19-64.

Hayes, S. C., Barlow, D. H., & Nelson-Gray, R. O.（1999）*The Scientist Practitioner: Research and Accountability in the Age of Managed Care.* Needham Heights. MA; Allyn & Bacon.

藤井美和（2000）病む人のクオリティー・オブ・ライフとスピリチュアリティ．関西学院大学社会学部紀要，85; 33-42.

石黒浩（2014）どうすれば「人」を創れるか―アンドロイドになった私．新潮社．

Kabat-zinn, J.（1990）*Full Catastrophe Living.* The Bantam Dell Publishing Group, a division of Randam House.（春木豊訳（2007）マインドフルネスストレス低減法．北大路書房．）

公認心理師カリキュラム等検討会（2017）報告書．http://www.mhlw.go.jp/file/05-Shingikai-12201000-Shakaiengyokushougaihokenfukushibu-Kikakuka/0000169346.pdf

久保隆司・日本ソマティック心理学協会編（2015）ソマティック心理学への招待―身体と心のリベラルアーツを求めて．コスモス・ライブラリー．

Levant, R. F.（2004）The empirically validated treatments movement: A practitioner/educator perspective. *Clinical Psychology: Science and Practice*, 11(2); 219-224.

前田まゆみ（2005）診療録の法的考察―判例からの分析．医学教育，36(3); 153-156.

三田村仰・武藤崇（2012）我が国における「エビデンスに基づく心理学的実践」の普及に向けて―アクセプタンス&コミットメント・セラピー（ACT）のセラピストをどのように養成していくべきか．心理臨床科学（同志社大学心理臨床センター紀要），2(1); 57-68.

宮﨑昭（2007）システム論からみた ICF と特別支援教育．In：国立特別支援教育総合研究所編：ICF 及び ICF-CY の活用：試みから実践へ―特別支援教育を中心に．ジアース教育新社，pp.218-225.

宮﨑昭（2017）心理実践実習．In：野島一彦編：公認心理師入門―知識と技術．日本評論社，pp.150-154.

宮﨑昭（2020）エビデンスベイスドの心理支援実践モデルの作成―国際品質規格 ISO9001 を参考にした理論的考察―日本心理臨床学会第 39 回大会論文集，0456.

成瀬悟策（2014）動作療法の展開―こころとからだの調和と活かし方．誠信書房．

品質マネジメントシステム規格国内委員会監修，中條武志・棟近雅彦・山田秀（2015）ISO 9001: 2015（JIS Q 9001: 2015）要求事項の解説．日本規格協会．

Layard, R. & Clark, D. M.(2014)*Thrive: The power of Evidence-Based Psychological Therapies.* Allen

Lane.（丹野義彦監訳（2017）心理療法が開く未来—エビデンスにもとづく幸福改革．ちとせプレス．）

OECD（2022）SSES What Is the Survey's Purpose?　https://www.oecd.org/education/ceri/social-emotional-skills-study/about/

大城絢子・植田真一郎（2016）臨床研究マネジメント人材育成プログラムの教育活動の中間成果報告．医学教育，**47**(6); 367-370.

Pfeifer, R. & Bongard, J.（2007）*How the Body Shapes the Way We Think — A New View of Intelligence*. Massachusetts Institute of Tecnology.（細田耕・石黒章夫訳（2010）知能の原理—身体性に基づく構成論的アプローチ．共立出版，pp.79-84.）

Salmivalli, C., Kämä, A., & Poskiparta, E.（2011）Counteracting bullying in Finland: The KiVa program and its effect on different forms of being bullied. *International Journal of Behavior Development*, **35**(5); 405-411.

下山晴彦（2001）．事例研究．In：丹野義彦・下山晴彦編：講座臨床心理学2　臨床心理学研究．東京大学出版会，pp.61-81.

Spring, B.（2007）Evidence-based practice in clinical psychology: What it is, why it matters, what you need to know. *Journal of Clinical Psychology*, **63**(7); 611-631.

菅野信夫（2001）心理臨床における記録．In：山本力・鶴田和美編：心理臨床家のための「事例研究」の進め方．北大路書房，pp.43-53.

鶴若麻理・岡安大仁（2001）スピリチュアルケアに関する欧米文献の動向．生命倫理，**11**(1); 91-96.

Vallury, K. D., Jones, M., & Oosterbroek, C.（2015）Computerized cognitive behavior therapy for anxiety and depression in rural areas: A systematic review. *Journal of medical Internet Research*, **17**(6); e139.

公認心理師制度推進の主要5団体

野島一彦

　わが国の公認心理師法は平成 29（2017）年に施行された。公認心理師制度の充実・発展のためには，①養成，②試験，③研修，④雇用の 4 点がポイントである。それらに関連する団体はいろいろあるが，ここではその中から主要な 5 団体について概説する。

I　試験・登録

一般財団法人　日本心理研修センター（https://www.jccpp.or.jp）

　ホームページでは「一般財団法人日本心理研修センターは平成 25（2013）年に設立され，平成 28（2016）年 4 月に指定試験機関，平成 29（2017）年 11 月に指定登録機関として，文部科学大臣，厚生労働大臣によって指定されました。心理職の国家資格である公認心理師の資格試験を運営し，公認心理師の資格登録を行うほか，有資格者への教育や研修を通じて，時代の変化に応じた知識や技能の向上を図り，心の健康に関わる多様なサービスが提供できる公認心理師制度を推進して参ります」と紹介されている。平成 30（2018）年度より毎年，試験を実施している。令和 4（2022）年度に 5 回目の試験が実施された。

II　養　　成

一般社団法人　日本公認心理師養成機関連盟（https://kouyouren.jp）

　ホームページでは「本連盟は，公認心理師を養成する，大学，大学院及び実務経験を行う施設等の機関によって構成される全国組織です。本連盟は，公認心理師養成機関に課せられた社会的使命に鑑み，公認心理師養成の内容充実及び振興を図るとともに，公認心理師及び公認心理師養成に関する研究開発と知識の普及に努め，もって国民の心の健康の保持増進に寄与することを目的とします」と紹介されている。令和 4（2022）年 10 月時点で 180 機関が入会している。平成 30（2018）年から毎年研修会を開催し，令和 4（2022）年 10 月には 11 回目を

開催している。また心理実習演習の手引きの作成を行っている。

公認心理師養成大学教員連絡協議会（https://psych.or.jp/qualification/ shinrishi_info/）

この会（略称：公大協）は公益財団法人　日本心理学会の下部組織である。ホームページでは「本会は，科学者─実践家モデルに基づく公認心理師の育成と質向上をはかり，心理学の学術的発展と人々の心身の健康増進に寄与することを基本理念とします。併せて，各養成大学・大学院が抱える問題を共有し，相互の連携を図ることを会の目的のひとつとします」と紹介されている。会員は，個人会員，組織会員，加盟団体で構成されている。シンポジウムの開催，実習関係の手引き等の作成，公認心理師教育コアカリキュラム案の公開をしている。

▌ III　職能団体

一般社団法人　日本公認心理師協会（https://www.jacpp.or.jp）

ホームページでは「本協会は，諸分野における公認心理師の職能の開発と向上を目指し，社会貢献活動や政策提言，会員等への教育研修・情報提供，そして相互研鑽などを通じ，時代の変化に応じた知識や技能の向上を図り，社会の負託に応えてまいります」と紹介されている。この会は，令和2（2020）年に協会内に「日本公認心理師学会」を設立し，令和3（2021）年から学術大会を開催し，令和4（2022）年7月には学会誌をインターネット配信している。また令和3（2021）年度より〈専門認定制度〉（認定専門公認心理師，認定専門指導公認心理師）を開始している。

一般社団法人　公認心理師の会（https://cpp-network.com）

ホームページでは「国民のメンタルヘルスの向上をめざして，新しい公認心理師の職能団体『公認心理師の会』を設立しました。科学者─実践家モデルに基づき公認心理師のスキルアップとキャリアアップをめざします。公認心理師の公認心理師による国民のための職能団体をめざします」と紹介されている。また「公認心理師養成大学教員連絡協議会と公認心理師の会は，車の両輪として機能します」と述べている。研修会の開催，各実践分野における〈専門公認心理師制度〉を創設するとしている。

精神科病院での心理職の仕事

土田　純

「人の心をあたたかくできる仕事をしたい」

そんな思いで，私は公認心理師（以下，心理師）を目指した。

大学院生時代には，医療領域の実習先で，他の人とはほとんど話さない患者さんが私にだけ心を開いて話してくれたという経験があった。その経験により「私自身が，患者さんの心があたたかくなる唯一の居場所でありたい」と目標が変化していった。

しかし，実際に精神科病院で働き始めると「私だけが居場所になるのは患者さんのためになるのか？」と疑問を抱くようになった。というのも，"医療"の現場であるため，治療が進み患者さんの症状が軽減したり落ち着いたりすると，患者さんは退院され，服薬の必要がなくなり，通院さえも必要なくなる場合があるからだ。そんな"医療"の現場で，心理師が行うカウンセリングは多くて週に1〜2回程度であるため，心理師が患者さんの居場所になれたとしても，患者さんの生活の大部分は心理師がそばにいることはできない。だからこそ，心理師だけが居場所になるのではなく，患者さんがカウンセリング以外にたくさんの居場所を見つけられるようにつなぐことが心理師の役割なのではないかと考えるようになった。

ある患者さんは，最初は「カウンセリングの時間だけが私の心が落ち着く時間です」と話していた。しかし，カウンセリングの中で患者さんにとって頼れそうな人は誰か，どうやったらその人達に頼れるようになるのかといったことを話していく内に，最終的には，日常生活の中でご家族や周りの人達に頼れるようになり，カウンセリング以外に多くの居場所が見つかったため，「薬を飲まなくても症状が出なくなりました。カウンセリングもなくても大丈夫そうです」とのことで，通院は終了となった。

この患者さんのように，その方のリソース（ご本人の強み，周囲の人のサポート，社会資源など）を引き出し，それらを活用できるように後押しして日々の生活に送り出すこと，そして，「困った時には，また一緒に考えましょう」と何かあった時に患者さんが戻ってくることのできる場としてあり続けることが，今の私の心理師としてのやりがいであり，目指すところである。

児童相談所での心理職の仕事

三塩新人

「今すぐ殺せ」と喚く，当時中学3年生の男児に私はかける言葉が見つからず，ただ黙って彼を見守っていた。すると追い打ちをかけるように「お前聞いとるんか！」と罵声が飛んでくる。

家庭内暴力で一時保護した直後の面接での一幕。面接中迷うことは今もよくあるが，まずは思いを受け止めることに徹する。親と同じことをして何が悪いんだと叫ぶ彼の話を聴いていくと，幼い頃，親から包丁を突き付けられ，「殺すぞ」とよく脅されており，怖くて固まると「聞いとるんか！」と怒鳴られていたとぽつぽつ語ってくれる。児童虐待による外傷体験の侵入症状が面接時に現れた様子。

普段は穏やかで，中学生になっても親を恋しがる彼。親もすぐ引き取りたがる。いびつで依存的な親子関係を形成していたため，親子を離して安定した環境を提供する方が良いと見立てつつも，親子共に離れることができない。普段は学校も通えず，人との接点をもとうとしない家庭だったので，せめて引取後の訪問には応じてもらう。

学校や地域の支援員と繰り返し訪問。関係構築に時間は掛かったが，他愛ない話をする中で親も困り事を漏らし，そこから病院受診や訪問介護の利用へとつながる。彼とも，好きなゲームを通してやりとり楽しむぐらいしかできなかったが，1年以上かかわりを続けていった。

勤務先を異動して約10年。たまたま入ったファミレスで，突然彼に声を掛けられた。彼の話では，少年院に入るなど紆余曲折しつつも，今は親元を離れてここで働いているとのこと。私を覚えていたことに感謝すると「そりゃ，そうよ」と一言。私としては月数回しか関われず，途中で異動したため申し訳なさもあったが，彼の受け止め方は違った。先日，子どもが生まれたと連絡があり，児相と関わらないように頑張るよと笑いながら話していた。

支援を求めない家庭に，支援の必要性を感じ，どうつながるか。求められないからといって安易に切り捨てられないと，この仕事を通してつくづく感じる。また他機関の強みも活かしながら皆で支え，つながっていく心強さも実感する。

人は人とのかかわりの中で変化し，成長していく。このことを信じ，公認心理師として，人とつながり，つなげていくことを今後も大切にしたい。

スクールカウンセラーの仕事

クアモト美穂

　担任という責任を持った先生方は，時に孤独で，自身の評価に関わる不安を少なからず感じている。スクールカウンセラー（以下 SC）が学校に居るという利点を活かし，タイムリーに先生を支援することで共働し，サポーターズ・サポーターとして機能することが大切だと感じる事例はとても多い。

　母一人，子一人の小学6年生女児。数年前に父親は病死。6年生になり急に不登校。本人は理由を言わない。本人が嫌がるので母親のみ継続面接。働き詰めで生活に疲れているが，一生懸命笑顔で乗り切ってきた。本人は，昼間一人でテレビを観たり，絵を描いたりして過ごす。母が帰宅したら話をしたがるが，思った反応が無かったら腹を立てる。周りの支えもなく閉鎖的な状況に新しい風が必要と感じ，本人に手紙を1カ月に1回程度，テレビの話や最近あったことなどを書いて，母親に渡して貰った。また母親と本人への声掛けを一緒に考えた。同時に担任には，負担のない範囲で同じ曜日・同じ時間・同じ頻度で家庭訪問を行ってもらった。玄関口で会って「顔を見たくて」と長居しない支援から始めて貰い，少しずつおしゃべりができるようになった。登校のことは話さないようにお願いして，安全な関係づくりを重視した。気になることがあった際は，その都度 SC と担任で短時間でも状況の確認と今後の支援の方向性を話し合った。担任は，生徒といろいろ話せるようになり，生徒の不登校よりも，この生徒のためにできることを考えるようになっていった。ある時「勉強のことが不安だけれど，勉強ができない」と担任に打ち明けてくれた。担任に「いつからでもできるから大丈夫だよ」と言ってもらえたことで，プリントを1週間に1枚やってみて，分からないところを先生に聞くことができるようになった。卒業式には出席しなかったが，学校で卒業証書を受け取り，母親と担任の3人で写真が撮れた。その後中学校に普通に通学，担任を驚かせた。母親より本人が SC に卒業の写真を見て欲しいと御礼の言伝をもらった。

　担任が振り返って「SC がこの支援でいこうとずっと並走してくれたことはとても心強かった」と話してくれた。SC だけで支援が進んだ事例よりも，喜びが2倍や3倍になるところがポイントだと思っている。これからも良き黒子でありたい。

矯正施設での心理職の勤務を通じて

岩﨑陽子

　一般的に非行少年や犯罪者と聞けば，あまり近寄りたくない，関わりたくないと思う人の方が多いかもしれない。心理職として，面接をすることはできるのだろうか，そもそも本人が問題を解決したいと思っているのだろうかといった疑問も浮かんでくるのではないだろうか。

　私自身，そんな先入観を覆したのが，学生時代に少年鑑別所で学習支援のアルバイトをしたことである。高校受験を控えた少年に，個別で学習支援を行っていたのだが，受験勉強の問題を解きながら，少年は高校受験を受けられるのか分からないような自らの立場や地元の友人たちについて，ぽつりぽつりと話してくるのだった。いわゆる「非行少年」が思っていた以上に他者に話を聞いてもらいたい気持ちを持っていることを知った。

　そんな少年たちの話をもっと聞いてみたいと思い，矯正施設で働く心理職の仕事に就き，少年鑑別所，少年院，刑務所での勤務を続けて 15 年以上が経った。矯正施設の中で会う人たちは，法律で定められた一線を超えてしまったという点こそ共通しているが，その背景や個々が抱えている問題は本当に多様で，未だ新たに学ぶことが多い日々である。そして，逃げることのできない場所で，自身の問題と向き合わざるを得ない人たちと話をするということは，ときにとてもエネルギーを使い，自身の感情を揺さぶられることもありながらも，他の心理職では得難い体験ができる場であると感じている。

　矯正施設で働く心理職にとっては，心理学の知見に基づいて，客観的に非行や犯罪の分析を行うことも重要な役割である。そうして得られた分析結果は，鑑別結果通知書として家庭裁判所の審判に活用されたり，法務省独自のリスクアセスメントツールとして少年院や刑務所，保護観察所の処遇に活用されている。

　公認心理師としての専門的な知識や技術を生かし，彼ら，彼女らが一線を超えた理由について一緒に考え，関係機関とより良い処遇の方法を模索しながら，再非行・再犯罪のない生き方を目指すことができたとき，それは個人への援助を超えて，社会の安全に寄与する重大な仕事の一部を担っているようにも思っている。

産業領域における心理師の働き方

三浦由美子

　産業領域では健康度の高い相談者が多いので，アセスメント力は必要ではないと思われがちである。確かにコーチングやキャリアなどの相談もあるが，統合失調症などの重い精神疾患の初発でまだ医療に繋がる前段階のケースも多い。

　また，自主相談だけでなく，上司や人事などから職場で問題を起こしている従業員が紹介されて来ることもあり，その中には依存性やパーソナリティーや発達の偏りを持つ方も多くみられる。これらの相談者の状態を見極めて適切な資源に繋げるために，アセスメント力は欠かせない。

　産業領域で働くには，他の専門職や管理職や人事担当者などと1つのチームとして協働することが求められる。守秘義務と情報共有の選択といった判断を求められる機会もある。企業内のカウンセラーとして働いていた際に，多重債務を抱えた社員が自殺をほのめかして行方不明になるケースがあった。人事部からその人がカウンセリングを受けているかという確認があった。普段ならカウンセリングを受けているという情報は知らせる事ができないが，緊急事態においては人命の保護を優先して情報を共有する。人事部からは社員の家族等の情報をもらう。独居で家族が近くにいない場合は入院も視野に入れながら受け入れ先の医療機関を検討する。産業医の先生と連携して本人をケアするための準備をしていく。

　治療を受けて病状が改善した後は，メンタル不調の原因となった多重債務の問題を整理し，弁護士などの資源に繋ぐ。さらに多重債務の原因となったギャンブルや買い物依存等の問題について専門の医療機関とも連携しながら，カウンセリングを行い再発予防していく。

　多職種連携においては，相談者の状態を病名や障害など専門用語を使わずに説明する力も必要である。どのような仕事や環境が苦手で，何ができるのかなど，病名や障害という言葉を使わずに説明し，有効な環境調整について伝えるコミュニケーション力が求められる。

　相談者の病気や問題を見るのではなく，いかにその人が社会的に機能していけるかを考え，支援していくのが心理職としての役割だと考える。

■索　引

付　録

付録1：公認心理師法概要

一　目的
公認心理師の資格を定めて，その業務の適正を図り，もって国民の心の健康の保持増進に寄与することを目的とする。

二　定義
「公認心理師」とは，公認心理師登録簿への登録を受け，公認心理師の名称を用いて，保健医療，福祉，教育その他の分野において，心理学に関する専門的知識及び技術をもって，次に掲げる行為を行うことを業とする者をいう。

①心理に関する支援を要する者の心理状態の観察，その結果の分析

②心理に関する支援を要する者に対する，その心理に関する相談及び助言，指導その他の援助

③心理に関する支援を要する者の関係者に対する相談及び助言，指導その他の援助

④心の健康に関する知識の普及を図るための教育及び情報の提供

三　試験
公認心理師として必要な知識及び技能について，主務大臣が公認心理師試験を実施する。受験資格は，以下の者に付与する。

①大学において主務大臣指定の心理学等に関する科目を修め，かつ，大学院において主務大臣指定の心理学等の科目を修めてその課程を修了した者等

②大学で主務大臣指定の心理学等に関する科目を修め，卒業後一定期間の実務経験を積んだ者等

③主務大臣が①及び②に掲げる者と同等以上の知識及び技能を有すると認めた者

四　義務
1　信用失墜行為の禁止

2　秘密保持義務（違反者には罰則）

3　公認心理師は，業務を行うに当たっては，医師，教員その他の関係者との連携を保たねばならず，心理に関する支援を要する者に当該支援に係る主治医があるときは，その指示を受けなければならない。

五　名称使用制限
公認心理師でない者は，公認心理師の名称又は心理師という文字を用いた名称を使用してはならない。（違反者には罰則）

六　主務大臣
文部科学大臣及び厚生労働大臣

七　施行期日
一部の規定を除き，公布の日から起算して2年を超えない範囲内において政令で定める日から施行する。

八　経過措置
既存の心理職資格者等に係る受験資格等について，所要の経過措置を設ける。

付録2：公認心理師法（法律第六十八号：平二七・九・一六）

目次

第一章　総則（第一条－第三条）
第二章　試験（第四条－第二十七条）
第三章　登録（第二十八条－第三十九条）
第四章　義務等（第四十条－第四十五条）
第五章　罰則（第四十六条－第五十条）
附則

第一章　総則
（目的）

第一条　この法律は，公認心理師の資格を定め，その業務の適正を図り，もって国民の心の健康の保持増進に寄与することを目的とする。

（定義）

第二条　この法律において「公認心理師」とは，第二十八条の登録を受け，公認心理師の名称を用いて，保健医療，福祉，教育その他の分野において，心理学に関する専門的知識及び技術をもって，次に掲げる行為を行うことを業とする者をいう。

一　心理に関する支援を要する者の心理状態を観察し，その結果を分析すること。

二　心理に関する支援を要する者に対し，その

187

心理に関する相談に応じ，助言，指導その他の援助を行うこと。

三　心理に関する支援を要する者の関係者に対し，その相談に応じ，助言，指導その他の援助を行うこと。

四　心の健康に関する知識の普及を図るための教育及び情報の提供を行うこと。

（欠格事由）

第三条　次の各号のいずれかに該当する者は，公認心理師となることができない。

一　心身の故障により公認心理師の業務を適正に行うことができない者として文部科学省令・厚生労働省令で定めるもの

二　禁錮以上の刑に処せられ，その執行を終わり，又は執行を受けることがなくなった日から起算して二年を経過しない者

三　この法律の規定その他保健医療，福祉又は教育に関する法律の規定であって政令で定めるものにより，罰金の刑に処せられ，その執行を終わり，又は執行を受けることがなくなった日から起算して二年を経過しない者

四　第三十二条第一項第二号又は第二項の規定により登録を取り消され，その取消しの日から起算して二年を経過しない者

第二章　試験

（資格）

第四条　公認心理師試験（以下「試験」という。）に合格した者は，公認心理師となる資格を有する。

（試験）

第五条　試験は，公認心理師として必要な知識及び技能について行う。

（試験の実施）

第六条　試験は，毎年一回以上，文部科学大臣及び厚生労働大臣が行う。

（受験資格）

第七条　試験は，次の各号のいずれかに該当する者でなければ，受けることができない。

一　学校教育法（昭和二十二年法律第二十六号）に基づく大学（短期大学を除く。以下同じ。）において心理学その他の公認心理師となるために必要な科目として文部科学省令・厚生労働省令で定めるものを修めて卒業し，かつ，同法に基づく大学院において心理学その他の公認心理師となるために必要な科目として文部科学省令・厚生労働省令で定めるものを修めてその課程を修了した者その他その者に準ずるものとして文部科学省令・厚生労働省令で定める者

二　学校教育法に基づく大学において心理学その他の公認心理師となるために必要な科目として文部科学省令・厚生労働省令で定めるものを修めて卒業した者その他その者に準ずるものとして文部科学省令・厚生労働省令で定める者であって，文部科学省令・厚生労働省令で定める施設において文部科学省令・厚生労働省令で定める期間以上第二条第一号から第三号までに掲げる行為の業務に従事したもの

三　文部科学大臣及び厚生労働大臣が前二号に掲げる者と同等以上の知識及び技能を有すると認定した者

（試験の無効等）

第八条　文部科学大臣及び厚生労働大臣は，試験に関して不正の行為があった場合には，その不正行為に関係のある者に対しては，その受験を停止させ，又はその試験を無効とすることができる。

2　文部科学大臣及び厚生労働大臣は，前項の規定による処分を受けた者に対し，期間を定めて試験を受けることができないものとすることができる。

（受験手数料）

第九条　試験を受けようとする者は，実費を勘案して政令で定める額の受験手数料を国に納付しなければならない。

2　前項の受験手数料は，これを納付した者が試験を受けない場合においても，返還しない。

（指定試験機関の指定）

第十条　文部科学大臣及び厚生労働大臣は，文部科学省令・厚生労働省令で定めるところにより，その指定する者（以下「指定試験機関」という。）に，試験の実施に関する事務（以下「試験事務」という。）を行わせることができる。

2　指定試験機関の指定は，文部科学省令・厚生労働省令で定めるところにより，試験事務を行おうとする者の申請により行う。

3　文部科学大臣及び厚生労働大臣は，前項の申請が次の要件を満たしていると認めるときでなければ，指定試験機関の指定をしてはならない。

一　職員，設備，試験事務の実施の方法その他の事項についての試験事務の実施に関する計画が，試験事務の適正かつ確実な実施のために適切なものであること。

二　前号の試験事務の実施に関する計画の適正かつ確実な実施に必要な経理的及び技術的な基礎を有するものであること。

4　文部科学大臣及び厚生労働大臣は，第二項

付　　録

の申請が次のいずれかに該当するときは，指定試験機関の指定をしてはならない。

　一　申請者が，一般社団法人又は一般財団法人以外の者であること。

　二　申請者がその行う試験事務以外の業務により試験事務を公正に実施することができないおそれがあること。

　三　申請者が，第二十二条の規定により指定を取り消され，その取消しの日から起算して二年を経過しない者であること。

　四　申請者の役員のうちに，次のいずれかに該当する者があること。

　　イ　この法律に違反して，刑に処せられ，その執行を終わり，又は執行を受けることがなくなった日から起算して二年を経過しない者

　　ロ　次条第二項の規定による命令により解任され，その解任の日から起算して二年を経過しない者

（指定試験機関の役員の選任及び解任）

第十一条　指定試験機関の役員の選任及び解任は，文部科学大臣及び厚生労働大臣の認可を受けなければ，その効力を生じない。

2　文部科学大臣及び厚生労働大臣は，指定試験機関の役員が，この法律（この法律に基づく命令又は処分を含む。）若しくは第十三条第一項に規定する試験事務規程に違反する行為をしたとき又は試験事務に関し著しく不適当な行為をしたときは，指定試験機関に対し，当該役員の解任を命ずることができる。

（事業計画の認可等）

第十二条　指定試験機関は，毎事業年度，事業計画及び収支予算を作成し，当該事業年度の開始前に（指定を受けた日の属する事業年度にあっては，その指定を受けた後遅滞なく），文部科学大臣及び厚生労働大臣の認可を受けなければならない。これを変更しようとするときも，同様とする。

2　指定試験機関は，毎事業年度の経過後三月以内に，その事業年度の事業報告書及び収支決算書を作成し，文部科学大臣及び厚生労働大臣に提出しなければならない。

（試験事務規程）

第十三条　指定試験機関は，試験事務の開始前に，試験事務の実施に関する規程（以下この章において「試験事務規程」という。）を定め，文部科学大臣及び厚生労働大臣の認可を受けなければならない。これを変更しようとするときも，同様とする。

2　試験事務規程で定めるべき事項は，文部科学省令・厚生労働省令で定める。

3　文部科学大臣及び厚生労働大臣は，第一項の認可をした試験事務規程が試験事務の適正かつ確実な実施上不適当となったと認めるときは，指定試験機関に対し，これを変更すべきことを命ずることができる。

（公認心理師試験委員）

第十四条　指定試験機関は，試験事務を行う場合において，公認心理師として必要な知識及び技能を有するかどうかの判定に関する事務については，公認心理師試験委員（以下この章において「試験委員」という。）に行わせなければならない。

2　指定試験機関は，試験委員を選任しようとするときは，文部科学省令・厚生労働省令で定める要件を備える者のうちから選任しなければならない。

3　指定試験機関は，試験委員を選任したときは，文部科学省令・厚生労働省令で定めるところにより，文部科学大臣及び厚生労働大臣にその旨を届け出なければならない。試験委員に変更があったときも，同様とする。

4　第十一条第二項の規定は，試験委員の解任について準用する。

（規定の適用等）

第十五条　指定試験機関が試験事務を行う場合における第八条第一項及び第九条第一項の規定の適用については，第八条第一項中「文部科学大臣及び厚生労働大臣」とあり，及び第九条第一項中「国」とあるのは，「指定試験機関」とする。

2　前項の規定により読み替えて適用する第九条第一項の規定により指定試験機関に納められた受験手数料は，指定試験機関の収入とする。

（秘密保持義務等）

第十六条　指定試験機関の役員若しくは職員（試験委員を含む。次項において同じ。）又はこれらの職にあった者は，試験事務に関して知り得た秘密を漏らしてはならない。

2　試験事務に従事する指定試験機関の役員又は職員は，刑法（明治四十年法律第四十五号）その他の罰則の適用については，法令により公務に従事する職員とみなす。

（帳簿の備付け等）

第十七条　指定試験機関は，文部科学省令・厚生労働省令で定めるところにより，試験事務に関する事項で文部科学省令・厚生労働省令で定めるものを記載した帳簿を備え，これを保存しなければならない。

（監督命令）

第十八条　文部科学大臣及び厚生労働大臣は，この法律を施行するため必要があると認めるときは，指定試験機関に対し，試験事務に関し監督上必要な命令をすることができる。

（報告）

第十九条　文部科学大臣及び厚生労働大臣は，この法律を施行するため必要があると認めるときは，その必要な限度で，文部科学省令・厚生労働省令で定めるところにより，指定試験機関に対し，報告をさせることができる。

（立入検査）

第二十条　文部科学大臣及び厚生労働大臣は，この法律を施行するため必要があると認めるときは，その必要な限度で，その職員に，指定試験機関の事務所に立ち入り，指定試験機関の帳簿，書類その他必要な物件を検査させ，又は関係者に質問させることができる。

2　前項の規定により立入検査を行う職員は，その身分を示す証明書を携帯し，かつ，関係者の請求があるときは，これを提示しなければならない。

3　第一項に規定する権限は，犯罪捜査のために認められたものと解釈してはならない。

（試験事務の休廃止）

第二十一条　指定試験機関は，文部科学大臣及び厚生労働大臣の許可を受けなければ，試験事務の全部又は一部を休止し，又は廃止してはならない。

（指定の取消し等）

第二十二条　文部科学大臣及び厚生労働大臣は，指定試験機関が第十条第四項各号（第三号を除く。）のいずれかに該当するに至ったときは，その指定を取り消さなければならない。

2　文部科学大臣及び厚生労働大臣は，指定試験機関が次の各号のいずれかに該当するに至ったときは，その指定を取り消し，又は期間を定めて試験事務の全部若しくは一部の停止を命ずることができる。

一　第十条第三項各号の要件を満たさなくなったと認められるとき。

二　第十一条第二項（第十四条第四項において準用する場合を含む。），第十三条第三項又は第十八条の規定による命令に違反したとき。

三　第十二条，第十四条第一項から第三項まで又は前条の規定に違反したとき。

四　第十三条第一項の認可を受けた試験事務規程によらないで試験事務を行ったとき。

五　次条第一項の条件に違反したとき。

（指定等の条件）

第二十三条　第十条第一項，第十一条第一項，第十二条第一項，第十三条第一項又は第二十一条の規定による指定，認可又は許可には，条件を付し，及びこれを変更することができる。

2　前項の条件は，当該指定，認可又は許可に係る事項の確実な実施を図るため必要な最小限度のものに限り，かつ，当該指定，認可又は許可を受ける者に不当な義務を課することとなるものであってはならない。

（指定試験機関がした処分等に係る審査請求）

第二十四条　指定試験機関が行う試験事務に係る処分又はその不作為について不服がある者は，文部科学大臣及び厚生労働大臣に対し，審査請求をすることができる。この場合において，文部科学大臣及び厚生労働大臣は，行政不服審査法（平成二十六年法律第六十八号）第二十五条第二項及び第三項，第四十六条第一項及び第二項，第四十七条並びに第四十九条第三項の規定の適用については，指定試験機関の上級行政庁とみなす。

（文部科学大臣及び厚生労働大臣による試験事務の実施等）

第二十五条　文部科学大臣及び厚生労働大臣は，指定試験機関の指定をしたときは，試験事務を行わないものとする。

2　文部科学大臣及び厚生労働大臣は，指定試験機関が第二十一条の規定による許可を受けて試験事務の全部若しくは一部を休止したとき，第二十二条第二項の規定により指定試験機関に対し試験事務の全部若しくは一部の停止を命じたとき又は指定試験機関が天災その他の事由により試験事務の全部若しくは一部を実施することが困難となった場合において必要があると認めるときは，試験事務の全部又は一部を自ら行うものとする。

（公示）

第二十六条　文部科学大臣及び厚生労働大臣は，次の場合には，その旨を官報に公示しなければならない。

一　第十条第一項の規定による指定をしたとき。

二　第二十一条の規定による許可をしたとき。

三　第二十二条の規定により指定を取り消し，又は試験事務の全部若しくは一部の停止を命じたとき。

四　前条第二項の規定により試験事務の全部若しくは一部を自ら行うこととするとき又は自ら行っていた試験事務の全部若しくは一部を行わないこととするとき。

（試験の細目等）

第二十七条　この章に規定するもののほか，試験，指定試験機関その他この章の規定の施行に関し必要な事項は，文部科学省令・厚生労働省令で定める。

第三章　登録

（登録）

第二十八条　公認心理師となる資格を有する者が公認心理師となるには，公認心理師登録簿に，氏名，生年月日その他文部科学省令・厚生労働省令で定める事項の登録を受けなければならない。

（公認心理師登録簿）

第二十九条　公認心理師登録簿は，文部科学省及び厚生労働省に，それぞれ備える。

（公認心理師登録証）

第三十条　文部科学大臣及び厚生労働大臣は，公認心理師の登録をしたときは，申請者に第二十八条に規定する事項を記載した公認心理師登録証（以下この章において「登録証」という。）を交付する。

（登録事項の変更の届出等）

第三十一条　公認心理師は，登録を受けた事項に変更があったときは，遅滞なく，その旨を文部科学大臣及び厚生労働大臣に届け出なければならない。

2　公認心理師は，前項の規定による届出をするときは，当該届出に登録証を添えて提出し，その訂正を受けなければならない。

（登録の取消し等）

第三十二条　文部科学大臣及び厚生労働大臣は，公認心理師が次の各号のいずれかに該当する場合には，その登録を取り消さなければならない。

一　第三条各号（第四号を除く。）のいずれかに該当するに至った場合

二　虚偽又は不正の事実に基づいて登録を受けた場合

2　文部科学大臣及び厚生労働大臣は，公認心理師が第四十条，第四十一条又は第四十二条第二項の規定に違反したときは，その登録を取り消し，又は期間を定めて公認心理師の名称及びその名称中における心理師という文字の使用の停止を命ずることができる。

（登録の消除）

第三十三条　文部科学大臣及び厚生労働大臣は，公認心理師の登録がその効力を失ったときは，その登録を消除しなければならない。

（情報の提供）

第三十四条　文部科学大臣及び厚生労働大臣は，公認心理師の登録に関し，相互に必要な情報の提供を行うものとする。

（変更登録等の手数料）

第三十五条　登録証の記載事項の変更を受けようとする者及び登録証の再交付を受けようとする者は，実費を勘案して政令で定める額の手数料を国に納付しなければならない。

（指定登録機関の指定等）

第三十六条　文部科学大臣及び厚生労働大臣は，文部科学省令・厚生労働省令で定めるところにより，その指定する者（以下「指定登録機関」という。）に，公認心理師の登録の実施に関する事務（以下「登録事務」という。）を行わせることができる。

2　指定登録機関の指定は，文部科学省令・厚生労働省令で定めるところにより，登録事務を行おうとする者の申請により行う。

第三十七条　指定登録機関が登録事務を行う場合における第二十九条，第三十条，第三十一条第一項，第三十三条及び第三十五条の規定の適用については，第二十九条中「文部科学省及び厚生労働省に，それぞれ」とあるのは「指定登録機関に」と，第三十条，第三十一条第一項及び第三十三条中「文部科学大臣及び厚生労働大臣」とあり，並びに第三十五条中「国」とあるのは「指定登録機関」とする。

2　指定登録機関が登録を行う場合において，公認心理師の登録を受けようとする者は，実費を勘案して政令で定める額の手数料を指定登録機関に納付しなければならない。

3　第一項の規定により読み替えて適用する第三十五条及び前項の規定により指定登録機関に納められた手数料は，指定登録機関の収入とする。

（準用）

第三十八条　第十条第三項及び第四項，第十一条から第十三条まで並びに第十六条から第二十六条までの規定は，指定登録機関について準用する。この場合において，これらの規定中「試験事務」とあるのは「登録事務」と，「試験事務規程」とあるのは「登録事務規程」と，第十条第三項中「前項の申請」とあり，及び同条第四項中「第二項の申請」とあるのは「第三十六条第二項の申請」と，第十六条第一項中「職員（試験委員を含む。次項において同じ。）」とあるのは「職員」と，第二十二条第二項第二号中「第十一条第二項（第十四条第四項において準用する場合を含む。）」とあるのは「第十一条第二項」と，同項第三号中「，第十四条

第一項から第三項まで又は前条」とあるのは「又は前条」と，第二十三条第一項及び第二十六条第一号中「第十条第一項」とあるのは「第三十六条第一項」と読み替えるものとする。

（文部科学省令・厚生労働省令への委任）

第三十九条　この章に規定するもののほか，公認心理師の登録，指定登録機関その他この章の規定の施行に関し必要な事項は，文部科学省令・厚生労働省令で定める。

第四章　義務等

（信用失墜行為の禁止）

第四十条　公認心理師は，公認心理師の信用を傷つけるような行為をしてはならない。

（秘密保持義務）

第四十一条　公認心理師は，正当な理由がなく，その業務に関して知り得た人の秘密を漏らしてはならない。公認心理師でなくなった後においても，同様とする。

（連携等）

第四十二条　公認心理師は，その業務を行うに当たっては，その担当する者に対し，保健医療，福祉，教育等が密接な連携の下で総合的かつ適切に提供されるよう，これらを提供する者その他の関係者等との連携を保たなければならない。

2　公認心理師は，その業務を行うに当たって心理に関する支援を要する者に当該支援に係る主治の医師があるときは，その指示を受けなければならない。

（資質向上の責務）

第四十三条　公認心理師は，国民の心の健康を取り巻く環境の変化による業務の内容の変化に適応するため，第二条各号に掲げる行為に関する知識及び技能の向上に努めなければならない。

（名称の使用制限）

第四十四条　公認心理師でない者は，公認心理師という名称を使用してはならない。

2　前項に規定するもののほか，公認心理師でない者は，その名称中に心理師という文字を用いてはならない。

（経過措置等）

第四十五条　この法律の規定に基づき命令を制定し，又は改廃する場合においては，その命令で，その制定又は改廃に伴い合理的に必要と判断される範囲内において，所要の経過措置（罰則に関する経過措置を含む。）を定めることができる。

2　この法律に規定するもののほか，この法律の施行に関し必要な事項は，文部科学省令・厚生労働省令で定める。

第五章　罰則

第四十六条　第四十一条の規定に違反した者は，一年以下の懲役又は三十万円以下の罰金に処する。

2　前項の罪は，告訴がなければ公訴を提起することができない。

第四十七条　第十六条第一項（第三十八条において準用する場合を含む。）の規定に違反した者は，一年以下の懲役又は三十万円以下の罰金に処する。

第四十八条　第二十二条第二項（第三十八条において準用する場合を含む。）の規定による試験事務又は登録事務の停止の命令に違反したときは，その違反行為をした指定試験機関又は指定登録機関の役員又は職員は，一年以下の懲役又は三十万円以下の罰金に処する。

第四十九条　次の各号のいずれかに該当する者は，三十万円以下の罰金に処する。

一　第三十二条第二項の規定により公認心理師の名称及びその名称中における心理師という文字の使用の停止を命ぜられた者で，当該停止を命ぜられた期間中に，公認心理師の名称を使用し，又はその名称中に心理師という文字を用いたもの

二　第四十四条第一項又は第二項の規定に違反した者

第五十条　次の各号のいずれかに該当するときは，その違反行為をした指定試験機関又は指定登録機関の役員又は職員は，二十万円以下の罰金に処する。

一　第十七条（第三十八条において準用する場合を含む。）の規定に違反して帳簿を備えず，帳簿に記載せず，若しくは帳簿に虚偽の記載をし，又は帳簿を保存しなかったとき。

二　第十九条（第三十八条において準用する場合を含む。）の規定による報告をせず，又は虚偽の報告をしたとき。

三　第二十条第一項（第三十八条において準用する場合を含む。）の規定による立入り若しくは検査を拒み，妨げ，若しくは忌避し，又は質問に対して陳述をせず，若しくは虚偽の陳述をしたとき。

四　第二十一条（第三十八条において準用する場合を含む。）の許可を受けないで試験事務又は登録事務の全部を廃止したとき。

附　則　抄

（施行期日）

第一条　この法律は，公布の日から起算して二年を超えない範囲内において政令で定める日から施行する。ただし，第十条から第十四条まで，第十六条，第十八条から第二十三条まで及び第二十五条から第二十七条までの規定並びに第四十七条，第四十八条及び第五十条（第一号を除く。）の規定（指定試験機関に係る部分に限る。）並びに附則第八条から第十一条までの規定は，公布の日から起算して六月を超えない範囲内において政令で定める日から施行する。

（受験資格の特例）

第二条　次の各号のいずれかに該当する者は，第七条の規定にかかわらず，試験を受けることができる。

一　この法律の施行の日（以下この項及び附則第六条において「施行日」という。）前に学校教育法に基づく大学院の課程を修了した者であって，当該大学院において心理学その他の公認心理師となるために必要な科目として文部科学省令・厚生労働省令で定めるものを修めたもの

二　施行日前に学校教育法に基づく大学院に入学した者であって，施行日以後に心理学その他の公認心理師となるために必要な科目として文部科学省令・厚生労働省令で定めるものを修めて当該大学院の課程を修了したもの

三　施行日前に学校教育法に基づく大学に入学し，かつ，心理学その他の公認心理師となるために必要な科目として文部科学省令・厚生労働省令で定めるものを修めて卒業した者その他その者に準ずるものとして文部科学省令・厚生労働省令で定める者であって，施行日以後に同法に基づく大学院において第七条第一号の文部科学省令・厚生労働省令で定める科目を修めてその課程を修了したもの

四　施行日前に学校教育法に基づく大学に入学し，かつ，心理学その他の公認心理師となるために必要な科目として文部科学省令・厚生労働省令で定めるものを修めて卒業した者その他その者に準ずるものとして文部科学省令・厚生労働省令で定める者であって，第七条第二号の文部科学省令・厚生労働省令で定める施設において同号の文部科学省令・厚生労働省令で定める期間以上第二条第一号から第三号までに掲げる行為の業務に従事したもの

2　この法律の施行の際現に第二条第一号から第三号までに掲げる行為を業として行っている者その他その者に準ずるものとして文部科学省令・厚生労働省令で定める者であって，次の各号のいずれにも該当するに至ったものは，この法律の施行後五年間は，第七条の規定にかかわらず，試験を受けることができる。

一　文部科学大臣及び厚生労働大臣が指定した講習会の課程を修了した者

二　文部科学省令・厚生労働省令で定める施設において，第二条第　号から第三号までに掲げる行為を五年以上業として行った者

3　前項に規定する者に対する試験は，文部科学省令・厚生労働省令で定めるところにより，その科目の一部を免除することができる。

（受験資格に関する配慮）

第三条　文部科学大臣及び厚生労働大臣は，試験の受験資格に関する第七条第二号の文部科学省令・厚生労働省令を定め，及び同条第三号の認定を行うに当たっては，同条第二号又は第三号に掲げる者が同条第一号に掲げる者と同等以上に臨床心理学を含む心理学その他の科目に関する専門的な知識及び技能を有することとなるよう，同条第二号の文部科学省令・厚生労働省令で定める期間を相当の期間とすることその他の必要な配慮をしなければならない。

（名称の使用制限に関する経過措置）

第四条　この法律の施行の際現に公認心理師という名称を使用している者又はその名称中に心理師の文字を用いている者については，第四十四条第一項又は第二項の規定は，この法律の施行後六月間は，適用しない。

（検討）

第五条　政府は，この法律の施行後五年を経過した場合において，この法律の規定の施行の状況について検討を加え，その結果に基づいて必要な措置を講ずるものとする。

（試験の実施に関する特例）

第六条　第六条の規定にかかわらず，施行日の属する年においては，試験を行わないことができる。

附　則　（令和元年六月一四日法律第三七号）
　　抄

（施行期日）

第一条　この法律は，公布の日から起算して三月を経過した日から施行する。ただし，次の各号に掲げる規定は，当該各号に定める日から施行する。

一　第四十条，第五十九条，第六十一条，第

七十五条（児童福祉法第三十四条の二十の改正規定に限る。），第八十五条，第百二条，第百七条（民間あっせん機関による養子縁組のあっせんに係る児童の保護等に関する法律第二十六条の改正規定に限る。），第百十一条，第百四十三条，第百四十九条，第百五十二条，第百五十四条（不動産の鑑定評価に関する法律第二十五条第六号の改正規定に限る。）及び第百六十八条並びに次条並びに附則第三条及び第六条の規定　公布の日

二　第三条，第四条，第五条（国家戦略特別区域法第十九条の二第一項の改正規定を除く。），第二章第二節及び第四節，第四十一条（地方自治法第二百五十二条の二十八の改正規定を除く。），第四十二条から第四十八条まで，第五十条，第五十四条，第五十七条，第六十条，第六十二条，第六十六条から第六十九条まで，第七十五条（児童福祉法第三十四条の二十の改正規定を除く。），第七十六条，第七十七条，第七十九条，第八十条，第八十二条，第八十四条，第八十七条，第八十八条，第九十条（職業能力開発促進法第三十条の十九第二項第一号の改正規定を除く。），第九十五条，第九十六条，第九十八条から第百条まで，第百四条，第百八条，第百九条，第百十二条，第百十三条，第百十五条，第百十六条，第百十九条，第百二十一条，第百二十三条，第百三十三条，第百三十五条，第百三十八条，第百三十九条，第百六十一条から第百六十三条まで，第百六十六条，第百六十九条，第百七十条，第百七十二条（フロン類の使用の合理化及び管理の適正化に関する法律第二十九条第一項第一号の改正規定に限る。）並びに第百七十三条並びに附則第十六条，第十七条，第二十条，第二十一条及び第二十三条から第二十九条までの規定　公布の日から起算して六月を経過した日

（行政庁の行為等に関する経過措置）
第二条　この法律（前条各号に掲げる規定にあっては，当該規定。以下この条及び次条において同じ。）の施行の日前に，この法律による改正前の法律又はこれに基づく命令の規定（欠格条項その他の権利の制限に係る措置を定めるものに限る。）に基づき行われた行政庁の処分その他の行為及び当該規定により生じた失職の効力については，なお従前の例による。

（罰則に関する経過措置）
第三条　この法律の施行前にした行為に対する罰則の適用については，なお従前の例による。

（検討）
第七条　政府は，会社法（平成十七年法律第八十六号）及び一般社団法人及び一般財団法人に関する法律（平成十八年法律第四十八号）における法人の役員の資格を成年被後見人又は被保佐人であることを理由に制限する旨の規定について，この法律の公布後一年以内を目途として検討を加え，その結果に基づき，当該規定の削除その他の必要な法制上の措置を講ずるものとする。

附　則　（令和三年五月一九日法律第三七号）抄
（施行期日）
第一条　この法律は，令和三年九月一日から施行する。ただし，次の各号に掲げる規定は，当該各号に定める日から施行する。

一　第二十七条（住民基本台帳法別表第一から別表第五までの改正規定に限る。），第四十五条，第四十七条及び第五十五条（行政手続における特定の個人を識別するための番号の利用等に関する法律別表第一及び別表第二の改正規定（同表の二十七の項の改正規定を除く。）に限る。）並びに附則第八条第一項，第五十九条から第六十三条まで，第六十七条及び第七十一条から第七十三条までの規定　公布の日

二から九まで　略

十　第二十八条，第三十四条，第三十六条，第四十条，第五十六条及び第六十一条の規定　公布の日から起算して四年を超えない範囲内において政令で定める日

（罰則に関する経過措置）
第七十一条　この法律（附則第一条各号に掲げる規定にあっては，当該規定。以下この条において同じ。）の施行前にした行為及びこの附則の規定によりなお従前の例によることとされる場合におけるこの法律の施行後にした行為に対する罰則の適用については，なお従前の例による。

（政令への委任）
第七十二条　この附則に定めるもののほか，この法律の施行に関し必要な経過措置（罰則に関する経過措置を含む。）は，政令で定める。

（検討）
第七十三条　政府は，行政機関等に係る申請，届出，処分の通知その他の手続において，個人の氏名を平仮名又は片仮名で表記したものを利用して当該個人を識別できるようにするた

め，個人の氏名を平仮名又は片仮名で表記したものを戸籍の記載事項とすることを含め，この法律の公布後一年以内を目途としてその具体的な方策について検討を加え，その結果に基づいて必要な措置を講ずるものとする。

附　則　（令和四年六月一七日法律第六八号）　抄

（施行期日）
1　この法律は，刑法等一部改正法施行日から施行する。ただし，次の各号に掲げる規定は，当該各号に定める日から施行する。
一　第五百九条の規定　公布の日

付録3：報告書　平成29年5月31日　公認心理師カリキュラム等検討会

〔1〕公認心理師のカリキュラム等に関する基本的な考え方について

1．カリキュラム等の検討に対する考え方について

○公認心理師の資格を得たときの姿を踏まえた上で，カリキュラムを考えていくことが重要である（Outcome-based education；卒業時到達目標から，それを達成するようにカリキュラムを含む教育全体をデザイン，作成，文書化する教育法）。その考えの下で，公認心理師に求められる役割，知識及び技術について整理する。

○公認心理師法（平成27年法律第68号。以下「法」という。）第2条における公認心理師が業として行う行為（※）について，適切に実践できる能力を養成すること。

（※）法第2条における公認心理師が業として行う行為
① 心理に関する支援を要する者の心理状態を観察し，その結果を分析すること。
② 心理に関する支援を要する者に対し，その心理に関する相談に応じ，助言，指導その他の援助を行うこと。
③ 心理に関する支援を要する者の関係者に対し，その相談に応じ，助言，指導その他の援助を行うこと。
④ 心の健康に関する知識の普及を図るための教育及び情報の提供を行うこと。

2．公認心理師に求められる役割，知識及び技術について＜活動する分野を問わず求められるもの＞

○国民の心の健康の保持増進に寄与する公認心理師としての職責を自覚すること。

○守秘義務等の義務及び倫理を遵守すること。また，心理に関する支援が必要な者に対し支援を行う関係者の間で，当該支援に必要な情報共有を行うこと。

○心理に関する支援が必要な者等との良好な人間関係を築くためのコミュニケーションを行うこと。また，対象者の心理に関する課題を理解し，本人や周囲に対して，有益なフィードバックを行うこと。そのために，さまざまな心理療法の理論と技法についてバランスよく学び，実施のための基本的な態度を身につけていること。

○心理学，医学等の知識及び心理に関する技術を身につけ，さまざまな職種と協働しながら支援等を主体的に実践すること。

○公認心理師の資格取得後も自ら研鑽を継続して積むことができること。

○心理状態の観察・分析等の内容について，適切に記録ができること及び必要に応じて関係者に説明ができること。

○地域社会の動向を踏まえ，公認心理師が社会から求められる役割を自覚して，業務を行うこと。

○災害や事件・事故等緊急時にも公認心理師としての役割を果たすことができること。

○身体疾患や精神疾患，又はその双方が疑われる者について，必要に応じて医師への紹介等の対応ができること。

〈特定の分野において求められるもの（例）〉

○医療分野においては，心理検査や心理療法（集団療法，認知行動療法等を含む。）等，心理職の立場からの技術提供が求められる。また，職種間でのコミュニケーションのためにも一定程度の医学知識が必要である。

○保健分野においては，乳幼児健診等の母子保健事業における母性や乳幼児への心理に関する援助，認知症が疑われる高齢者への支援等，幅広い技能が求められる。

○教育分野においては，スクールカウンセラー等として，幼児児童生徒，保護者及び教職員に対する相談・援助等を行うことにより，不登校，いじめ，暴力行為などの問題行動等の未然防止，早期発見，事後対応，発達障害を含む障害のある児童生徒等に対する心理検査や支援，学校への助言等の必要な対応等を行うことが求められる。また，幼児児童生徒，保護者及び教職員に対して，心の健康に関する教育及び情報提供を行う。大学等に在籍する学生，保護者及び教職員についても，同様に必要な対応を行う。さらに，組織全体への助言も行う。

○福祉分野のうち，児童福祉施設（障害児施設・保育所を含む。）等においては，子どもの発達に関する知識や各種心理検査等の技術をもって，子どもの状態，家族像，今の問題点等を包括的に理解・評価することが求められる。特に，児童相談所においては，子ども虐待問題に対する十分な理解と，ニーズのない当事者とも“子どもの安全”という視点を中心に，幅広く関係を構築する能力が求められる。また，障害者や認知症を有する高齢者等に対して，心理に関する支援を行うことが求められる。

○司法・犯罪分野においては，犯罪や非行をした者について，犯罪や非行に至る原因や心理の分析，再犯・再非行のリスク評価，矯正・更生のための指導・助言，処遇プログラムの提供等を行う。その際には，当事者が必ずしも援助を求めていないという状況で信頼関係を築く必要がある。また，家庭内紛争など対立関係のある問題における当事者や子どもへの中立的な立場での関与も必要である。面接や心理検査，認知行動療法等を中心に行う。さらに，当事者のみならず，当事者の身元引受人や更生に不可欠な関係者に対する助言・支援，犯罪被害者等に対する相談援助，犯罪や非行の防止に関する地域社会への情報提供等も行うことが求められる。

○産業・労働分野においては，労働者に対する相談援助や研修等を行う。また，メンタルヘルス対策の活動を行うことで労働環境の改善や労働者のパフォーマンスの向上に役立てる。

3．カリキュラム等の検討に当たっての留意点

公認心理師のカリキュラム等の内容については，以下のことに留意して検討を行った。

○カリキュラムは，公認心理師としての業務を行うに当たり，適切な知識及び技能を身につけられる水準の内容とすること。また，国家試験は，その知識及び技能を確認するものであること。

○カリキュラム及び国家試験の内容については，公認心理師になろうとする者が主体的に学び経験を積めるような観点も踏まえること。

○カリキュラムは目標・方法・評価からなることを踏まえ，評価の方法についても検討すること。

○守秘義務や職業倫理については十分な理解が必要であること。

○保健医療の分野だけでなく，教育，福祉，司法・犯罪，産業・労働等の分野にあっても，必要な際に保健機関や医療機関への連携が必要なことを踏まえ，一定程度の医学知識（精神医学を含む。）を備えておく必要があること。また，医学を学ぶ前提として身につけるべき基本的な知識の内容についても検討すること。

○保健分野と医療分野では実施するサービス内容や持つべき視点が一部異なっていること。

○公認心理師として活動する分野を問わず，他の分野と連携すべき機会があることから，保健医療，教育，福祉，司法・犯罪，産業・労働等，公認心理師が活動すると想定される主な分野に係る関係法規や制度等が一定程度網羅される必要があること。特に，教育分野においては，学校等と密に連携した公認心理師の活動が想定されるため，単なる関係法規や制度等に加えて，学校教育に関す

る知識が一定程度必要であること。

　○実践から学ぶ心理学が重要であり，実践から学ぶことができるような心理学の知識を備える必要があること。また，公認心理師が業として行う行為の内容を踏まえると，実習にも力を注ぐべきであること。その際，大学院では，実習で学ぶことを形にするために必要となる理論もバランスよく学ぶ必要があること。

　○大学教育において，知識の習得だけでなく，問題解決を行う手法も加えるべきであること。

　○平成 27 年 9 月 2 日衆議院文部科学委員会「心理専門職の活用の促進に関する件」及び平成 27 年 9 月 8 日参議院文教科学委員会「公認心理師法案に対する附帯決議」（以下「附帯決議」という。）において，法第 7 条第 1 号の大学卒業及び大学院課程修了者が受験資格の基本とされていることを踏まえ，まず大学，大学院のカリキュラムを検討の上，大学院課程修了者と同等以上の知識・経験を有することとなるよう，同条第 2 号の実務経験の内容を検討すること。

　○実習・演習の内容については，将来チームワークでの業務を求められる機会が多い現状も踏まえ，質量ともに充実したものとなるようにすること。併せて適切な指導体制についても検討すること。また，現在大学院内で行われている相談室でのケース担当実習等の内容も参考にすること。

　○大学卒業後の実務経験を行う施設における心理業務に関する適切な指導体制について検討すること。

　○支援を要する者に対して，心理に関する教育ができるような手法を身につけられるカリキュラムとすること。

　○受験資格の特例の検討に当たっては，既存の心理職に対し配慮すること。

　○国家試験の実施に当たっては，障害者差別解消法を踏まえた障害者への合理的配慮がなされるようにすること。

　○附帯決議を踏まえ，既存の心理専門職及びそれらの資格の関係者が培ってきた信用と実績を尊重し，心理に関する支援を要する者等に不安や混乱を生じさせないように配慮すること。

　○使用する用語の定義を明確にすること。

〔2〕「公認心理師のカリキュラム等に関する基本的な考え方」を踏まえたカリキュラムの到達目標

　公認心理師のカリキュラムの検討に当たっては，「公認心理師のカリキュラム等に関する基本的な考え方」にあるように，公認心理師の資格を得

たときの姿を踏まえた上で，考えていくことが重要である（Outcome-based education；卒業時到達目標から，それを達成するようにカリキュラムを含む教育全体をデザイン，作成，文書化する教育法）。その考えの下で，大学及び大学院における公認心理師のカリキュラムの到達目標を以下のとおり整理する。

1. 公認心理師としての職責の自覚
1-1. 公認心理師の役割について理解する。
1-2. 公認心理師の法的義務を理解し，必要な倫理を身につける。
1-3. 心理に関する支援を要する者等の安全を最優先し，常にその者中心の立場に立つことができる。
1-4. 守秘義務及び情報共有の重要性を理解し，情報を適切に取扱うことができる。
1-5. 保健医療，福祉，教育その他の分野における公認心理師の具体的な業務の内容について説明できる。

2. 問題解決能力と生涯学習
2-1. 自分の力で課題を発見し，自己学習によってそれを解決するための能力を身につける。
2-2. 社会の変化を捉えながら，生涯にわたり自己研鑽を続ける意欲及び態度を身につける。

3. 多職種連携・地域連携
3-1. 多職種連携・地域連携による支援の意義について理解し，チームにおける公認心理師の役割について説明できる。
3-2. 実習において，支援を行う関係者の役割分担について理解し，チームの一員として参加できる。
3-3. 医療機関において「チーム医療」を体験する。

4. 心理学・臨床心理学の全体像
4-1. 心理学・臨床心理学の成り立ちについて概説できる。
4-2. 人の心の基本的な仕組み及び働きについて概説できる。

5. 心理学における研究
5-1. 心理学における実証的研究法について概説できる。
5-2. 心理学で用いられる統計手法について概説できる。
5-3. 統計に関する基礎的な内容について理解し，データを用いて実証的に考えることができる。

6. 心理学に関する実験
6-1. 実験の計画を立てることができる。

6-2. 実験データの収集及び処理を適切に行うことができる。

6-3. 実験の結果について適切な解釈ができ，報告書を作成することができる。

7. 知覚及び認知

7-1. 人の感覚・知覚等の機序及びその障害について概説できる。

7-2. 人の認知・思考等の機序及びその障害について概説できる。

8. 学習及び言語

8-1. 経験を通して人の行動が変化する過程を説明できる。

8-2. 言語の習得における機序について概説できる。

9. 感情及び人格

9-1. 感情に関する理論及び感情喚起の機序について概説できる。

9-2. 感情が行動に及ぼす影響について概説できる。

9-3. 人格の概念及び形成過程について概説できる。

9-4. 人格の類型，特性等について概説できる。

10. 脳・神経の働き

10-1. 脳神経系の構造及び機能について概説できる。

10-2. 記憶，感情等の生理学的反応の機序について概説できる。

10-3. 高次脳機能の障害及び必要な支援について説明できる。

11. 社会及び集団に関する心理学

11-1. 対人関係並びに集団における人の意識及び行動についての心の過程を説明できる。

11-2. 人の態度及び行動についてさまざまな理論を用いて説明できる。

11-3. 家族，集団及び文化が個人に及ぼす影響について概説できる。

12. 発達

12-1. 認知機能の発達及び感情・社会性の発達について概説できる。

12-2. 自己と他者の関係の在り方と心理的発達について説明できる。

12-3. 誕生から死に至るまで生涯における心身の発達及び各発達段階での特徴について説明できる。

12-4. 発達障害等非定型発達について基礎的な事項や考え方を概説できる。

12-5. 高齢者の心理社会的課題及び必要な支援について説明できる。

13. 障害者（児）の心理学

13-1. 身体障害，知的障害及び精神障害について概説できる。

13-2. 障害者（児）の心理社会的課題及び必要な支援について説明できる。

14. 心理状態の観察及び結果の分析

14-1. 心理的アセスメントに有用な情報（生育歴や家族の状況等）及びその把握の手法等について概説できる。

14-2. 心理に関する支援を要する者等に対して，関与しながらの観察について，その内容を概説することができ，行うことができる。

14-3. 心理検査の種類，成り立ち，特徴，意義及び限界について概説できる。

14-4. 心理検査の適応及び実施方法について説明でき，正しく実施し，検査結果を解釈することができる。

14-5. 生育歴等の情報，行動観察及び心理検査の結果等を統合させ，包括的に解釈を行うことができる。

14-6. 適切に記録，報告，振り返り等を行うことができる。

15. 心理に関する支援（相談，助言，指導その他の援助）

15-1. 代表的な心理療法並びにカウンセリングの歴史，概念，意義及び適応について概説できる。

15-2. 訪問による支援や地域支援の意義について概説できる。

15-3. 心理に関する支援を要する者の特性や状況に応じて適切な支援方法を選択・調整することができる。

15-4. 良好な人間関係を築くためのコミュニケーション能力を身につける。

15-5. 心理療法やカウンセリングの適用には限界があることを説明できる。

15-6. 心理に関する支援を要する者等のプライバシーに配慮できる。

16. 健康・医療に関する心理学

16-1. ストレスと心身の疾病の関係について概説できる。

16-2. 医療現場における心理社会的課題及び必要な支援方法について説明できる。

16-3. さまざまな保健活動において必要な心理に関する支援について説明できる。

16-4. 災害時等に必要な心理に関する支援について説明できる。

17. 福祉に関する心理学

17-1. 福祉現場において生じる問題及びその背景について説明できる。

17-2. 福祉現場における心理社会的課題及び必要な支援方法について説明できる。

17-3. 虐待，認知症に関する必要な支援方法について説明できる。

18. 教育に関する心理学

18-1. 教育現場において生じる問題及びその背景について説明できる。

18-2. 教育現場における心理社会的課題及び必要な支援方法について説明できる。

19. 司法・犯罪に関する心理学

19-1. 犯罪，非行，犯罪被害及び家事事件についての基本的事項を概説できる。

19-2. 司法・犯罪分野における問題に対して必要な心理に関する支援について説明できる。

20. 産業・組織に関する心理学

20-1. 職場における問題に対して必要な心理に関する支援及びその方法について説明できる。

20-2. 組織における人の行動について概説できる。

21. 人体の構造と機能及び疾病

21-1. 心身機能と身体構造及びさまざまな疾病や障害について概説できる。

21-2. 心理に関する支援が必要な主な疾病について概説できる。

22. 精神疾患とその治療

22-1. 代表的な精神疾患について成因，症状，診断法，治療法，経過，本人や家族への支援の観点から説明できる。

22-2. 向精神薬をはじめとする薬剤による心身の変化について概説できる。

22-3. どのような場合に医療機関への紹介が必要か説明できる。

23. 各分野の関係法規

23-1. 保健医療分野に関係のある法律，制度について概説できる。

23-2. 福祉分野に関係のある法律，制度について概説できる。

23-3. 教育分野に関係のある法律，制度について概説できる。

23-4. 司法・犯罪分野に関係のある法律，制度について概説できる。

23-5. 産業・労働分野に関係のある法律，制度について概説できる。

24. その他

24-1. 具体的な体験や支援活動を，心理に関する

専門的知識及び技術として概念化・理論化し，体系立てることができる。

24-2. 実習を通して心理に関する支援を要する者等についての情報を収集し，課題を抽出・整理できる。

24-3. 心の健康に関する知識の普及を図るための教育及び情報の提供ができる。

〔3〕大学及び大学院における必要な科目の考え方について

1．大学における必要な科目について

ア　単位数等の規定

① 講義科目（大学設置基準で定める「講義及び演習」）については，法において単位数等を省令で定めることを規定しておらず，また，大学の自主性を尊重するため，省令で単位数等は定めない。ただし，必要な科目の検討に当たっては，1科目につき2単位以上履修することを想定した。

② 実習科目については，その実施を担保する観点から，時間数の下限を規定する。

※実習科目とは，心理に関する支援を要する者等に対して支援を実践すること及びその見学並びに前後の指導を含むもの。

③ 演習科目について，時間数は規定しない。ただし，2単位以上履修することを想定した。

※演習科目とは，心理に関する支援の実践に当たり模擬患者等を用いたロールプレイング等を実施するもの。大学設置基準で定める「実習及び演習」とは区別する。

イ　講義科目

① 講義科目については，「心理学基礎科目」と「心理学発展科目」に大別する。

② 心理学発展科目については，「基礎心理学」，「実践心理学」及び「心理学関連科目」に大別する。

ウ　実習科目

① 大学における実習については，担当教員及び実習施設における担当指導者（以下「指導者」という。）の下，心理に関する支援の実践ができることが望ましいが，実習施設の実情も踏まえ，各大学において具体的な実習施設及び実習内容の検討を行う。

② 実習施設については，大学卒業後に実務経験を経て試験の受験資格を取得することがあることを踏まえ，心理に関する支援の実態に対する理解を促す観点から，主要な5分野（保健医療，福祉，教育，司法・犯罪，産業・労働）に関する施設の見学を中心とした実習を行う。ただし，経過措置として法施行後当分の間は，医療機関（病院又は

診療所）での実習を必須とし，医療機関以外の施設での実習については適宜行う。

2．大学院における必要な科目について

ア　単位数等の規定

① 大学と同様に，科目については，法において単位数等を省令で定めることを規定しておらず，また，大学の自主性を尊重するため，省令で単位数等を定めない。ただし，必要な科目の検討に当たっては，1科目につき2単位以上履修することを想定した。実習科目についてはその実施を担保する観点から，その時間数の下限を規定する。

イ　科目について

①「心理実践科目」と「実習科目」に大別する。

②「心理実践科目」は，大学設置基準上の「講義及び演習」に該当する内容を想定するが，さまざまな事例について議論を行うといった演習を重点的に実施することが望ましい。

ウ　大学院における実習の内容

① 大学院においては，大学よりも質量ともに充実した実習が求められる。見学のみではなく，実際の事例を受け持った上で，現場の指導者とともに心理に関する支援の実践を行うことが望ましい。

② 学外の施設における実習については，少なくとも3分野以上の施設において実習を行うことが望ましい。ただし，医療機関（病院又は診療所）での実習を必須とする。一方で，医療機関以外の施設においては，実際に心理に関する支援を要する者等に対して支援の実践を行うことが困難である可能性があることを踏まえ，見学を中心とする実習も含まれる。

③ 大学若しくは大学院に設置されている心理相談室又は学外の施設において，支援を要する者等の担当ケースに関する実習を必ず行う。当該実習の時間数の下限を規定する。

3．その他

今後省令において公認心理師となるために必要な科目を定めることとなるが，大学や大学院において当該科目以外の学修を妨げるものではない。

（参考）大学及び大学院における実習及び演習の内容について

○実習の内容

以下の1．及び2．を指す。

1．実習生が心理の支援を要する者及びその関係者に対して，実際に面接や検査を実施することを通じて，心理状態の観察及び分析並びに必要な支援（法第2条第1号から第3号までに規定する行為に相当するもの）を行う。

また，実習の担当教員や指導者が実習の前後に実習生に対して行う指導も実習時間に含める。なお，多職種を交えて支援の方針等を検討するケース・カンファレンスも実習の一部に含める。

※心理に関する支援が必要な事例を自ら担当することが望ましい。

2．指導者が，心理に関する支援を要する者に対して，実際に心理状態の観察及び支援等を行う際に，実習生が陪席する。また，他の実習生及び指導者が実際に支援等を担当する事例についての検討を行う。その前後に行う指導も実習時間に含める。

○演習の内容

面接及び心理検査等のロールプレイ並びに事例検討（実習における1．及び2．における事例ではないもの）。

〔4〕大学及び大学院における必要な科目

○大学における必要な科目

A．心理学基礎科目

①公認心理師の職責

②心理学概論

③臨床心理学概論

④心理学研究法

⑤心理学統計法

⑥心理学実験

B．心理学発展科目

（基礎心理学）

⑦知覚・認知心理学

⑧学習・言語心理学

⑨感情・人格心理学

⑩神経・生理心理学

⑪社会・集団・家族心理学

⑫発達心理学

⑬障害者（児）心理学

⑭心理的アセスメント

⑮心理学的支援法

（実践心理学）

⑯健康・医療心理学

⑰福祉心理学

⑱教育・学校心理学

⑲司法・犯罪心理学

⑳産業・組織心理学

（心理学関連科目）

㉑人体の構造と機能及び疾病

㉒精神疾患とその治療

㉓関係行政論

C．実習演習科目

㉔心理演習

㉕心理実習（80 時間以上）
○大学院における必要な科目
A．心理実践科目
①保健医療分野に関する理論と支援の展開
②福祉分野に関する理論と支援
③教育分野に関する理論と支援
④司法・犯罪分野に関する理論と支援
⑤産業・労働分野に関する理論と支援の展開
⑥心理的アセスメントに関する理論との展開 実
　践
⑦心理支援に関する理論と実践
の展開
⑧家族関係・集団・地域社会における心理支援
　に関する理論と実践
⑨心の健康教育に関する理論と実践
B．実習科目
⑩心理実践実習（450 時間以上）
※「A．心理学基礎科目」，「B．心理学発展科
目」，「基礎心理学」，「実践心理学」，「心理学関連
科目」の分類方法については，上記とは異なる分
類の仕方もありうる。
○大学における必要な科目に含まれる事項
A．心理学基礎科目
①「公認心理師の職責」に含まれる事項
1. 公認心理師の役割
2. 公認心理師の法的義務及び倫理
3. 心理に関する支援を要する者等の安全の確保
4. 情報の適切な取扱い
5. 保健医療，福祉，教育その他の分野における
　公認心理師の具体的な業務
6. 自己課題発見・解決能力
7. 生涯学習への準備
8. 多職種連携及び地域連携
②「心理学概論」に含まれる事項
1. 心理学の成り立ち
2. 人の心の基本的な仕組み及び働き
③「臨床心理学概論」に含まれる事項
1. 臨床心理学の成り立ち
2. 臨床心理学の代表的な理論
④「心理学研究法」に含まれる事項
1. 心理学における実証的研究法（量的研究及び
　質的研究）
2. データを用いた実証的な思考方法
3. 研究における倫理
⑤「心理学統計法」に含まれる事項
1. 心理学で用いられる統計手法
2. 統計に関する基礎的な知識
⑥「心理学実験」に含まれる事項

1. 実験の計画立案
2. 統計に関する基礎的な知識
B．心理学発展科目
（基礎心理学）
⑦「知覚・認知心理学」に含まれる事項
1. 人の感覚・知覚等の機序及びその障害
2. 人の認知・思考等の機序及びその障害
⑧「学習・言語心理学」に含まれる事項
1. 人の行動が変化する過程
2. 言語の習得における機序
⑨「感情・人格心理学」に含まれる事項
1. 感情に関する理論及び感情喚起の機序
2. 感情が行動に及ぼす影響
3. 人格の概念及び形成過程
4. 人格の類型，特性等
⑩「神経・生理心理学」に含まれる事項
1. 脳神経系の構造及び機能
2. 記憶，感情等の生理学的反応の機序
3. 高次脳機能障害の概要
⑪「社会・集団・家族心理学」に含まれる事項
1. 対人関係並びに集団における人の意識及び行
　動についての心の過程
2. 人の態度及び行動
3. 家族，集団及び文化が個人に及ぼす影響
⑫「発達心理学」に含まれる事項
1. 認知機能の発達及び感情・社会性の発達
2. 自己と他者の関係の在り方と心理的発達
3. 誕生から死に至るまでの生涯における心身の
　発達
4. 発達障害等非定型発達についての基礎的な知
　識及び考え方
5. 高齢者の心理
⑬「障害者（児）心理学」に含まれる事項
1. 身体障害，知的障害及び精神障害の概要
2. 障害者（児）の心理社会的課題及び必要な支
　援
⑭「心理的アセスメント」に含まれる事項
1. 心理的アセスメントの目的及び倫理
2. 心理的アセスメントの観点及び展開
3. 心理的アセスメントの方法（観察，面接及び
　心理検査）
4. 適切な記録及び報告
⑮「心理学的支援法」に含まれる事項
1. 代表的な心理療法並びにカウンセリングの歴
　史，概念，意義，適応及び限界
2. 訪問による支援や地域支援の意義
3. 良好な人間関係を築くためのコミュニケーシ
　ョンの方法

4. プライバシーへの配慮

5. 心理に関する支援を要する者の関係者に対する支援

6. 心の健康教育

（実践心理学）

⑯「健康・医療心理学」に含まれる事項

1. ストレスと心身の疾病との関係

2. 医療現場における心理社会的課題及び必要な支援

3. 保健活動が行われている現場における心理社会的課題及び必要な支援

4. 災害時等に必要な心理に関する支援

⑰「福祉心理学」に含まれる事項

1. 福祉現場において生じる問題及びその背景

2. 福祉現場における心理社会的課題及び必要な支援

3. 虐待についての基本的知識

⑱「教育・学校心理学」に含まれる事項

1. 教育現場において生じる問題及びその背景

2. 教育現場における心理社会的課題及び必要な支援

⑲「司法・犯罪心理学」に含まれる事項

1. 犯罪・非行，犯罪被害及び家事事件についての基本的知識

2. 司法・犯罪分野における問題に対して必要な心理に関する支援

⑳「産業・組織心理学」に含まれる事項

1. 職場における問題（キャリア形成に関することを含む。）に対して必要な心理に関する支援

2. 組織における人の行動

㉑「人体の構造と機能及び疾病」に含まれる事項

1. 心身機能と身体構造及びさまざまな疾病や障害

2. がん，難病等の心理に関する支援が必要な主な疾病

㉒「精神疾患とその治療」に含まれる事項

1. 精神疾患総論（代表的な精神疾患についての成因，症状，診断法，治療法，経過，本人や家族への支援を含む。）

2. 向精神薬をはじめとする薬剤による心身の変化

3. 医療機関との連携

㉓「関係行政論」に含まれる事項

1. 保健医療分野に関係する法律，制度

2. 福祉分野に関係する法律，制度

3. 教育分野に関係する法律，制度

4. 司法・犯罪分野に関係する法律，制度

5. 産業・労働分野に関係する法律，制度

㉔「心理演習」に含まれる事項

知識及び技能の基本的な水準の修得を目的とし，次に掲げる事項について，具体的な場面を想定した役割演技（ロールプレイング）を行い，事例検討で取り上げる。

（ア）心理に関する支援を要する者等に関する以下の知識及び技能の修得

（1）コミュニケーション，（2）心理検査，（3）心理面接，（4）地域支援 等

（イ）心理に関する支援を要する者等の理解とニーズの把握及び支援計画の作成

（ウ）心理に関する支援を要する者の現実生活を視野に入れたチームアプローチ

（エ）多職種連携及び地域連携

（オ）公認心理師としての職業倫理及び法的義務への理解

㉕「心理実習」に含まれる事項

1. 実習生は，（※）に掲げる事項について，保健医療，福祉，教育，司法・犯罪，産業・労働の5つの分野の施設において，見学等による実習を行いながら，当該施設の実習指導者又は教員による指導を受ける。

具体的な施設については p.19「法第7条第1号及び第2号に規定する大学及び大学院における必要な科目のうち実習を行う施設の候補」のとおり。ただし，経過措置として当分の間は，医療機関（病院又は診療所）での実習を必須とし，医療機関以外の施設での実習については適宜行う。

2. 実習を担当する教員は，実習生の実習状況について把握し，（※）に掲げる事項について基本的な水準の修得ができるように，実習生及び実習施設の指導者との連絡調整を密に行う。

（ア）心理に関する支援を要する者へのチームアプローチ

（イ）多職種連携及び地域連携

（ウ）公認心理師としての職業倫理及び法的義務への理解

【大学における実習及び演習の指導体制について】

○実習及び演習を担当する教員の要件（以下のいずれも満たす者）

1. 公認心理師の資格を取得後5年以上公認心理師としての業務に従事した者

2. 所定の講習会を受講した者

ただし，経過措置として当分の間は，大学又は大学院において，教授，准教授，講師又は助教として3年以上心理分野の教育に従事した者も可とする。

○実習及び演習を担当する教員の配置人数

実習生 15 人につき教員 1 人以上

○学外の施設に所属する実習指導者の要件（以下のいずれも満たす者）

1. 公認心理師の資格を取得後 5 年以上公認心理師としての業務に従事した者

2. 所定の講習会を受講した者

ただし，経過措置として当分の間は，5 年以上の経験を積んだ精神科医又は臨床心理技術者等（現に心理の支援に関する業務を 5 年以上行っている者を含む。）も可とする。

○学外の施設における実習指導者の配置人数

実習生 15 人につき実習指導者 1 人以上（実習の実施時）

ただし，当該施設に実習指導者がいない場合は，教員が実習施設に実習生と共に訪問し，実習生に指導を行うこと。

（※）

○大学院における必要な科目に含まれる事項

A．心理実践科目

①「保健医療分野に関する理論と支援の展開」に含まれる事項

1. 保健医療分野に関わる公認心理師の実践

②「福祉分野に関する理論と支援の展開」に含まれる事項

1. 福祉分野に関わる公認心理師の実践

③「教育分野に関する理論と支援の展開」に含まれる事項

1. 教育分野に関わる公認心理師の実践

④「司法・犯罪分野に関する理論と支援の展開」に含まれる事項

1. 司法・犯罪分野に関わる公認心理師の実践

⑤「産業・労働分野に関する理論と支援の展開」に含まれる事項

1. 産業・労働分野に関わる公認心理師の実践

⑥「心理的アセスメントに関する理論と実践」に含まれる事項

1. 公認心理師の実践における心理的アセスメントの意義

2. 心理的アセスメントに関する理論と方法

3. 心理に関する相談，助言，指導等への上記 1. 及び 2. の応用

⑦「心理支援に関する理論と実践」に含まれる事項

1. 力動論（※ 1）に基づく心理療法の理論と方法

2. 行動論・認知論（※ 2）に基づく心理療法の理論と方法

3. その他の心理療法の理論と方法

4. 心理に関する相談，助言，指導等への上記 1.～ 3. の応用

5. 心理に関する支援を要する者の特性や状況に応じた適切な支援方法の選択・調整

⑧「家族関係・集団・地域社会における心理支援に関する理論と実践」に含まれる事項

1. 家族関係等集団の関係性に焦点を当てた心理支援の理論と方法

2. 地域社会や集団・組織に働きかける心理学的援助に関する理論と方法

3. 心理に関する相談，助言，指導等への上記 1. 及び 2. の応用

⑨「心の健康教育に関する理論と実践」に含まれる事項

1. 心の健康教育に関する理論

2. 心の健康教育に関する実践

※ 1　力動論…無意識の心の動き，パーソナリティ，対人関係様式を考慮に入れた心理療法理論の総称

※ 2　行動論・認知論…行動や認知の変容に焦点を当てた心理療法理論の総称

B．実習科目

⑩「心理実践実習」に含まれる事項

1. 実習生は，大学段階での実習を通じて得た公認心理師に必要な知識・技能の基礎的な理解の上に，（※）に掲げる事項について，見学だけでなく，心理に関する支援を要する者等に対して支援を実践しながら，実習施設の実習指導者による指導を受けること。実習施設の分野については保健医療，福祉，教育，司法・犯罪，産業・労働の 5 分野の施設のうち，3 分野以上の施設において，実習を受けることが望ましい。ただし，医療機関（病院又は診療所）は必須とする。また，医療機関以外の施設においては，見学を中心とする実習も含む。

具体的な施設については p.19「法第 7 条第 1 号及び第 2 号に規定する大学及び

大学院における必要な科目のうち実習を行う施設の候補」のとおり。

2. 担当ケースに関する実習の時間は 270 時間以上（うち，学外の施設での当該実習時間は 90 時間以上）とする。

3. 実習を担当する教員は，実習生の実習状況について把握し，（※）に掲げる事項について基本的な水準の修得ができるように，実習生及び実習施設の指導者との連絡調整を密に行う。

4. 大学又は大学院に設置されている心理相談室での実習も含む。

（ア）心理に関する支援を要する者等に関する以下の知識及び技能の修得
（1）コミュニケーション
（2）心理検査
（3）心理面接
（4）地域支援 等
（イ）心理に関する支援を要する者等の理解とニーズの把握及び支援計画の作成
（ウ）心理に関する支援を要する者へのチームアプローチ
（エ）多職種連携及び地域連携
（オ）公認心理師としての職業倫理及び法的義務への理解

【大学院における実習及び演習の指導体制について】
○実習及び演習を担当する教員の要件（以下のいずれも満たす者）
1. 公認心理師の資格を取得後 5 年以上公認心理師としての業務に従事した者
2. 所定の講習会を受講した者。ただし，経過措置として当分の間は，大学又は大学院において，教授，准教授，講師又は助教として 3 年以上心理分野の教育に従事した者も可とする。
○実習及び演習を担当する教員の配置人数
　実習生 5 人につき教員 1 人以上
○学外の施設に所属する実習指導者の要件（以下のいずれも満たす者）
1. 公認心理師の資格を取得後 5 年以上公認心理師としての業務に従事した者
2. 所定の講習会を受講した者
　ただし，経過措置として当分の間は，5 年以上の経験を積んだ精神科医又は臨床心理技術者等（現に心理の支援に関する業務を 5 年以上行っている者を含む。）も可とする。
○学外の施設における実習指導者の配置人数
　実習生 5 人につき実習指導者 1 人以上（実習の実施時）
（※）法第 7 条第 1 号及び第 2 号に規定する大学及び大学院における必要な科目のうち実習を行う施設の候補
　1．保健医療分野
○医療法（昭和 23 年法律第 205 号）に規定する病院及び診療所
○介護保険法（平成 9 年法律第 123 号）に規定する介護療養型医療施設
○地域保健法（昭和 22 年法律第 101 号）に規定する保健所又は市町村保健センター
○精神保健及び精神障害者福祉に関する法律

（昭和 25 年法律第 123 号）に規定する精神保健福祉センター
○介護保険法に規定する介護老人保健施設
等
　2．福祉分野
○障害者の日常生活及び社会生活を総合的に支援するための法律（平成 17 年法律第 123 号）に規定する障害福祉サービス事業，一般相談支援事業及び特定相談支援事業を行う施設，基幹相談支援センター，障害者支援施設，地域活動支援センター並びに福祉ホーム
○児童福祉法（昭和 22 年法律第 164 号）に規定する障害児通所支援事業及び障害児相談支援事業を行う施設，児童福祉施設並びに児童相談所
○子ども・子育て支援法（平成 24 年法律第 65 号）に規定する地域型保育事業を行う施設
○就学前の子どもに関する教育，保育等の総合的な提供の推進に関する法律（平成 18 年法律第 77 号）に規定する認定こども園
○生活保護法（昭和 25 年法律第 144 号）に規定する救護施設又は更生施設
○老人福祉法（昭和 38 年法律第 133 号）に規定する老人福祉施設
○介護保険法に規定する地域包括支援センター
○売春防止法（昭和 31 年法律第 118 号）に規定する婦人相談所及び婦人保護施設
○発達障害者支援法（平成 16 年法律第 167 号）に規定する発達障害者支援センター
○社会福祉法（昭和 26 年法律第 45 号）に規定する福祉に関する事務所又は市町村社会福祉協議会
○知的障害者福祉法（昭和 35 年法律第 37 号）に規定する知的障害者更生相談所
○ホームレスの自立の支援等に関する特別措置法（平成 14 年法律第 105 号）に規定するホームレス自立支援事業を実施する施設
○子ども・若者育成支援推進法（平成 21 年法律第 71 号）に規定する子ども・若者総合相談センター
○厚生労働省組織令（平成 12 年政令第 252 号）に規定する国立児童自立支援施設及び国立障害者リハビリテーションセンター
○独立行政法人国立重度知的障害者総合施設のぞみの園法（平成 14 年法律第 167 号）に規定する独立行政法人国立重度知的障害者総合施設のぞみの園
　3．教育分野
○学校教育法（昭和 22 年法律第 26 号）に規定

する学校

　○地方自治法（昭和 22 年法律第 67 号）に規定
する教育委員会

　等

　4．司法・犯罪分野

　○裁判所法（昭和 22 年法律第 59 号）に規定す
る裁判所

　○法務省設置法（平成 11 年法律第 93 号）に規
定する刑務所，少年刑務所，拘置所，少年院，少
年鑑別所，婦人補導院及び入国者収容所並びに保
護観察所

　○更生保護事業法（平成 7 年法律第 86 号）に規
定する更生保護施設

　等

　5．産業・労働分野

　○組織内健康管理センター・相談室

執筆者一覧

野島一彦（のじまかずひこ：九州大学名誉教授，跡見学園女子大学名誉教授）＝編者

元永拓郎（もとながたくろう：帝京大学大学院文学研究科臨床心理学専攻）
山口豊一（やまぐちとよかず：聖徳大学大学院臨床心理学研究科）
金沢吉展（かなざわよしのぶ：明治学院大学心理学部心理学科）
花村温子（はなむらあつこ：独立行政法人地域医療機能推進機構 埼玉メディカルセンター心理
　　療法室）
髙橋幸市（たかはしこういち：心理支援オフィス緑蔭舎）
増田健太郎（ますだけんたろう：九州大学大学院人間環境学研究院）
生島　浩（しょうじまひろし：福島大学名誉教授，同人間発達文化学類特任教授）
菅野泰蔵（すがのたいぞう：東京カウンセリングセンター）
小林孝雄（こばやしたかお：文教大学人間科学部心理学科）
板東充彦（ばんどうみちひこ：跡見学園女子大学心理学部臨床心理学科）
小俣和義（おまたかずよし：青山学院大学教育人間科学部心理学科）
宮﨑　昭（みやざきあきら：立正大学心理学部特任教授，2023 年 4 月から環境とこころとから
　　だの研究所）
土田　純（つちだじゅん：ココロの窓口）
三塩新人（みしおあらと：福岡県宗像児童相談所）
クアモト美穂（くあもとみほ：スクールカウンセラー，福岡県派遣 HIV カウンセラー）
岩﨑陽子（いわさきようこ：宇都宮少年鑑別所）
三浦由美子（みうらゆみこ：MIURA マネジメントサポートオフィス）

監修　野島一彦（のじまかずひこ：九州大学名誉教授・跡見学園女子大学名誉教授）
　　　繁桝算男（しげますかずお：東京大学名誉教授・慶應義塾大学）

編者略歴
野島　一彦（のじま・かずひこ）
1947 年，熊本県生まれ。
九州大学名誉教授，跡見学園女子大学名誉教授，臨床心理士，公認心理師。
1975 年，九州大学大学院教育学研究科博士課程単位取得後退学，1998 年，博士（教育心理学）。
1975 年より九州大学教育学部助手，久留米信愛女学院短期大学助教授，福岡大学人文学部教授，
九州大学大学院人間環境学研究院教授，跡見学園女子大学心理学部教授，跡見学園女子大学名誉
教授。

主な著書：『エンカウンター・グループのファシリテーション』（ナカニシヤ出版，2000），『心
　　　　理臨床のフロンティア』（監修，創元社，2012），『ロジャーズの中核三条件〈共感的理解〉』
　　　　（監修，創元社，2015），『公認心理師入門─知識と技術』（編集，日本評論社，2017 年），
　　　　『臨床心理学中事典』（監修，遠見書房，2022 年）ほか

公認心理師の基礎と実践①［第1巻］
公認心理師の職責　第2版

2018 年 3 月 25 日　第 1 版　第 1 刷
2023 年 3 月 25 日　第 2 版　第 1 刷
2024 年 9 月 15 日　第 2 版　第 4 刷

監 修 者　野島一彦・繁桝算男
編　 者　野島一彦
発 行 人　山内俊介
発 行 所　遠見書房
製作協力　ちとせプレス（http://chitosepress.com）

tomi shobo
遠見書房

〒 181-0001 東京都三鷹市井の頭 2-28-16
TEL 0422-26-6711　FAX 050-3488-3894
tomi@tomishobo.com　https://tomishobo.com
遠見書房の書店　https://tomishobo.stores.jp

印刷・製本　モリモト印刷

ISBN978-4-86616-166-2　C3011